utb 5749

Eine Arbeitsgemeinschaft der Verlage

Brill | Schöningh – Fink · Paderborn
Brill | Vandenhoeck & Ruprecht · Göttingen – Böhlau Verlag · Wien · Köln
Verlag Barbara Budrich · Opladen · Toronto
facultas · Wien
Haupt Verlag · Bern
Verlag Julius Klinkhardt · Bad Heilbrunn
Mohr Siebeck · Tübingen
Narr Francke Attempto Verlag – expert verlag · Tübingen
Ernst Reinhardt Verlag · München
transcript Verlag · Bielefeld
Verlag Eugen Ulmer · Stuttgart
UVK Verlag · München
Waxmann · Münster · New York
wbv Publikation · Bielefeld
Wochenschau Verlag · Frankfurt am Main

Themen der Theologie

herausgegeben von
Christian Albrecht, Volker Henning Drecoll,
Hermut Löhr, Friederike Nüssel, Konrad Schmid

Band 14

Bernd Schröder (Hg.)

Bildung

Mohr Siebeck

Bernd Schröder, geboren 1965, Studium der Ev. Theologie und der Judaistik in Münster/W., Heidelberg, Jerusalem (»Studium in Israel«) und Berlin; 1994 Promotion, 2000 Habilitation, 2001 Professor für Religionspädagogik an der Universität des Saarlandes, 2011 Professor für Praktische Theologie mit Schwerpunkt Religionspädagogik an der Universität Göttingen.

ISBN 978-3-8252-5749-1 (UTB Band 5749)

Online-Angebote oder elektronische Ausgaben sind erhältlich unter *www. utb-shop.de.*

Die Deutsche Nationalbibliothek verzeichnet diese Publikation in der Deutschen Nationalbibliographie; detaillierte bibliographische Daten sind im Internet über *http://dnb.dnb.de* abrufbar.

Das Buch wurde von Martin Fischer in Tübingen gesetzt.

Inhaltsverzeichnis

Kirchengeschichte

Systematische Theologie

Pädagogik

Vergleichende Religionspädagogik: Judaistik – Islamwissenschaft – Buddhismus-Forschung

Zusammenschau

Einführung

Bernd Schröder

Bildung – ein zu Unrecht vernachlässigtes Thema der Theologie

/Bildung/[1] ist in der Bundesrepublik Deutschland unserer Gegenwart mutmaßlich mehr denn je »ein Wort unserer Sprache« (Rendtorff 1972: Titel), gemeint ist: ein Wort, das von Menschen in den verschiedensten Lebensbereichen alltäglich in Gebrauch genommen wird, vorzugsweise in Politik und Wirtschaft, in der gesellschaftlichen Öffentlichkeit und im Bildungswesen selbst, sei es im Elementarbereich oder im Schul- und Hochschulwesen. Der Begriff erfüllt dabei teils beschreibende (z. B. Bildungswesen, Berufliche Bildung), teils normierende Funktionen (z. B. Bildungsstandards, lebenslange Bildung), und nicht selten wird ihm visionäre Kraft zugeschrieben. So heißt es in der Einleitung zur Agenda der Vereinten Nationen für die Zeit bis zum Jahr 2030 u. a.: »We envisage a world free of poverty, hunger, disease and want, where all life can thrive. We envisage a world free of fear and violence. A world with *universal literacy*. A world with equitable and universal access to quality education at all levels [...]« (United Nations 2015: Introduction, ch. 7, Kursivierung B. S.). Ähnliche Formulierungen lassen sich etwa in Verlautbarungen der Europäischen Kommission oder der Regierung der Bundesrepublik Deutschland finden.

Als Wort ›erfunden‹ im Rahmen der Textproduktion mittelalterlicher Mystiker wie namentlich bei Meister Eckhart, wurde /Bildung/ erstmals in der deutschen Sprach- und Kulturgeschichte lebhaft in

---

[1] Ungewohnt, aber zum Zwecke der Einführung hilfreich scheint hier die Aufnahme einer aus semiotisch inspirierten Texten vertrauten typografischen Unterscheidung, derjenigen zwischen Ausdruck bzw. Zeichen /Bildung/ (der Signifikant) und dessen Bedeutung bzw. Vorstellung »Bildung« (das Signifikat) und der damit aufgerufenen Sache Bildung (der Referent). In den materialen Beiträgen des Bandes wird sie nicht ausdrücklich angewendet, doch die Unterscheidung dieser Triade läuft auch dort stets mit.

Gebrauch genommen in der Zeit der Aufklärung. Moses Mendelssohn schreibt in diesem Sinne 1784: »Die Worte Aufklärung, Kultur, Bildung sind in unsrer Sprache noch neue Ankömmlinge. Sie gehören vor der Hand bloß zur Büchersprache. Der gemeine Haufe verstehet sie kaum. Sollte dieses ein Beweis sein, daß auch die Sache bei uns noch neu sei? Ich glaube nicht. [...] Je mehr der gesellige Zustand eines Volks durch Kunst und Fleiß mit der Bestimmung des Menschen in Harmonie gebracht worden; desto mehr Bildung hat dieses Volk. Bildung zerfällt in Kultur und Aufklärung [...]. Ich setze allezeit die Bestimmung des Menschen als Maaß und Ziel aller unserer Bestrebungen und Bemühungen, als einen Punkt, worauf wir unsere Augen richten müssen, wenn wir uns nicht verlieren wollen« (Mendelssohn, *Was heißt aufklären* 193).

Mit anderen Worten: /Bildung/ kam seinerzeit in Gebrauch als Begriff im Munde derer, die gebildet waren, um das in Worte zu fassen, was jeder Mensch als Potential wie als Entwicklungsziel mit sich führt, oder, noch einmal anders, um das in Worte zu fassen, wessen es für den »Ausgang des Menschen aus seiner selbst verschuldeten Unmündigkeit« (Kant, *Was ist Aufklärung* 481) bzw. für die »Erziehung des Menschengeschlechts« (Lessing, *Erziehung*) bedarf. In Anbetracht dieses emphatischen Bildungsverständnisses und der seinerzeit zahllosen Initiativen, diese Vorstellungen zu ›realisieren‹, hat man das 18. Jahrhundert das »Jahrhundert der Bildung« genannt.

Seitdem geriet der Ausdruck zwischenzeitlich in Vergessenheit, ja, sogar in Verruf – u. a. weil sich in den Katastrophen des 20. und beginnenden 21. Jahrhunderts erwies, dass (formale) Bildung nicht per se vor moralisch verwerflichem, menschenverachtendem Verhalten und Denken schützt. Erst seit den 1980er Jahren kommt der Begriff wieder allseits in Gebrauch – in der eingangs angedeuteten Vieldeutigkeit, aber stets positiv konnotiert. Bildung gilt, was immer man darunter im Einzelnen verstehen mag, durchweg als erstrebenswert; ungebildet oder halbgebildet sein will und soll niemand (dazu Tenorth 2020).

Ist schon dieser Wechsel aus Hausse und Baisse in Gebrauch und Deutung des Begriffs bemerkenswert, steigert sich das Erstaunen, wenn man die Beziehung von /Bildung/ und Religion, hier: christlicher Religion, in Betracht zieht.

Einerseits entspringt der Begriff – das ist unstrittig – der religiösen bzw. theologischen Reflexion, näherhin der Deutung der sog. Gottebenbildlichkeit in Genesis 1 im Werk des mittelalterlichen Mystikers Meister Eckhart, andererseits aber hat /Bildung/ in Theologie und

Kirche keine große, geschweige denn linear verlaufende Karriere machen können. /Bildung/ gehört keineswegs zu den großen konzeptuellen Begriffen christlicher Theologie, die in keinem systematisch-theologischen Entwurf und in keiner theologischen Enzyklopädie fehlen dürften.

Die Gründe dessen sind vielfältig: Die Begriffe /Unterricht/ und /Erziehung/ sind länger in Gebrauch und bezeichnen konkrete, zumal unter neuzeitlichen Lebensbedingungen als unverzichtbar geltende Praktiken; demgegenüber eignet dem Begriff /Bildung/ ein Moment des Unbestimmten und Idealen, das ihn unbedingt erläuterungsbedürftig und bisweilen verzichtbar erscheinen lässt. Zudem kommuniziert(e) die Rede von /Bildung/ einen Überschuss gegenüber unterrichtlicher Instruktion oder Erziehung, der einem traditionellen, deduktiven bzw. »katechetischen« Verständnis von Lehr-Lern-Prozessen entgegenstand und -steht. Nicht wenigen Sachwaltern des Christentums in Kirche wie Theologie klang /Bildung/ im 19. und 20. Jahrhundert zu sehr nach Aufklärung, Vernunftgebrauch und Religionskritik als dass man ungebrochen positiv daran hätte anknüpfen können. Hinzu kommt, dass die Zusammengehörigkeit von Glauben und Verstehen, die in der protestantischen Tradition in der Linie Luther/Melanchthon, Comenius, Schleiermacher, Bultmann, Tillich betont wird, zwar zur Wertschätzung von Bildung beitrug und beiträgt, jedoch keineswegs mit einem theoretischen Interesse an Konzepten von Bildung einherging und -geht. Auch wenn /Bildung/ seit vielen Jahren in kirchlichen Verlautbarungen und theologischer Reflexion gerne genutzt wird (dazu Nipkow 2003), so steht die Relevanz von Bildung für die Entfaltung christlicher Theologie und die Pflege kirchlichen Lebens eigentümlicherweise immer wieder infrage – und das, obwohl alle diejenigen, die Theologie und kirchliches Leben zu ihrer beruflichen Aufgabe machen, fraglos formal hoch gebildet sind und dies als unerlässliche Voraussetzung ihres beruflichen Handelns wahrnehmen.

1. /Bildung/ als Marginalie im Gefüge theologischer Begriffe

Die eigentümliche Vernachlässigung einer Reflexion auf Bildung im theologischen Sprachgebrauch und in wissenschaftlich-theologischer Theorie sei hier anhand des Blicks in ein theologisches Lexikon, das die Theologiegeschichte der zurückliegenden gut 100 Jahre dokumentiert, exemplarisch illustriert: »(Die) Religion in Geschichte und Gegenwart« (RGG; vgl. dazu Conrad 2006: 294 ff.).

In der ersten Auflage dieses Lexikons, das zwischen 1909 und 1913 in fünf Bänden erschien und seinerzeit den Untertitel »Handwörterbuch in gemeinverständlicher Darstellung« trug, wurde das Lemma /Bildung/ vom Hauptherausgeber des Gesamtwerkes, Friedrich Michael Schiele (1867–1913), Pfarrer, Seminarlehrer, Schulleiter und Wissenschafts-Redakteur, verfasst. Sein fünfspaltiger Eintrag setzt gleichermaßen deskriptiv wie affirmativ mit der Unterscheidung von »gebildet und ungebildet« (Schiele 1909: 1243) ein. Diese Differenz lasse sich in Gesellschaften jeden Typs, sei es die Gesellschaft mit Sippenverfassung oder die ständische Gesellschaft, sei es der Klassenstaat oder der absolute Staat, als entscheidende soziale Distinktion antreffen.

Reflexion auf Bildung sieht er mit dem Platonismus in der griechischsprachigen antiken Welt einsetzen; weitere Stationen sind der »Humanismus der Renaissance« und die Aufklärung. Den Zenit der Bildungsreflexion sieht Schiele in Johann Heinrich Pestalozzi und dessen »Idee der Elementarbildung« bzw. der Bildsamkeit aller erreicht (Schiele 1909: 1245).

»Auf dem Gebiete der Religion würde dem [sc. dem Bildungsverständnis Pestalozzis] der Satz entsprechen, daß religiöse B. dort ist, wo die persönliche Religion persönliche Schöpfung ist. Dieser Satz ist aber nur richtig, wenn darin der für alles religiöse Fühlen grundlegende Gedanke eingeschlossen wird: ›was hast du, das du nicht empfangen hast‹ [1 Kor 4,7]. Gewiß: wie nur im Selbstdenken wissenschaftliche, im Selbsthandeln [...] sittliche, im Selbstschaffen [...] künstlerische Wahrheit liegt, so liegt auch nur im Selbstglauben religiöse. Aber hier waltet doch ein tiefgreifender Unterschied. [...] Frömmigkeit kommt zustande, wo alles zielstrebende Wissen, Tun und Fühlen ganz als Gnadengeschenk Gottes empfunden wird. [...] So ist für die religiöse B. nur die eine Frage elementar: läßt sich der Mensch seine ganze Welt von Gott und Niemandem sonst schenken«? (Schiele 1909: 1246 und 1247). »Demut« gilt ihm somit als Indikator für das Vorhandensein religiöser Bildung – »von der Kenntnis der eigenen Religionslehre« hingegen ist religiöse Bildung im Christentum »grundsätzlich [...] unabhängig« (Schiele 1909: 1247).

Schiele entwirft so ein von Pestalozzi angeregtes, von der Theologie Schleiermachers und Paulus' geprägtes Konzept religiöser Bildung, das diese einerseits strukturanalog zu jeder anderen ›thematischen‹ Spielart von Bildung versteht, andererseits kategorial von jenen unterscheidet. Nur religiöse Bildung ist sich ihrer Unverfügbarkeit bewusst und kann allein in Demut empfangen, nicht aber erarbeitet oder erlernt werden; Bildung ist – recht verstanden – eine geschichtlich wirksam gewordene Form, in die Geist und Inhalt des Christentums im evangelischen Sinne übersetzt wurden und werden.

In der zweiten Auflage der RGG, die sich am Ende der 1920er Jahre dezidiert als Fachlexikon für »Theologie und Religionswissenschaft« versteht und weiterhin fünf Bände (zzgl. Registerband) füllt, hat sich das Volumen des Artikels »Bildung« auf ca. zehn Spalten verdoppelt; zudem sind die beiden Teilartikel »Bildung: I. Pädagogisch« und »Bildung: II. Bildung und Religion« von zwei verschiedenen Autoren verfasst, der eine Professor für Psychologie, der andere Stadtpfarrer.

Erich Stern entfaltet ein Bildungsverständnis, das von Wilhelm Dilthey, Max Scheler, Georg Simmel und Eduard Spranger inspiriert ist und sich selbst in der »geisteswissenschaftliche[n] Pädagogik« (Stern 1927: 1111) verwurzelt sieht: »B. bedeutet hier das Entfaltetsein der individuellen Seelenstruktur zu maximaler Werterlebnis- und Wertgestaltungsfähigkeit« (1110). Bildung wird als unabschließbares »Geschehen« begriffen, das sowohl auf das im Individuum »Angelegte« als auch auf die Begegnung mit »Kulturgütern« angewiesen ist (1111). Rudolf Paulus nimmt diese Einsichten implizit zum Teil auf, betont aber »die Verselbständigung der Weltbildung [gegenüber der Religion] in der Aufklärung« (Paulus 1927: 1116) und die »Krisis« der »neuzeitlichen Bildungswelt« (1117) durch »Kriegs- und Nachkriegserlebnisse« (1114), »Industrialisierung und soziale Umschichtung« (1115), »historische Relativierung« (1114) u. a. m. Insofern Religion »letztlich das Urphänomen des menschlichen Innenlebens« (1114) sei, stehe man vor der »Aufgabe der Schaffung eines neuen positiven Verhältnisses der Weltbildung zur Religion« (1116).

Im Blick auf die Lösung dieser Aufgabe kommt der Autor allerdings nicht über die Schilderung eines Dilemmas hinaus: Einerseits sei der »positiv-religiöse Radikalismus, der zur gesamten Kultur- und B[ildung]swelt mit Berufung auf Jesus, auf Urchristentum und Reformation sich kritisch stellt, weithin im Recht«, auf der anderen Seite dürfe »das evg. Christentum nicht in unfruchtbarer Opposition auf Durchdringung des menschlichen Lebens in seiner Breite und Fülle verzichten und es so dem Atheismus und dem Katholizismus überlassen« (1117): »nur aus geistgewirktem und persönlich ergriffenem Neuwerden aus Gott heraus kann der Mensch des 20. wie jedes Jhd.s Echtheit, Einheit und Freiheit seines eigenen Wesens gewinnen, und damit [...] zu wahrer Bildung durchdringen« (1117). Bildung ist hier einerseits ganz im Sinne der deutschen Klassik Selbstbildung, Entfaltung der Persönlichkeit, andererseits aber genau das nicht – vielmehr soll sie analog zur Rechtfertigung allein aus Glauben zustande kommen.

In der dritten Auflage, die sich Ende der 1950er, Anfang der 1960er Jahre unter Erhalt der Titelei auf sechs Bände (zzgl. Registerband) ausdehnt, ist der Art. »Bildung« an einen Professor für Pädagogik, Andreas Flitner (1922–2016), vergeben worden und wieder auf das Volumen des Artikels in der ersten Auflage geschrumpft (allerdings um einen vergleichsweise umfänglichen Artikel »Bildungswesen« ergänzt, der ebenfalls von einem führenden Pädagogen der Zeit, Erich Weniger, verfasst wurde). Eingangs konstatiert Flitner: »Der Begriff der B. hat sachlich wie sprachlich seine Konturen ziemlich verloren« (Flitner 1958: 1277). Deshalb erinnert er an maßgebliche Stationen der Bildungsreflexion – griechische Antike, Humanismus, Rationalismus und Philanthropie, Neuhumanismus – und an die sprachliche Herleitung des Terminus: Das Wort ›bilden‹ steht »im Wechsel- und Übersetzungsverhältnis zu lat. formare« (1279).

»Im heutigen Selbstverständnis der Pädagogik« ist nach Flitners Auffassung kein Raum mehr für die Idee einer »B. zur Persönlichkeit«, für die Vorstellung eines fixen Bildungskanons, für das Vertrauen allein auf die dem Menschen innewohnenden Bildungskräfte (1280). Vielmehr ist festzuhalten, dass jeder Mensch »bildsam« ist, der Prozess der Bildung unabschließbar und angewiesen auf Befassung mit Überliefertem – dies allerdings nicht ohne »ein ›protestantisches‹ Moment der immer neuen traditionskritischen Aneignung dessen, was daraus diese Generation und diesen Menschen angeht« (1281). Vor allem aber – und hier wirkt der vehemente Einspruch der sog. Dialektischen Theologie gegen ein Verständnis von Bildung als Selbstvervollkommnung nach – unterstreicht Flitner: Bildung »ist nicht selbst schon ein letztes; eigentlich religiöse Erfahrung und menschliche Bewährung ebenso wie eigentlich schöpferische Leistung gehen immer über die Grenzen dessen, was B. sein und leisten kann, hinaus. Aber sie schafft die Voraussetzungen dafür.« (1281)

Die vierte Auflage schließlich, in der ersten Dekade des dritten Jahrtausends erschienen, ist im Gesamtvolumen auf acht Bände (zzgl. Registerband) angewachsen; der Artikel »Bildung« erreicht ebenso viele Spalten wie in der zweiten Auflage: zehn. Er ist in sechs Abschnitte gegliedert, wobei diejenigen zu »Bildung I. Begriffsgeschichte«, »II. Geschichtlich« und »III. Philosophisch« an den Philosophen Georg

Zenkert vergeben wurden, »Bildung VI. Sozialgeschichtlich« an den Erziehungswissenschaftler Achim Leschinsky (1944–2011). Die beiden Abschnitte »Bildung IV. Religionsphilosophisch, dogmatisch, ethisch« und »V. Praktisch-theologisch und pädagogisch« wurden von dem Praktischen Theologen Reiner Preul und dem Religionspädagogen Friedrich Schweitzer verfasst.

Reiner Preul sieht den »B.begriff [...] der Theologie der Gegenwart als päd. Leitkategorie menschlicher Bildbarkeit und Bestimmung« begegnen. Die Anstöße zur Wiederaufnahme des Begriffs in der Theologie (nachdem die Dialektische Theologie ein Verdikt ausgesprochen hatte) seien »von Seiten der *Praktischen* Theol.« (Kursivierung B. S.) gekommen: »Es ist kennzeichnend, daß der B.begriff in Lehrbüchern der Dogmatik nach wie vor nur en passant aufgegriffen und in keinem einschlägigen Lehrstück als Begriff thematisiert wird«; Ähnliches gelte für die theologische Ethik (Zenkert/Preul/Schweitzer/Leschinsky 1998, hier Preul 1998: 1582).

In Anbetracht dessen stellt Preul einen – von ihm selbst entworfenen – »fundamental-anthropologische[n] B.begriff« vor: Bildung ist als »die Realisierung der Bestimmung des Menschseins am Ort des Individuums« zu verstehen, sie zielt auf »gesteigerte und über sich selbst aufgeklärte Handlungsfähigkeit der je einzelnen interaktiv aufeinander bezogenen Individuen« (1583). Von dieser Begriffsbestimmung ausgehend skizziert er bildungstheoretische Reflexionsaufgaben für Religionsphilosophie, Dogmatik und Ethik.

Friedrich Schweitzer nimmt diese definitorischen Vorgaben nicht explizit auf. Er betont vielmehr einerseits, dass Bildung ein »unverzichtbarer« Grundbegriff der Pädagogik ist und dessen »Wiedergewinnung« in Religionspädagogik wie Theologie geboten sei (Schweitzer 1998: 1585), und andererseits, dass Bildung Religion einschließen müsse und Religion auf Bildung angewiesen sei (ebd.). Von daher nehme »die Kirche« aus gutem Grund »B.verantwortung« wahr – historisch sei namentlich die Reformation »geradezu als B.bwegung« wirksam geworden, deshalb sei »das moderne päd. B.denken weithin protestantisch geprägt« (1586).

Die Durchsicht von vier Artikeln aus gut 100 Jahren Lexikongeschichte zeigt in erstaunlichem Maße schwankende Umfänge und Wichtigkeiten des Lemmas /Bildung/, wechselnde disziplinäre Verortungen der Autoren und wechselnde theoretische Bezugspunkte der Ausführungen zur »Bildung«. In der Sache wird zwar die Unverzichtbarkeit von Bildung für die Einzelnen wie für Kirche und Gesellschaft durchweg behauptet, eine stabile theologische Argumentation zu Gunsten ihres Stellenwertes und zu ihrer inhaltlich-formalen Qualität hingegen wird nicht erkennbar – so kommt es, dass religiöse Bildung den Einen als höchste Realisierungsform von Bildung gilt (Schiele 1909; Paulus 1927), den Anderen als bloße Voraussetzung religiöser Erfahrung (Flitner 1958). Bemerkenswerterweise fehlen durchweg innertheologisch-disziplinäre Reflexionen auf »Bildung«: Weder gibt es exegetische Überlegungen zur Bildung in biblischen Texten und Zeiten noch Sichtungen der Kirchen- und Theologiegeschichte; es finden sich in keinem der vier Artikel als solche ausgewiesene systematisch-theologische Reflexionen (eines entsprechenden Fachvertreters) und erst recht findet sich kein Blick auf »Bildung« in anderen Religions- und Kulturkreisen als dem evangelischen Christentum in Deutschland.

Der vorliegende Band der »Themen der Theologie« sucht demgegenüber all diesen Desideraten durch – theologisch wie pädagogisch – disziplinär geordnete Reflexionsperspektiven auf Bildung Rechnung zu tragen.

2. /Bildung/ als spezifischer Begriff der deutschen Sprache

Spielt Bildung schon in evangelischer Theologie und Kirche keineswegs durchweg eine prominente Rolle, kommt ein weiterer Umstand hinzu: Der Begriff hat jenseits der deutschen Sprache kaum direkte bzw. interpretativ vergleichbare Entsprechungen (vgl. Walther 2006: 223 f.). Jedenfalls kann man /Bildung/ und seine Bedeutung in kaum einer anderen Sprache mit *einem* Begriff wiedergeben; die Termini, die dafür in Betracht kommen, haben vielmehr in der Regel eine unabhängige eigene Tradition und Bedeutung.

»Literacy« etwa meint zunächst Vertrautheit mit elementaren Kulturtechniken (Lesen, Schreiben, Rechnen); dieser Sprachgebrauch ist 1958 von der UNESCO definitorisch geregelt worden und hat von dort aus Verbreitung gefunden, u. a. in weltweit gebrauchten Indices wie z. B. dem »Human Development Index (HDI)«. Der HDI evaluiert den Grad menschlicher Entwicklung, den die Staaten dieser Welt erreichen, anhand der Kriterien Lebenserwartung, Pro-Kopf-Einkommen und Bildung, letztere gemessen an Alphabetisierungs- und Schulbesuchsquote. Heute definiert die UNESCO /literacy/ ein wenig umfassender als »ability to identify, understand, interpret, create, communicate and compute, using printed and written materials *associated with varying contexts«* (UNESCO 2006: 147) bzw. als begriffliches Dach für »several skill domains, each conceived on a scale of different mastery levels and serving different purposes« (UNESCO 2020: 417). Das Moment der Selbstbildung, der Persönlichkeitsentwicklung, der vernunftbasierten Kritikfähigkeit u. ä.m. ist dem Begriff der Literacy von seiner Geschichte her fremd.

Ein emphatisches Verständnis von Bildung wird im Englischen zumeist mit Hilfe des Begriffs »Education« artikuliert. So heißt es in der »Allgemeinen Erklärung der Menschenrechte« von 1948: »Everyone has the right to education. Education shall be free [...]. Elementary education shall be compulsory. Technical and professional education shall be made generally available, and higher education shall be equally accessible to all on the basis of merit. *Education shall be directed to the full development of the human personality* and to the strengthening of respect for human rights and fundamental freedoms. It shall promote understanding, tolerance and friendship among all nations, racial or religious groups, and shall further the activities of the United Nations for the maintenance of peace.« (Kursivierung B. S.)

Im romanischen Sprachgebrauch, etwa im Französischen, fehlt eine unmittelbare Entsprechung zur /Bildung/. An ihrer Stelle ist je nach Kontext von »enseignement« (etwa als terminus technicus für das Bildungs- bzw. Unterrichtswesen), »formation« (z. B. als »formation universitaire« für Hochschulbildung) oder »culture« (vgl. etwa »culture générale« als Äquivalent zur Allgemeinbildung) die Rede. Für die Ausleuchtung der Ideen- und Realgeschichte formaler, aber auch nonformaler und informeller Bildung wird auch hier die Rede von »éducation« bevorzugt (vgl. »discours sur l'éducation« als Entsprechung zum Bildungsdiskurs, »science de l'éducation« für Erziehungswissenschaft). Dieser Terminus ruft zugleich die begriffliche und philosophische französischsprachige Tradition der Reflexion auf Erziehung wie Bildung auf, man denke an Jean-Jacques Rousseaus »Émile ou De l'éducation« (1762).

In anderen Sprachen, etwa im modernen Hebräisch, generiert man eigens Termini, die geeignet sind, den Bildungsdiskurs widerzuspiegeln. Das Wort »*orjanuth*« (אוריינות) etwa ist dem talmudischen Aramäisch entlehnt: »*orjan*« bezeichnet dort die (rabbinische) Gelehrsamkeit bzw. die durch entsprechende Kenntnisse erworbene Autorität zu lehren und zu urteilen. Für Angelegenheiten non-formaler und formaler Bildung von der familialen Erziehung bis hin zur Hochschulbildung wird demgegenüber in deskriptiven wie normativen Kontexten der Begriff »*chinuch*« (חינוך) verwendet, der im Deutschen am ehesten mit »Erziehung«, z. T. auch mit »Unterricht« zu übersetzen ist. Im Arabischen wiederum werden heutzutage gemeinhin die Worte »*taelim*« oder »*tarbiya*« genutzt, um Erziehung, aber auch Wachstum/Entwicklung zu bezeichnen – ein Begriff, der in der Welt des klassischen Islam in dieser Hinsicht noch keine Rolle spielte.

Die anhand dieser wenigen Seitenblicke illustrierte Singularität des Bildungsbegriffs in der deutschen Sprache bildet sich nicht zuletzt darin ab, dass englisch- oder französischsprachige Autoren Begriffe wie /Bildung/, /Bildungsreise/ oder /Bildungserlebnis/ nicht selten unübersetzt adaptieren.

Wenn in diesem Buch dem deutschsprachigen Begriff /Bildung/ und dessen theologischem Deutungshorizont nachgedacht wird, dann erübrigen sich damit keineswegs vergleichende Überlegungen – doch zunächst einmal rekonstruiert der Band diese spezifische Tradition der deutschen Sprache und der in ihr entfalteten Geistes-, Theologie- und Bildungsgeschichte.

3. /Bildung/ als Wort unserer Alltags- und Wissenschaftskommunikation

In der deutschen Alltagssprache erfährt der Begriff »Bildung« gegenwärtig nicht nur einen schillernden, sondern einen ambivalenten Gebrauch. Weithin begegnet eine *funktionale* Verwendung – etwa in der Rede von /Bildungswesen/, /Bildungsstandard/, /frühkindliche Bildung/. All diese Begriffe sind *deskriptiv* angelegt und lassen den vielfältigen und reichen geistesgeschichtlichen Hintergrund von /Bildung/ verblassen oder jedenfalls unkenntlich werden. Das gilt in mancher Hinsicht auch für den Begriff /religiöse Bildung/, mit dessen Hilfe primär die Domäne Religion aufgerufen wird, nicht aber die im Medium von Religion forcierte Selbstbildung o.ä.

Daneben stand und steht eine emphatische und programmatische *normative* Verwendung. Seit seiner ersten Blütezeit im 18. Jahrhundert führt der deutschsprachige Bildungsbegriff – so soll der vielgestaltige, schillernde Bedeutungshof des Begriffs hier kondensiert werden – fünf inhaltliche Akzente mit: *die Vorstellung der Bildsamkeit und Bildungsbedürftigkeit aller Menschen, die Betonung des Prozesses intrinsisch motivierter, selbsttätiger Entfaltung der Person (Subjektwerdung), das Moment der kritischen Auseinandersetzung mit Tradiertem und mit*

*exogenen Impulsen im Interesse der Verbesserung aller Dinge, das Aus-
gerichtetsein auf das Ziel der freien Verantwortungsübernahme durch
jeden Einzelnen, die Idee, dass Bildung der eigenen Lebensführung und
-deutung Gestalt verleiht.* Diese Akzente werden bisweilen ergänzt, zudem unterschiedlich gewichtet, doch sie finden sich in großer Dichte
beim Rekurs auf /Bildung/. Wird /Bildung/ so gebraucht und verstanden, meint der Begriff somit einen *Vorgang* (»sich bilden«) und
dessen – stets vorläufig bleibendes – *Ergebnis*; dieses Ergebnis besteht
im Aufbau von Fertigkeiten, Kenntnissen und Einstellungen, aber aufs
Ganze gesehen in der Formung einer Haltung, eines Ethos, eines in
Lebensführung und -deutung realisierten Leitbildes von Humanität.

Bildung geht somit zwar keineswegs im Aufbau von Wissen oder in
der Schulung kognitiver Fähigkeiten auf, sie wird allerdings nirgends
ohne reflexives Moment konzeptualisiert: Vielmehr ist *Reflexivität* ihr
Medium – sich Sachverhalte, Prozesse, Herausforderungen bewusst
machen, in Gedanken zu etwas oder zu jemandem auf Abstand gehen,
etwas oder jemanden verstehen, gedanklich zu eigen machen, antezipieren oder in Zusammenhänge einzeichnen sind elementare Vollzüge
von Bildung, die – unvertretbar – von jeder und jedem Einzelnen zu
realisieren sind.

Beide Verwendungsweisen – die deskriptive wie die normative –
sind etabliert, die eine kann die andere nicht verdrängen oder ersetzen.
In diesem Band geht es in erster Linie um die normative Bedeutung
von Bildung, die jedoch vor dem Hintergrund tatsächlicher, empirie-
basiert beschreibbarer Bildung, Erziehung und Sozialisation bedacht
und analysiert wird.

Bildung bezeichnet in diesem deskriptiven Sinn intrinsisch moti-
vierte, endogene – aber gleichwohl exogene Impulse (durch einen Lehrer, durch die Gegenstände des Lernens, durch den Kontext) aufneh-
mende – Lernprozesse einzelner Menschen, sie steht der Autodidaktik
nahe. *Erziehung* bezeichnet Handlungen, durch die Menschen ab-
sichtsvoll und zielgerichtet versuchen, die Disposition anderer Menschen im Medium von Lehr-Lern-Prozessen in irgendeiner Hinsicht
dauerhaft zu verbessern oder ihre als wertvoll beurteilten Bestand-
teile zu erhalten. Eine spezielle Form der Erziehung ist der *Unterricht*:
Dieser Terminus bezeichnet – durch dafür qualifizierte Personen – ab-
sichtsvoll und planmäßig initiierte und gestaltete Lehr-Lern-Prozesse
in einem dafür bestimmten institutionellen Rahmen, etwa Schule oder
Hochschule. Unter den Begriff der *Sozialisation* fallen demgegenüber
dispositionsverändernde soziale Einwirkungen, die nicht mit Bedacht

auf den Zweck der Erziehung ausgerichtet sind, aber dennoch stattfinden (vgl. Schröder 2012: 63 f.).

Gegenwärtig dominiert nach meinem Eindruck der funktionale Begriffsgebrauch – so jedenfalls in Politik und Gesellschaft. Dieses Gefälle wird durch Verschiebungen in der wissenschaftlichen Befassung mit Bildung unterstrichen: Nach wie vor gibt es selbstredend (philosophische) Bildungstheorien und historische Bildungsforschung, doch die öffentlichen Bildungsdebatten der vergangenen Jahre standen – ausgelöst durch die Veröffentlichung der Ergebnisse der sog. PISA-Untersuchungen 2001 in Deutschland – weithin im Zeichen empirischer Bildungsforschung. Dieser muss aus methodischen Gründen an klarer Definition ihrer konzeptuellen Leitbegriffe, an Operationalisierbarkeit und Messbarkeit, an Aktualität und Vergleichbarkeit ihrer Daten gelegen sein – und eben gerade nicht am Bewussthalten der vieldeutigen Ideengeschichte, an theoretischer Komplexität und normativem bzw. visionärem Potential (vgl. Baumert/Tillmann 2016 und Handbuch 2018; zur Kritik etwa Liessmann 2006).

Dieser Band folgt diesem Trend zur empirischen Bildungsforschung nicht; er ruft vielmehr mit Bedacht andere Stränge der Bildungsreflexion auf – allerdings ohne ein starres Gegeneinander von Empirie und Normativität, Geistesgeschichte und nachweisbaren Bildungserträgen konstruieren zu wollen. Vielmehr ist ein Verhältnis wechselseitiger Wahrnehmung und Kritik anzustreben – denn Bildungsforschung und Bildungsreflexion werden ja nicht um ihrer selbst willen betrieben, sondern – durchaus im Sinne der Agenda »2030« der Vereinten Nationen – um der Förderung von Bildung möglichst aller Menschen willen.

4. »Bildung« im Spiegel der Beiträge dieses Bandes

Die Struktur dieses Bandes lässt sich angesichts der vorgängigen Überlegungen doppelt begründen: Sie reagiert zum einen auf Desiderate, die sich in der theologischen Bildungsreflexion bzw. aus deren Lücken ergeben. So bringt sie zum Leuchten, was aus der alt- und neutestamentlichen Wissenschaft, in Kirchengeschichte und Systematischer Theologie zur Erhellung von »Bildung« beigesteuert werden kann, lässt ergänzend eine Stimme aus der empiriekritischen Pädagogik zu Wort kommen und gibt einem Seitenblick auf Bildungsdiskurs und -praxis in nicht-christlichen Religionen Raum. Zum anderen genügt dieser Band damit schlicht den Reihenvorgaben.

Doch anders als bei durch und durch theologisch verwurzelten und gebrauchten Begriffen wie /Taufe/, /Abendmahl/ und /Kirche/ gilt es im Falle des Begriffs /Bildung/ Folgendes bewusst zu halten: Bildung gibt zwar theologisch zu denken, ist jedoch gegenwärtig (genauer gesagt: schon seit etwa 250 Jahren) keine exklusive Domäne theologischer Reflexion – im Gegenteil: Es ist die Theologie, die ihre Reflexionspflicht und ihre Reflexionsoptionen zur Bildung nur unregelmäßig wahrgenommen, z. T. sogar brachliegen lassen hat. Bildung ist zudem auch in der Sache keineswegs (als) das Privileg der Getauften (zu verstehen), sondern seit dem ausgehenden 18. Jahrhundert als eine anthropologische Option (»Bildsamkeit«), als Gegenstand einer weltweit auf Realisierung drängenden Vision, als Menschenrecht erkannt, bedacht und realisiert worden. Dementsprechend ist sie auch Gegenstand von vielerlei Wissenschaften – von der Erziehungswissenschaft bis zur Fachdidaktik, von der Bildungsökonomie bis zur Bildungstheorie, von der Architektur bis zur Theologie.

Nach mancherlei Wechseln der Leitwissenschaft und Bildungsparadigmen beansprucht gegenwärtig eine sich selbst als – primär, wenn nicht allein – empirische Wissenschaft begreifende *Bildungsforschung* die einschlägigen Disziplinen bzw. ihre Ergebnisse zusammenzuschauen, durchaus auch unter Einschluss historischer und philosophischer Bildungsforschung, denen indes nicht mehr als eine Nebenrolle zugewiesen wird (vgl. Handbuch 2018 – Abschnitt »Theorie und Bezugsdisziplinen«). So kommt es, dass in einem einschlägigen Kompendium weder von Theologie, geschweige denn von Religionspädagogik, noch von religiöser Bildung oder dem fundamentalanthropologischen Zusammenhang von Religion und Bildung die Rede ist. Selbst unter der Voraussetzung, dass dort eingeräumt wird, dass »das Forschungsgebiet [...] nur unscharf abzugrenzen ist, Bildungsforschung also einen sehr weiten Forschungsbereich, der keineswegs allein von der Erziehungswissenschaft bearbeitet wird, darstellt« (Handbuch 2018: 1) und es sogar in einem ca. 1.500 Seiten umfassenden Handbuch »nicht möglich [ist], alle Teilbereiche zu berücksichtigen« (Handbuch 2018: 2), muss diese Lücke all jene irritieren, denen an einem umfassenden Verständnis von Bildung und an einer über die eigenen Wurzeln und sachlichen Horizonte aufgeklärten Bildungswissenschaft gelegen ist.

Auch wenn es derzeit die empirische Bildungsforschung ist, die die Deutungshoheit über das enzyklopädische Gefüge einschlägiger Wissenschaften, über Aufgabe, methodologischen Zuschnitt und dringliche Desiderate des Fachgebietes beansprucht, bleiben doch manche mit der Rede von (empirischer) Bildungsforschung vorgenommenen begrifflichen und disziplinären Akzentsetzungen eigentümlich: Während die an »Tatsachenforschung und Tatsachenbeurteilung« orientierten Forschungsgebiete als »*Bildungs*forschung« bezeichnet werden, obliegt die Klärung der »Ziel- und Normfragen«, die »keineswegs suspendiert« werden sollen, den »normativen *Erziehung*slehr*en*« (Handbuch 2018: 3 – Kursivierung B. S.; man beachte Singular und Plural); während Bildungsforschung nicht allein der Erziehungswissenschaft obliegen soll, kommen nicht-erziehungswissenschaftliche (wie z. B. theologische oder religionspädagogische) Bildungstheorien de facto entweder nicht vor, oder aber sie werden (wie z. B. die Beiträge zur »Bildungsökonomie« oder zur »politik- und rechtswissenschaftlichen Bildungsforschung«) von Erziehungswissenschaftlern verfasst.

Angesichts dieser diskursiven und wissenschaftsorganisatorischen Großwetterlage muss und will ein im Wesentlichen theologisches Buch zur Bildung in zweierlei Richtungen argumentieren: Es will in den Binnenraum von Theologie und Kirche hinein auf den Stellenwert und die z. T. unabgegoltenen Bedeutungshorizonte von Bildung verweisen und es will an die Adresse der (empirischen) Bildungswissenschaft gerichtet auf die Dignität religiöser Bildung und den kategorialen Rang von Religion für Bildung verweisen.

Auf die affirmative Aufnahme und Untermauerung der These, »daß der Bildungsgedanke nicht nur [...] dem christlich-religiösen Geist entstammt, sondern daß über dieses Abstammungsverhältnis hinaus auch die Ausdifferenzierung der neuzeitlich-modernen Bildungskonzeption der Sache nach in enger Anlehnung an die Grundstruktur neuzeitlich-protestantischen Weltumganges erfolgte – und zwar auch dort, wo dieser Zusammenhaag unter Umständen als solcher gar nicht gewußt wird« (Albrecht 2003: 21), wird hier verzichtet. Diese These ist zwar aus evangelisch-theologischer Perspektive von heuristischer Qualität und möglicherweise für die Bildungsbegriffe der deutschen Klassik und die darauf bezogene Theorie von Bildung zutreffend, doch kann sie angesichts der seit dem 19. Jahrhundert erfolgten Vervielfältigung der Bildungskonzepte und -wissenschaften, der seither erfolgten Akzentverschiebungen im Bildungsverständnis und auch angesichts der weltanschaulich-religiösen Pluralität der Bildungstheoretiker – man denke allein an die Reihe der im Judentum Verwurzelten, von Moses Mendelssohn über Naftali Herz Wessely, Samson Raphael Hirsch, Franz Rosenzweig bis zu Theodor W. Adorno – schwerlich auf Akzeptanz hoffen. Vielmehr läuft sie Gefahr, als evangelisch-theologischer Usurpationsversuch wahrgenommen zu werden. Demgegenüber wäre schon viel gewonnen, wenn dieser Band dazu beitrüge, einer schlichten Einsicht Geltung zu verschaffen: /Bildung/, »Bildung« und Bildung sind unverzichtbar für die Entfaltung des Menschseins einer Jeden und eines Jeden und für die Explikation wie das Selbstverstehen von (christlicher) Religion.

Quellen- und Literaturverzeichnis

1. Quellen

Kant, Immanuel: *Beantwortung der Frage: Was ist Aufklärung?*, in: Berlinische Monatsschrift 1784, H. 2, 481–494.
Lessing, Gotthold Ephraim: *Die Erziehung des Menschengeschlechts*, Berlin 1780.
Mendelssohn, Moses: *Ueber die Frage: was heißt aufklären?*, in: Berlinische Monatsschrift 1784, H. 4, 193–200.

2. Sekundärliteratur

Albrecht 2003: Albrecht, Christian: Bildung in der Praktischen Theologie, Tübingen 2003.
Baumert/Tillmann 2016: Baumert, Jürgen / Tillmann, Hans-Jürgen (Hgg.): Empirische Bildungsforschung – der kritische Blick und die Antwort auf die Kritiker, Wiesbaden 2016.
Conrad 2006: Conrad, Ruth: Lexikonpolitik: die erste Auflage der RGG im Horizont protestantischer Lexikographie (AKG 97), Berlin u. a. 2006.
Flitner 1958: Flitner, Andreas: Art. Bildung, in: Die Religion in Geschichte und Gegenwart. Handwörterbuch für Theologie und Religionswissenschaft. Dritte, völlig neu bearbeitete A., hg. von Kurt Galling, Tübingen 1958–1962, hier Bd. I (1958), 1277–1281.
Handbuch 2018: Handbuch Bildungsforschung, hg. von Rudolf Tippelt und Bernhard Schmidt-Hertha, Wiesbaden (2005) 4., überarbeitete und aktualisierte A. 2018.
Human Development Report 2018: United Nations Development Programme – Human Development Report Office (HDRO): Human Development Report 2018, Genf / New York 2018.
Liessmann 2006: Liessmann, Konrad Paul: Theorie der Unbildung. Die Irrtümer der Wissensgesellschaft, Wien 2006.
Nipkow 2003: Nipkow, Karl Ernst: Zur Bildungspolitik der evangelischen Kirche. Eine historisch-systematische Studie, in: Peter Biehl / Karl Ernst Nipkow: Bildung und Bildungspolitik in theologischer Perspektive, Münster 2003, 153–262.

Rendtorff 1972: Rendtorff, Trutz: Gott – ein Wort unserer Sprache? Ein theologischer Essay (Theologische Existenz heute 171), München 1972.

Schiele 1909: Schiele, Friedrich Michael: Art. Bildung, in: Die Religion in Geschichte und Gegenwart. Handwörterbuch in gemeinverständlicher Darstellung, hgg. von dems./Leopold Zscharnack, Tübingen 1909–1913, hier Bd. I (1909), 1243–1248.

Schröder 2021: Schröder, Bernd: Religionspädagogik, Tübingen (2012), 2., überarb. und erw. A. 2021.

Stern/Paulus 1927: Stern, Erich/Paulus, Rudolf: Art. Bildung, in: Die Religion in Geschichte und Gegenwart. Handwörterbuch für Theologie und Religionswissenschaft. Zweite, völlig neubearbeitete A., hgg. von Hermann Gunkel/Leopold Zscharnack, Tübingen 1927–1913, hier Bd. I (1927), 1108–1117.

Tenorth 2020: Tenorth, Heinz-Elmar: Die Rede von Bildung: Tradition, Praxis, Geltung – Beobachtungen aus der Distanz, Berlin 2020.

United Nations 2015: United Nations – General Assembly: Resolution »Transforming Our World: The 2030 Agenda for Sustainable Development«, New York 2015 (https://www.unfpa. org/sites/default/files/resource-pdf/Resolution_A_R ES_70_1_EN.pdf).

UNESCO 2006: Global Education Monitoring Report, 2006: Literacy for Life, Genf 2006.

UNESCO 2020: Global Education Monitoring Report, 2020: Inclusion and Education: All Means All, Genf 2020.

Walther 2006: Walther, Gerrit: Art. Bildung, in: Enzyklopädie der Neuzeit, hg. von Friedrich Jaeger, Bd. 2, Darmstadt 2006, 223–252.

Zenkert/Preul/Schweitzer/Leschinsky 1998: Zenkert, Georg/Preul, Reiner/Schweitzer, Friedrich/Leschinsky, Reiner: Art. Bildung, in: Religion in Geschichte und Gegenwart. Handwörterbuch für Theologie und Religionswissenschaft. Vierte, völlig neu bearbeitete A., hgg. von Hans Dieter Betz, Don S. Browning, Bernd Janowski und Eberhard Jüngel, Tübingen 1998–2005, hier Bd. I (1998), 1577–1587.

Altes Testament

Beate Ego

Religiöses Lernen in der alttestamentlichen Überlieferung und seine anthropologischen Implikationen

Lern- und Bildungsprozesse sind für jede Gesellschaft sowohl in synchroner als auch in diachroner Hinsicht von elementarem Interesse. Synchron, d. h. im Hinblick auf den aktuellen Status einer Gesellschaft, kommt Lernprozessen die Aufgabe zu, den Einzelnen in die Gemeinschaft einzubinden, indem sie zwischen dem Individuum und seiner Außenwelt vermitteln und so den Menschen zur einer gesellschaftsfähigen Person erziehen. In diachroner Hinsicht, also in der Abfolge der Generationen und im Laufe der Geschichte, sind Lernprozesse für das dauerhafte Überleben von Gesellschaften verantwortlich, da diese einen wichtigen Teil dazu beitragen, dass das konkrete Wissen einer Generation in die nächste hinübergenommen werden kann. Insbesondere in Kulturen, die nur in einem begrenzten Maße über eine Schriftkultur verfügen, kommt diesem Aspekt ein besonderes Gewicht zu, da der Erhalt des in Jahrhunderten erworbenen Wissens nur über seine Integration in das soziale Gedächtnis und seine beständige Aktualisierung gewährleistet werden kann. Innerhalb dieses breiten Horizonts spielt die Aneignung religiöser Überlieferungen im weitesten Sinne für traditionelle Gesellschaften insofern eine wichtige Rolle, da der Bereich der Religion hier in einem viel breiteren Maße in der Gesellschaft verankert ist, als dies für moderne Gesellschaften der Fall ist. In traditionellen Gesellschaften, die philosophiegeschichtlich vor der Aufklärung anzusetzen sind, ist der gesamte Bereich der Religion insofern von zentraler lebensweltlicher Bedeutung, als dieser mit den elementaren lebensschaffenden und -erhaltenden Bereichen wie Fortpflanzung, Landwirtschaft, Ernährung, innerer und äußerer Sicherheit, Rechtsprechung, Krieg und Frieden in unmittelbarem Zusammenhang steht. Ein wichtiges Element bildet hierbei der funktionierende Kultus, in dem über Opfer und andere Elemente wie z. B.

Gebete, Lieder oder auch die Schriftverlesung und -auslegung mit der Gottheit bzw. (in polytheistischen Religionen) den Gottheiten in Kontakt getreten werden kann; eine Anerkennung des göttlichen Willens der Gottheit kann auch durch die Befolgung und Ausübung göttlicher Gebote zum Ausdruck kommen.

Innerhalb dieses breiten und allgemeinen Hintergrundes hat es sich dieser Beitrag zum Ziel gesetzt, die Thematik des religiösen Lernens im Kontext der Überlieferungen der Hebräischen Bibel und der Septuaginta zu erschließen. Nach einem kurzen Blick auf die Begrifflichkeit (1.) soll hier als Basis zunächst ein Blick auf zentrale Textüberlieferungen zu der entsprechenden Thematik geworfen werden (2.), um von dort aus nach der institutionellen Einbindung von Lernprozessen (3.) und nach dem damit implizierten Menschenbild (4.) zu fragen.

1. Begriffe aus dem Wortfeld »lernen«

Das Hebräische kennt verschiedene Begriffe aus dem Wortfeld des Lernens. Hebr. *lmd* bedeutet in der Grundform »sich gewöhnen, lernen« bzw. im Pi'el »lehren«. Neben der religiösen Dimension, in der dieser Begriff verwendet wird, bezeichnet er verschiedene Lern- und Lehrvorgänge im alltäglichen Leben wie das »Abrichten von Tieren«, das »Training im Kampf« sowie das »Einüben von Liedern« (Jenni 1971: 873). Wichtig ist dabei, dass der Begriff nicht nur auf eine sprachliche Vermittlung des Lernstoffes abzielt, sondern dass hier häufig auch das Moment des Sich-Gewöhnens und des Lernens durch Wiederholung mitschwingt (Jenni 1971: 872). Ein weiterer Begriff aus dem entsprechenden Wortfeld ist hebr. *jrh* (Hif'il), das am ehesten mit »unterweisen« wiedergegeben werden kann und das vor allem mit einem Wortgeschehen in Beziehung steht (Jenni 1971: 873). Von diesem Begriff leitet sich auch das Wort »Tora« ab, das somit im ursprünglichen Sinne am besten mit »Weisung, Unterweisung« wiederzugeben ist (Liedke/Petersen 1976; Wagner 1982: 924). Schließlich sind in diesem Kontext noch die Begriffe *bîn* (Hif'il) und *jd'* (Hif'il) zu nennen. Dabei erscheint *bîn* vor allem in jüngeren Texten der Überlieferung der Hebräischen Bibel mit einem starken Schwerpunkt auf der Weisheit, wobei insbesondere der Aspekt des Verstehens und gedanklichen Durchdringens dominant ist (Schmid 1971: 307; Ringgren 1973: 624 f.). *jd'* wiederum bedeutet wörtlich »jmd. etwas wissen lassen«, wobei häufig »die lehrende Weitervermittlung des Wissens um Jahwe als Voraussetzung rechten Jahweverhaltens« und »die Belehrung der Söhne durch den Vater« bzw. »des Volkes durch Mose« im Blickpunkt stehen (Schottroff 1971: 697; Botterweck 1982: 499 f.).

Die griechische Übersetzung der Hebräischen Bibel, die sog. Septuaginta, die seit ca. dem 3. Jahrhundert v. Chr. im ägyptischen Alexandria entstanden ist, hat diese unterschiedlichen hebräischen Begriffe in der Regel mit dem griechischen *didásko* wiedergegeben (Wegenast 2000: 1256).

2. Lernszenen in der Überlieferung der Hebräischen Bibel und der Septuaginta

Das Alte Testament als eine Schriftensammlung, die in vielen Jahrhunderten entstanden ist, enthält einige zentrale Überlieferungen, die verschiedene Lernszenarien vor Augen stellen. An erster Stelle ist hier auf Dtn 6,6–9 zu verweisen, wo es heißt:

6   Und diese Worte, die ich dir heute gebiete,
     sollst du zu Herzen nehmen
7   und sollst sie deinen Kindern einschärfen und davon reden,
     wenn du in deinem Hause sitzt oder unterwegs bist,
     wenn du dich niederlegst oder aufstehst.
8   Und du sollst sie binden zum Zeichen auf deine Hand,
     und sie sollen dir ein Merkzeichen zwischen deinen Augen sein,
9   und du sollst sie schreiben auf die Pfosten deines Hauses
     und an die Tore (Übersetzung Luther 2017).

Der Text bildet in literarischer Hinsicht einen kleinen Ausschnitt einer Rede des Mose, die dieser kurz vor seinem Tod an der Grenze zum verheißenen Land (das er aber nicht mehr betreten darf) an die Israeliten der Wüstengeneration richtet. Die »Worte«, die den Israeliten hier geboten werden, sind – so legt es der Kontext nahe – die Worte der göttlichen Weisung, die in der Forderung nach der Alleinverehrung JHWHs eine prägnante Zusammenfassung finden. Wenn dieser »Schlüsseltext zum Glaubenlernen« (Lohfink 1987: 154; Lohfink 1983: 92) die Weisung gibt, dass diese Worte »auf dem Herzen« eines jeden Israeliten sein sollen, so meint dies zunächst wohl konkret eine Aufforderung zum Auswendiglernen des Gebotes. Während das Herz in der neuzeitlichen Anthropologie vorrangig mit dem Gefühl verbunden wird, gilt es nach biblischer Vorstellung vor allem als der Ort, an dem Verstand und Vernunft, Wille und Entscheidung, Empfindung und Zuneigung, also sowohl die intellektuellen, voluntativen als auch gefühlsmäßigen Energien und Potenzen des Menschen anzusiedeln sind. Der Mensch, der sich Gottes Gebot zu Herzen nimmt, macht dieses zu einem Teil seines eigenen Wesens. Mit welchen Mitteln eine solche Inkorporation der göttlichen Weisung stattfinden soll, wird im Folgenden dargestellt: Der lehrende Familienvater soll den Kindern die Tora »einschärfen«, in dem er sie an allen Orten (sowohl zu Hause als auch unterwegs) und zu allen Zeiten (sowohl am Abend beim sich Niederlegen als auch am Morgen beim Aufstehen) spricht. Dieser Lernprozess wird dadurch noch unterstützt, dass der Stoff nicht nur verlautlicht, sondern auch verschriftlicht wird: Die göttlichen Gebote sollen auf Hand und Stirn, auf Türpfosten und Tore geschrieben werden (zum Ganzen Ego 2009b: 84–91, mit weiteren Verweisen auf die ältere Literatur). Außenwelt und Innenwelt sind so direkt aufeinander bezogen. Auf diese Art und Weise entsteht ein »Mnemotop«, eine Art Erinnerungsraum, der vor dem Vergessen der Tora beschützt (zu diesem Begriff vgl. Assmann 2007: 59 f.; inbes. zu Dtn 6,6–9 dort 218–221). Wie Karin Finsterbusch deutlich gemacht hat, ist Mose hier aber mehr als nur eine Gestalt, die die Sinaioffenbarung wiederholt; vielmehr impliziert »der Mose am Horeb erteilte Lehrauftrag eine gewisse Freiheit [...] Die Lehre der Satzungen und Rechtsvorschriften in Dtn 6–11 ist nicht als Wiedergabe der von JHWH am Horeb Mose mitgeteilten Worte aufzufassen, sondern als freie Rede Moses [...] Dies unterstreicht die hohe Autorität des dtn Mose: Er ist eben nicht nur Mittler der Gebote, er ist Lehrer in JHWHs Auftrag« (Finsterbusch 2005: 42).

Neben diesem gleichsam kognitiven Aspekt muss aber noch eine weitere Dimension beachtet werden. Wenn es – um nur ein Beispiel herauszugreifen – in Dtn 5,1 heißt: »Höre, Israel, die Gebote und Rechte, die ich heute vor euren Ohren rede, und lernet sie und bewahrt sie, dass ihr danach tut!«, so wird deutlich, dass die Verinnerlichung der Tradition auch praktische Dimensionen hat, da es letztlich um das Tun des Gotteswillens und die Verwirklichung der Gebote im Handeln geht. Dabei ist mit Nachdruck darauf hinzuweisen, dass hier ein ganz breiter Bereich der Lebenswirklichkeit abgedeckt wird. Allein schon die Gebote des Deuteronomiums, auf die im Nahkontext dieser Überlieferung an erster Stelle zu verweisen ist, beinhalten nicht nur den Dekalog, die zehn Gebote, sondern darüber hinaus noch zahlreiche weitere Bestimmungen, wie verschiedene Speisegebote (Dtn 14,3–21), landwirtschaftliche Regelungen (z. B. die Abgabe des Zehnten Dtn 14,22–29; 26,1–15) oder Anordnungen zum Festkalender (Dtn 16,1–17).

Dieser Horizont weitet sich dann noch einmal, wenn noch weitere Gebotsüberlieferungen der alttestamentlichen Tradition mit einbezogen werden. So enthält – um hier nur noch einige wenige andere Beispiele zu nennen – die Überlieferung der Priesterschrift im weitesten Sinne Anweisungen zum Opferkult (Lev 1–7), Vorschriften zum richtigen rituellen Verhalten bei der Geburt eines Kindes (Lev 12,1–8) bzw. bei auffälligen Hauterscheinungen (früher als »Aussatz« bezeichnet – Lev 13,1–14,32) oder zu Fragen eines angemessenen Sexualverhaltens (Lev 18,1–30). Lernen und Tun gehören auf jeden Fall für die alttestamentliche Überlieferung auf das engste zusammen und können nicht voneinander getrennt werden.

Wichtig für unsere Thematik ist darüber hinaus noch ein weiterer Abschnitt aus dem Deuteronomium, der sich fast unmittelbar an die in Dtn 6,6–9 geschilderte Lernszenerie anschließt. Hier in Dtn 6,20–25 heißt es nämlich:

20 Wenn dich nun dein Sohn morgen fragen wird: Was sind das für Vermahnungen, Gebote und Rechte, die euch der HERR, unser Gott, geboten hat?,

21 so sollst du deinem Sohn sagen: Wir waren Knechte des Pharao in Ägypten, und der HERR führte uns aus Ägypten mit mächtiger Hand;

22 und der HERR tat große und furchtbare Zeichen und Wunder an Ägypten und am Pharao und an seinem ganzen Hause vor unsern Augen

23 und führte uns von dort weg, um uns hineinzubringen und uns das Land zu geben, wie er unsern Vätern geschworen hatte.

24 Und der HERR hat uns geboten, nach all diesen Rechten zu tun, dass wir den HERRN, unsern Gott, fürchten, auf dass es uns wohlgehe unser Leben lang, so wie es heute ist.

25 Und das wird unsere Gerechtigkeit sein, dass wir alle diese Gebote tun und halten vor dem HERRN, unserm Gott, wie er uns geboten hat (Luther 2017).

Diese kleine Überlieferung zeigt, dass es bei dem vom Deuteronomium anvisierten Lernen der religiösen Tradition keineswegs um eine kritiklose, stumpfe Indoktrination gehen soll, sondern dass der Belehrte das Recht hat, nach dem tieferen Grund für eine so umfassende Aneignung des Gebots zu fragen. Vor diesem Hintergrund wird deutlich, dass der Gebotsgehorsam die Antwort des Menschen auf die von Gott erfahrene Zuwendung ist.

Während in Dtn 6,6–9 sowie auch in dieser kleinen Szene hier die Vermittlung der Kenntnisse der göttlichen Gebote im Rahmen der Familie erfolgt, skizziert ein anderer Abschnitt im Deuteronomium ein

»öffentliches Lernritual« (Lohfink 1983: 93), zeigt somit einen öffentlichen »Sitz im Leben« der Lehre. Dtn 31,10–13 ordnet nämlich an, dass am Laubhüttenfest eines jeden Sabbatjahres, also alle sieben Jahre, die Toraverlesung vor dem gesamten Volk stattfinden soll. Nachdem Mose zunächst das Gebot verschriftlicht und es dann den Priestern und den Ältesten überreicht hat, gebietet er die regelmäßige Verlesung desselben mit folgenden Worten:

10   ... Jeweils nach sieben Jahren, zur Zeit des Erlassjahrs, am Laubhüttenfest,
11   wenn ganz Israel kommt, zu erscheinen vor dem Angesicht des HERRN, deines Gottes, an der Stätte, die er erwählen wird, sollst du dies Gesetz vor ganz Israel ausrufen lassen vor ihren Ohren.
12   Versammle das Volk, die Männer, Frauen und Kinder und den Fremdling, der in deinen Städten lebt, damit sie es hören und lernen und den HERRN, euren Gott, fürchten und alle Worte dieses Gesetzes halten und tun
13   und dass ihre Kinder, die es nicht kennen, es auch hören und lernen, den HERRN, euren Gott, zu fürchten alle Tage, die ihr in dem Lande lebt, in das ihr zieht über den Jordan, um es einzunehmen (Übersetzung nach Luther 2017).

Während Mose als fiktiver Sprecher seine Lernparänese in Dtn 6,6–9 an »ganz Israel« adressiert, richtet dieser sich hier mit seiner Anordnung an die Priester und Ältesten des Volkes. Seine Anweisung, Israel nach seiner Ankunft im verheißenen Lande regelmäßig das Gesetz zu lehren, wird in einem »festlichen Lernritual« entfaltet. Männer, Frauen und Kinder mitsamt den Fremden sollen von den Priestern und den Ältesten des Volkes versammelt werden. Wenn hier in Vers 11 vom »Erscheinen vor dem Angesicht des Herrn« und von der »Stätte, die er erwählen wird« die Rede ist, so zielt dies in der Sprache der Jerusalemer Kulttheologie bzw. des Deuteronomiums auf den Jerusalemer Tempel. Da der Inhalt der Verkündigung aber kein anderer ist als die Worte des Mose, die dieser nach dem literarischen Setting des Deuteronomiums als Wiederholung der Sinaioffenbarung an der Grenze des gelobten Landes gesprochen hat, ist der »archetypische Ort dieser Zusammenkunft [...] der Horeb [...], wo Jahwe zu den Israeliten gesprochen und mit ihnen einen Bund geschlossen hatte und wo sie ihn ›gefürchtet‹ hatten« (Braulik 1997: 134). Für diejenigen, welche die göttliche Weisung bereits kennen, also für die Erwachsenen, stellt das Lernen des Gebotes, das hier angeordnet ist, eine Art Wiederholung dar, wohingegen die Kinder, welche die Gebote Gottes noch nicht kennen, in diesem Ritual Gottes Gebot zum ersten Mal vernehmen. Beide Gruppen werden durch das Verlesen des Gebotes in die »Ur-Situation« der Gottesbegegnung des Volkes Israel am Sinai versetzt und durchbrechen damit ihre gegenwärtige Zeit. Über die Autorität der Ältesten und Priester, die ihrerseits wiederum auf die von Mose überreichte schriftliche Tora zurückgreifen, versichert man sich so im Fest des göttlichen Ursprungs des tradierten Wortes. Von besonderer Bedeutung ist hier noch die Tatsache, dass die Mosegestalt des Deuteronomiums diese Worte unmittelbar vor ihrem Tod und vor dem Einzug der Israeliten in das Gelobte Land spricht. Damit eröffnet der literarische Mose eine Tradentenkette, die vom Berg Sinai als dem Ort der Gottesbegegnung und Gebotsverkündigung in den Alltag des Volkes führt (Braulik 1997: 133–137; Lohfink 1987: 158 f.; Finsterbusch 2002: 111–116).

Beide Lernszenerien, sowohl Dtn 6,6–9 als auch Dtn 31,10–13, sind für die alttestamentliche Überlieferung traditionsbildend geworden. An erster Stelle ist zunächst auf die Eröffnung des Psalmenbuches in Ps 1,1–3 zu verweisen, wo es heißt:

1 Wohl dem, der nicht wandelt im Rat der Gottlosen
  noch tritt auf den Weg der Sünder noch sitzt, wo die Spötter sitzen,
2 sondern hat Lust am Gesetz des HERRN und sinnt über seinem Gesetz Tag
  und Nacht!
3 Der ist wie ein Baum, gepflanzt an den Wasserbächen,
  der seine Frucht bringt zu seiner Zeit, und seine Blätter verwelken nicht.
  Und was er macht, das gerät wohl (Übersetzung nach Luther 2017).

Der Mensch, der hier in gepriesen wird, entspricht dem Adressaten der Unterweisung in Dtn 6,6–9 auf geradezu idealtypische Art und Weise, da er ständig, bei Tag und bei Nacht, mit dem göttlichen Gebot beschäftigt ist. Dabei scheint Dtn 6,6–9 in einem ganz spezifischen Sinne interpretiert worden zu sein, wenn hier der Begriff des »Sinnens« erscheint. Das hebräische Wort *hgh*, das sich hinter diesem Begriff verbirgt, ist in seiner Grundbedeutung wohl am ehesten mit »brummen, gurren« wiederzugeben. Vor diesem Hintergrund hat man die Aktivität des Frommen, der in Ps 1 beschrieben wird, als eine Art meditierendes Murmeln verstehen wollen (so z. B. Fischer/Lohfink 1987: 70 f.). Wie bereits im Deuteronomium ist auch in Ps 1 das Sprechen der Tora nicht von einem aktiven Tun zu trennen. Sowohl die ständige Beschäftigung mit der Tora und ihre Verlautlichung als auch ein integerer Lebenswandel gehört zu den für einen Frommen konstitutiven Merkmalen.

Ein weiterer Schlüsseltext für die alttestamentliche Konzeption des Lernens ist Neh 7,72b–8,8, wo es heißt:

7,72   … Als nun der siebente Monat herangekommen war und die Israeliten in ihren Städten waren,

8,1   versammelte sich das ganze Volk wie *ein* Mann auf dem Platz vor dem Wassertor, und sie sprachen zu Esra, dem Schriftgelehrten, er solle das Buch des Gesetzes des Mose holen, das der HERR Israel geboten hat.

8,2   Und Esra, der Priester, brachte das Gesetz vor die Gemeinde, Männer und Frauen und alle, die es verstehen konnten, am ersten Tage des siebenten Monats

8,3   und las daraus auf dem Platz vor dem Wassertor vom lichten Morgen an bis zum Mittag vor Männern und Frauen und wer's verstehen konnte. Und die Ohren des ganzen Volks waren dem Gesetzbuch zugekehrt.

8,4   Und Esra, der Schriftgelehrte, stand auf einer hölzernen Kanzel, die sie dafür gemacht hatten, und es standen neben ihm Mattitja, Schema, Anaja, Uria, Hilkija und Maaseja zu seiner Rechten, aber zu seiner Linken Pedaja, Mischaël, Malkija, Haschum, Haschbaddana, Secharja und Meschullam.

8,5   Und Esra tat das Buch auf vor aller Augen, denn er überragte alles Volk; und als er's auftat, stand alles Volk auf.

8,6   Und Esra lobte den HERRN, den großen Gott. Und alles Volk antwortete: »Amen! Amen!«, und sie hoben ihre Hände empor und neigten sich und beteten den HERRN an mit dem Antlitz zur Erde.

8,7   Und die Leviten Jeschua, Bani, Scherebja, Jamin, Akkub, Schabbetai, Hodija, Maaseja, Kelita, Asarja, Josabad, Hanan, Pelaja unterwiesen das Volk im Gesetz, und das Volk stand auf seinem Platz.

8,8   Und sie lasen aus dem Buch, dem Gesetz Gottes, Abschnitt für Abschnitt und erklärten es, so dass man verstand, was gelesen wurde (Luther 2017).

An dieser Stelle kann nicht auf die breite Diskussion eingegangen werden, die nach dem Umfang der Esra-Tora fragt. Manche Ausleger wollen annehmen, dass hier das Deuteronomium gemeint ist, wohingegen andere bereits den abgeschlossenen Pentateuch voraussetzen (zu einem Überblick über die Forschungsdiskussion s. z.B. Hieke 2005: 189–193). In jedem Falle bildet die verschriftete Tradition die Grundlage einer öffentlichen Verlesung. Diese trägt die Züge eines Rituals, insofern eine Benediktion die Lektüre eröffnet und diese dann von verschiedenen Gesten wie dem Erheben der Hände oder dem Niederfallen zur Erde begleitet wird. Damit signalisieren die Zuhörer ihre Ehrfurcht, die sie dem Gegenstand der Verlesung entgegenbringen (zum Ganzen Steins 2005). Die Tora wird so wie ein Kultgegenstand behandelt (s. Wischmeyer 1995).

Im Hinblick auf die Frage nach der Lernkonzeption, die in dieser Überlieferung zum Ausdruck kommt, ist insbesondere auf Vers 7 zu verweisen. Hier erscheint aus dem Wortfeld »lernen, Unterweisung«

der spätbiblische Terminus *bîn* im Hifʻil, der am besten mit »Einsicht geben, verständlich machen« wiederzugeben ist (s.o. Abschnitt 1). Ganz wörtlich heißt es hier also, dass die Leviten das Volk zu einem Verständnis der Tora führen bzw. ihm Einsicht in die Tora geben (hebr. *bîn* im Hifʻil). So wird deutlich, dass dieses Ritual auf ein Verstehen des Gelesenen abzielt. Dies unterstreicht auch Esr 8,2, wo der Begriff »Gemeinde« (*qāhāl*) in Neh 8,2 mit den Worten »Männer, Frauen und alle, die verstehen können« erklärt wird (s.a. Neh 8,3). Interessant in diesem Kontext ist zudem die Wendung in Neh 8,8, die wörtlich folgendermaßen wiederzugeben ist: »Und sie lasen aus dem Buch, dem Gesetz Gottes, auf deutlich machende Weise und verständnisbewirkende Art, so dass sie (nämlich das Volk) die Tora verstanden«.

Die traditionelle jüdische Exegese möchte an dieser Stelle sogar einen Hinweis auf die Übersetzung des Textes ins Aramäische sehen, wohingegen moderne Ausleger eher an eine verdeutlichende Vortragsweise oder sogar eine Art erklärende Predigttätigkeit denken wollen (s. den Überblick bei Hieke 2005: 199 f.; zum Aspekt der Auslegung treffend und differenziert Steins 2005: 90 f.).

Für die Thematik des Lernens ist zudem die enge intertextuelle Beziehung dieses Textes zu Dtn 31,9–13 wichtig. Sie ergibt sich aus dem unmittelbaren Kontext der Überlieferung, denn die Fortsetzung der Erzählung in Neh 8,13–18 zeigt deutlich, dass diese Verlesung im Kontext des Laubhüttenfestes stattfindet. Esra löst somit die Forderung Moses nach der Verlesung der von ihm niedergeschriebenen Tora ein. Mit Georg Steins kann somit festgehalten werden:

»Die feierliche ›liturgische‹ Inszenierung in Neh 8 ›versetzt‹ das Volk in das Geschehen am Sinai, die Ursituation seiner Konstitution als Gottes ›heiliges Volk‹ (vgl. Ex 19,6). Darin enthüllt sich eine weitere theologisch bedeutsame Spur der Erzählung in Neh 8: Im Hören auf die Erzählung über seine Anfänge wird das Volk auf der inhaltlichen Ebene zurückgeführt in seinen Urzustand. Aber die Form der Mitteilung leistet dieses: Die Verlesung des Buches […] der Tora, das von der Gründung des Gottesvolkes erzählt, wird so inszeniert, dass die Versammelten nicht nur von ihrer ›Vorgeschichte‹ hören, sondern über die Gestaltung des Lektürevorgangs in das Geschehen miteinbezogen werden und den gleichen Akt der Anerkennung vollziehen wie ihre ›Väter‹ am Sinai. Mit dieser doppelten Bewegung lässt sich formal umschreiben, was im nachbiblischen theologischen Sprachgebrauch ›Sakrament‹ heißt: eine Erzählung von der Stiftung einer Beziehung, die so gestaltet wird, dass die Adressaten sich als in das Stiftungsgeschehen einbezogen erleben: ›Und wieder stehen wir am Sinai […]‹ Das Lesen, genauer: die öffentliche Verlesung der Tora als Basisaktivität eines sakramentalen Geschehens, das ist offensichtlich das Hauptthema in Neh 7,72b–8,12« (Steins 2005: 89; s. a. Hieke 2005: 197–199).

Eine Verbindung und Weiterentwicklung dieser verschiedenen Komponenten der alttestamentlichen Lernkonzeption ist in Ps 119 zu finden. Mit seinen 172 Versen ist dies der längste Psalm der alttestamentlichen Überlieferung überhaupt, und so liegt es auf der Hand, dass an dieser Stelle nur einige ausgewählte Passagen besprochen werden können.

Bemerkenswert sind zunächst die Anspielungen auf Dtn 6,6–9 in Ps 119,11–16, insofern die betende Person behauptet, die Tora in ihrem Herzen zu bewahren, und sie gleichzeitig vom Aufzählen der göttlichen Bestimmungen spricht. Wenn die betende Person zudem den Wunsch zum Ausdruck bringt, dass sie vom göttlichen Pfad nicht abirren (V. 10) und nicht sündigen möchte (V. 11), so zeigt sich auch hier wiederum der für das alttestamentliche Lernverständnis unhintergehbare Zusammenhang zwischen einer Verinnerlichung des Lernstoffes und der Praxis.

Ein neues Moment freilich, das aus den bisherigen Überlieferungen so bislang nicht bekannt ist, besteht in der Bitte der betenden Person, dass Gott sie seine Satzungen lehren möge (V. 12b; zu Gott als Lehrer s. Finsterbusch 2007: 58–163). Diese Vorstellung von einer göttlichen Unterweisung geht auf ältere Konzeptionen zurück, wonach das Kriegshandwerk den Inhalt der göttlichen Belehrung darstellt und diese dann dem Beter schließlich den Weg zum Sieg eröffnet (Ps 18,34; 144,1). Die unterschiedlichen Dimensionen der Bitte um göttliche Belehrung in Ps 119, die auch noch in anderen Zusammenhängen in diesem Psalm erscheint (*bîn* im Hif'il s. V. 27, 34, 73, 125, 144, 169; *lmd* im Pi'el V. 12, 26, 64, 66, 68, 108, 124, 135, 171; *jrh* im Hif'il V. 33, 102), lassen sich am einfachsten kontextuell erschließen. Zunächst ist auf die praktische Seite des Lernens zu verweisen, denn die göttliche Unterweisung soll die betende Person in ihrem Handeln unterstützen (Ps 119,34). Wie in Neh 7,72b–8,10 steht darüber hinaus auch das Motiv des Verstehens im Fokus des Interesses. Der Psalmist lässt uns in diesem Zusammenhang ahnen, welche tieferen Dimensionen der Einsicht in die göttliche Tora er im Sinn hat. Wenn die betende Person in V. 18 darum bittet, dass Gott ihr die Augen öffnen möge (*glh*), damit sie »die Wunder seiner Weisung schauen kann (Übersetzung B. E.)«, so wird deutlich, dass hier neue Dimensionen des Lernstoffes erschlossen werden (zum

Wunder s. a. Ps 119,26 f.). Die Wendung vom Öffnen der Augen war ursprünglich dem prophetischen Bereich zugehörig. Der Mensch, dessen Augen geöffnet werden, ist in der Lage, transzendente Erscheinungen wie den Engel Gottes wahrzunehmen (vgl. Num 22,31) bzw. Gottes Wort zu vernehmen und das Wissen des Höchsten zu erfahren, sodass er mit seiner prophetischen Rede anheben kann (Num 24,4.16). Wird die Wendung in Ps 119 aufgenommen, so findet ein bezeichnender Paradigmenwechsel statt, insofern hier nicht mehr die Hintergründe einer bestimmten Situation der faktischen Wirklichkeit ausgeleuchtet werden, sondern vielmehr die göttliche Weisung, die in schriftlicher Gestalt vorliegt. Nicht mehr der Seher vermag nun mit Gottes Hilfe eine Erscheinung zu schauen, die der gewöhnlichen menschlichen Erkenntnis verborgen ist, sondern nun erhofft vielmehr die fromme betende Person in der bereits ergangenen, schriftlich niedergelegten Offenbarung eine neue Offenbarung besonderer Qualität zu finden. Die Tora wird so zu einer Größe, deren Sinn und Tiefe unermesslich zu sein scheint: »Bei allem sah ich ein Ende, nur dein Gebot ist [unendlich] weit« (Übersetzung B. E.), kann vor diesem Hintergrund der Beter in Ps 119,96 sagen. Gottes Offenbarung in ihrem eigentlichen Sein ist nun nicht mehr selbstevident, sondern bedarf vielmehr einer Erschließung und Ausdeutung. Explizite Hinweise darauf, dass die Bitte um Belehrung einer prinzipiellen menschlichen Unfähigkeit zur Einsicht in den göttlichen Willen entgegensteht, finden sich im Kontext der biblischen Psalmenfrömmigkeit nicht; es ist vielmehr die der Tora innewohnende Tiefe, ihr Geheimnis und ihre Wunderhaftigkeit, die sich nur mit Hilfe der göttlichen Erschließung offenbart.

Diese Linie kommt in der Überlieferung der Septuaginta zum Abschluss. Zu den bedeutendsten Zeugnissen im Kontext der Thematik des Lernens gehört die Weisheitsschrift Jesus Sirachs. Dieses Werk eines Jerusalemer Schriftgelehrten, der dem Priestertum nahestand, wurde zwischen 190 und 180 v. Chr. in hebräischer Sprache abgefasst; sein Enkel hat es dann einige Jahrzehnte später mit einem Vorwort versehen und ins Griechische übersetzt. Im Gegensatz zu dem hebräischen Original, das heute nur noch in Fragmenten vorliegt, ist diese griechische Übersetzung vollständig erhalten. Das Buch enthält zum einen eine Sammlung von Weisheitssprüchen, die der Schriftgelehrte in der Regel an junge Männer der gehobenen Schicht richtet und die Themen wie den Umgang mit Höhergestellten, mit Eltern und Kindern, mit Armut und Reichtum enthalten. Der Schriftgelehrte ist nicht nur ein weitgereister, gebildeter Mann (*Sirach* 39,4), sondern zeichnet sich auch dadurch aus, dass er sich um die Auslegung der Schrift bemüht. Denn – so *Sirach* 38,34 f. – er ist es, »der dem Gesetz des Höchsten nachsinnt (διανοέομαι) und die Weisheit (σοφία) aller Vorfahren erforscht (ἐκζητέω) (Übersetzung B. E.)«, und auch hier bedarf er letztlich der göttlichen Unterstützung, denn wenn »der Herr, der große, es will, wird er mit dem Geist des Verstehens (σύνεσις) gefüllt werden (Übersetzung B. E.)« (*Sirach* 39,6). Wenn das Studium des Schriftgelehrten auf das »Gesetz des Höchsten« (νόμος ὕψιστου) gerichtet ist, so wird deutlich, dass hier eine Referenz auf den Pentateuch erfolgt und sich Ben Sirach somit auf eine schriftliche Größe bezieht. Durch das Motiv des »Sinnens« ist das Schriftstudium des Gelehrten zudem nach dem Ideal von Ps 1,2 gestaltet (s. a. *Sirach* 6,3 und 14,20 mit dem Verb μελετάω wie in LXX Ps 1,2 – zum Ganzen s. Ego 2009a: 207; Ueberschaer 2007: 206 und 272).

Jesus Sirachs Aussage von der göttlichen Hilfe bei der Aneignung der Tradition erinnert zunächst an Ps 119, wo das Motiv der göttlichen Belehrung geradezu wie ein *cantus firmus* erscheint. Freilich zeigt sich bei Jesus Sirach ein ganz eigenes Profil. Für Ps 119 nämlich ist die *Bitte* um Belehrung typisch, wohingegen der Sprecher im Sirachbuch von der göttlichen Belehrung in *Aussagesätzen* sprechen kann. Dies impliziert ein affirmatorisches Moment, das die Autorität des Lehrers unterstreicht. Er versteht sich als Person, die von Gott bereits unterwiesen wurde, und seine Aufgabe ist es nun, den Inhalt der göttlichen Unterweisung, die mit der Weisheit sowie der Bildung identisch ist und die ihren eigentlichen Platz auf dem Zion in Jerusalem hat, einem Strome gleich in die Welt zu transportieren (*Sirach* 24,30–34). Wenn Jesus Sirach hier dezidiert den griechischen Begriff *paideia* (παιδεία) benutzt, so findet eine direkte Auseinandersetzung mit dem Bildungskonzept des Hellenismus statt, für das Bildung eines der zentralen Elemente darstellt (Christes: 2000, 150–152). Dieses Anliegen fügt sich in das weitere historische Umfeld des Siraziden: Da im Jahre 175 v. Chr. auf Wunsch bestimmter Kreise in Jerusalem ein Gymnasium erbaut werden soll (*1. Makkabäer* 1,14; *2. Makkabäer* 4,9–14), ist zu vermuten, dass der Wunsch nach »griechischer Bildung« schon einige Jahre vorher gleichsam in der Luft lag und der Jerusalemer Weisheitslehrer mit seinen Ausführungen über die Tora ein Gegengewicht zu setzen versucht (zum Ganzen s. bereits Hengel 1969: 249).

Über die Art, wie der konkrete Lehrvorgang – in der Sprache des Hymnus: die Bewässerung – *realiter* von Statten ging, macht unser Text keine Angaben. Hier sind weitere Passagen aus dieser Schrift heranzuziehen. Manche Weisheitssprüche zeigen zunächst, dass der mündlichen Lehre großes Gewicht zukommt. Dabei ist für den Schüler das Moment der Inspiration von Bedeutung (*Sirach* 6,32–36; zur Mündlichkeit s. a. *Sirach* 8,8). Im Kontext der Lehre kann aber die Gestalt des Lehrers auch ganz zurücktreten und die Weisheit sogar als Subjekt der Lehre erscheinen; die »Weisheit erhöht ihre Kinder, und nimmt die auf, die sie suchen« (*Sirach* 4,11). *Sirach* 15,2–4 kann in diesem Kontext formulieren, dass die Weisheit dem Schüler »wie eine Mutter« begegnet, ihn »wie eine Braut aufnimmt« und ihm die »Speise der Einsicht« bzw. den »Trank der Weisheit« reicht. Eine solche Personifizierung der Weisheit ist mehr als ein bloßes Stilelement; das Verhältnis zwischen Schüler und Weisheit ist vielmehr personal-kommunikativer Art. Wenn die Weisheit als Frau in unterschiedlichen Rollen dargestellt wird, so impliziert dies, dass der Lernstoff nicht als tote Materie empfunden wird, die man sich mit verschiedenen mnemotechnischen Finessen einzuverleiben versucht, sondern vielmehr als eine lebendige Größe, die ihre eigene Faszination ausstrahlt (Schwienhorst-Schönberger 2005: 73 f.).

Eine Zusammenstellung dieser zentralen Überlieferungen zum Lernen in der Hebräischen Bibel und in der Septuaginta macht deutlich, dass die Tora, durch deren Gabe am Sinai sich die göttliche Zuwendung zu seinem Volk manifestiert, den wichtigsten Inhalt des religiösen Lernens darstellt. Lernen bedeutet letztlich der Vergegenwärtigung dieser Urszene der religiösen Unterweisung. Allerdings sind hier auch durchaus dynamische Bewegungen zu beobachten, insofern die Individualisierung des Lernens, das Moment eines verstehenden Durchdringens des Stoffes sowie die Inspiration der Lernenden im Laufe der Zeit immer deutlicher in den Vordergrund treten. Auch die Figur des Lehrers nimmt eine zunehmend klarere Kontur an. Durch die Figur des Lehrers, sei es in der Gestalt des Mose oder auch anderer Ausleger, wird auch die Möglichkeit eines schöpferischen Umgangs mit der Tradition angelegt.

3. Die institutionelle Einbindung von Lernprozessen in der alttestamentlichen Überlieferung

Wenn man auf der Basis der hier vorgestellten Texte nach der institutionellen Einbindung des Lernens im Alten Israel weiterfragt, so ist zunächst darauf hinzuweisen, dass die hier vorgestellten Überlieferungen nicht vorschnell als direkte Abbildungen konkreter Lernprozesse verstanden werden dürfen. Es gehört zu den Grundeinsichten der alttestamentlichen Forschung, dass das Deuteronomium nicht, wie auf literarischer Ebene dargestellt, in der Zeit vor der Entstehung des Königtums in Israel entstanden ist (also gegen Ende des 2. Jahrtausends v. Chr.), sondern auf die Königszeit im 7. Jahrhundert v. Chr. zurückgeht und zudem in späterer Zeit während des Exils oder in der frühnachexilischen Zeit erweitert und fortgeschrieben wurde. Sowohl während der ausgehenden Assyrerherrschaft als auch während des Exils war das Volk Israel vor die Aufgabe gestellt, angesichts der Übermacht der altorientalischen Großmächte (s. insbesondere den Zug Sanheribs gegen Juda im Jahre 701 v. Chr. und die Angriffe der Babylonier im Jahre 597 v. Chr. und 587 v. Chr., die mit der Zerstörung des Jerusalemer Tempels und dem Auslöschen der Eigenstaatlichkeit Israels endeten) und angesichts innergesellschaftlicher Verwerfungen seine eigene Identität zu stabilisieren (zu Lernen und Identitätsbildung s. Finsterbusch 2002). So können das Deuteronomium und damit auch die dort formulierten Lernszenerien als eine Überlieferung verstanden werden, welche die Ideale der entsprechenden Trägergruppen in eine gleichsam mythische Vergangenheit verlagert und mit der Autorität des Mose verbindet, um diesen damit eine besondere Aura der Legitimität zu verleihen. Nichtsdestotrotz kann man aber annehmen, dass sich in diesen Texten auch Aspekte der realen Lebenswelt widerspiegeln, in der für die Erziehung der Kinder und damit auch für das religiöse Lernen die Familie eine bedeutende Rolle spielte. Neben den oben vorgestellten Lernszenerien ist in diesem Zusammenhang auch auf Ex 12,26; Ex 13,8 und Jos 4,6–9 zu verweisen, wo eine Kinderunterweisung vorausgesetzt wird, sowie auf die Tatsache, dass der Schüler in der Weisheitsliteratur als »Sohn« bezeichnet werden kann (Spr 1,8; 6,20). Auch die Szenerie in Neh 7,72b–8,10 und die Darstellung des Weisen in Ps 1 und Ps 119 hat wohl an erster Stelle nicht deskriptive, sondern eher ideale und orientierende Züge. Allerdings ist anzunehmen, dass dieses Bild dann wiederum einen realen Frömmigkeitshabitus beeinflusst hat und somit doch in einer engen Beziehung zu einer konkreten Lernpraxis steht.

Die alttestamentliche Wissenschaft hat seit Beginn des 20. Jahrhunderts immer wieder die Frage aufgeworfen, ob für das alte Israel mit der Existenz von Schulen zu rechnen ist (s. hierzu den Forschungsüberblick bei Breitmaier 2004: 49–87, Delkurt 2002: 240–246, Ego/ Noack 2008 und Ueberschaer 2007: 60–134, alle mit weiterführenden

Literaturhinweisen). In diesem Kontext stellt sich das Problem, dass sich in der alttestamentlichen Literatur selbst keine ausdrücklichen Belege für einen Schulbetrieb finden. Die früheste explizite Referenz für eine Institution, die ungefähr dem entspricht, was wir heute unter einer Schule verstehen, nennt der Epilog zu der Weisheitsschrift Jesus Sirachs, die – wie oben bereits angemerkt – wohl um 190 v. Chr. in Jerusalem entstanden ist. Sein Aufruf an die »Ungebildeten«, sich in seinem Lehrhaus (hebr. *bêt hammidrāš*; griech. οἶκος παιδείας) aufzuhalten, wo diese aus dem Munde des Lehrers unentgeltlich in den Besitz der Weisheit kommen können (*Sirach* 51,23–25), wird von vielen Wissenschaftlern dahingehend interpretiert, dass Ben Sira in seinem Hause tatsächlich einen Lehrbetrieb pflegte. Dieser richtete sich, so die allgemeine Annahme, vor allem an junge Männer aus gehobener Schicht. Authentische Einblick in das religiöse Lernen von Juden zur Zeit des Zweiten Tempels geben die Handschriften-Funde aus Qumran vom Toten Meer. Sie belegen, dass in der Gemeinde der Essener ein intensives Schriftstudium betrieben wurde (hierzu Steudel 2005: 99–116; zur Entwicklung der Schule in hellenistischer Zeit s. a. grundlegend Hengel 1969: 141–152).

Trotz dieser eher dürftigen Quellenlage ist darauf hinzuweisen, dass die alttestamentliche Überlieferung zahlreiche implizite Hinweise enthält, welche die Existenz von Schulen doch wahrscheinlich machen. An erster Stelle ist hier die auf die Tatsache zu verweisen, dass die Überlieferung der Weisheitsliteratur, wie sie so vor allem im Sprüchebuch gegeben ist, generell die Frage nach dem »Sitz im Leben« dieser Textproduktion aufwirft. Da in Ägypten und Babylonien solche Weisheitslehren im Kontext des höfischen Lebens und der Erziehung von Beamten angesiedelt waren, kann wohl auch für Israel, das sicherlich in einem engen Kulturkontakt mit seinen Nachbarn stand, die Existenz solcher höfischen Bildungsstätten angenommen werden. Dort wurden vornehmlich junge Männer zum Dienst am Hofe erzogen. Von einer Bildung, die Mädchen als Adressaten hatte, schweigen die Texte (hierzu Delkurt 2002: 247). Das generelle Ziel der verschiedenen Weisheitslehren bestand in der Affektkontrolle und der Zurückhaltung im Ausdruck von Emotionen, um so Konflikte zu vermeiden. Konkret wird die Furcht vor JHWH genannt (hierzu Delkurt 2002: 237–240). In der Regel nimmt man an, dass die Weisheitssprüche (zu den Gattungen kurz Delkurt 2002: 239 mit weiterführender Literatur) abgeschrieben wurden. Auf diese Art und Weise konnte zum einen die Technik des Schreibens geübt werden, zum anderen wurde so aber auch der Inhalt der Sprüche verinnerlicht (zum Sprüchebuch als Schulbuch und den Bezügen zu Ägypten s. Lang 1979: 192–201).

Die Diskussion um die Existenz von Schulen erhielt auch wichtige Impulse aus der Archäologie. Sogenannte Abecedarien, d. h. die Niederschrift des hebräischen Alphabets, in der Regel auf Tonscherben und in ungelenker Schrift, wurden als Schreibübungen interpretiert, die dann wiederum als Beleg für die Existenz von Schulen verstanden wurden (zum Ganzen Lemaire 1982; Lang 1979: 188–189). Allerdings ist es eher unwahrscheinlich, dass es im Alten Israel in der frühen und mittleren Königszeit ein flächendeckendes Schulsystem gab. Schriftlichkeit in einem breiteren Umfeld setzt wohl erst mit dem 8. oder 7. Jahrhundert v. Chr. ein. Ein wichtiger Haftpunkt für die Traditionsbildung und -pflege war die königliche Administration sowie der Tempel mit seinen dort tätigen Priestern. Hier sind sicherlich von der neueren Forschung noch weitere Impulse zu erwarten (Grund-Wittenberg 2019). So möchte man auch die Bileamsinschrift aus dem Deir 'Alla (im heutigen Jordanien gelegen) in den Kontext eines Schulbetriebs stellen (hierzu ausführlich Blum 2008).

Neben der Fokussierung auf den Schulbetrieb erscheint es im Hinblick auf die Frage nach dem »Sitz im Leben« von Lernprozessen zudem wichtig, auch das Moment des informellen Lernens zu betonen. Neben Erzählungen und Spruchweisheiten, die Teil der Kommunikation in der Familie aber auch in größeren gesellschaftlichen Verbindungen waren, war die Traditionspflege, wie sie im Kontext der Rezitation der Psalmen im Kultus im weitesten Sinne stattgefunden hat, von besonderer Bedeutung (s. hierzu insbesondere Ps 78; insbes. die Traditionskette in V. 1–8 und Ps 30,5–8). Über die Rezitation der Psalmen erfolgt eine Einübung in das Lob Gottes, das seinen Grund in dessen vergangener und gegenwärtiger Zuwendung hat; die Betenden bringen damit ihre persönliche Glaubenserfahrung in die versammelte Gemeinde ein und aktualisieren damit das überlieferte Traditionswissen (s. speziell zu dieser Struktur den wichtigen Beitrag von Hardmeier 1995). Die mündliche Überlieferung hatte einen bedeutenden Stellenwert in der Kultur des Alten Israel; der Schriftlichkeit kam auch häufig die Funktion einer Sicherung der mündlichen Überlieferung zu (zu diesen Zusammenhängen generell Carr 2005; 2015).

4. Implikationen für das alttestamentliche Menschenbild

Die hier vorgestellten Traditionen belegen, dass die alttestamentliche Überlieferung ein Menschenbild voraussetzt, das den Menschen als ein lernbedürftiges, aber auch als ein lernfähiges Wesen vorstellt (zu den anthropologischen Dimensionen ausführlich Koerrenz 1998: 332–335). Die Texte zeigen, dass die wichtigsten Inhalte des religiösen Lernens, Gottes Zuwendung zu seinem Volk, die sich in der Gabe der Tora und dem Bundesschluss am Sinai manifestiert, der ständigen Erinnerung und Wiederholung im Lernen bedürfen. Diese Lernprozesse zielen somit nicht in erster Linie darauf ab, dass die entsprechenden Subjekte sich um die Aneignung neuer Inhalte bemühen. Viel wichtiger ist es vielmehr, dass sich die Lernenden durch die Lernprozesse immer wieder in die Ursprungssituation der Vermittlung der Tora am Sinai zurückversetzen. So hat das Lernen einen zutiefst konservativen Charakter, da es den Menschen immer wieder auf den idealtypischen Anfang der Begegnung mit seinem Gott zurückführt und damit Gottes Geschichte mit seinem Volk gegenwärtig macht (Finsterbusch 2002). Lernen bedeutet somit das Einüben von Erinnerung und ermöglicht es dem lernenden Subjekt, zum Ursprung seiner Gottesbeziehung zurückzukehren (zur Bedeutung der Erinnerung grundlegend Hardmeier 1992). Mit dieser Ausrichtung auf die Bewahrung der traditionellen, normsetzenden Ordnung entspricht die alttestamentliche Lernkonzeption durchaus den Lernvorstellungen, wie wir sie auch in anderen traditionellen, vor-aufklärerischen Gesellschaften finden.

Für die Aneignung des Stoffes spielen dabei ganz unterschiedliche Momente eine wichtige Rolle: So scheint man auf eine gewisse Automatisierung Wert gelegt zu haben, insofern der Stoff immer wieder aufs Neue wiederholt werden kann (s. Dtn 6,6–9; Ps 1). Dies sollte aber nicht dazu verleiten, die kognitive Seite der alttestamentlichen Lernprozesse zu übersehen, die auch auf das Verstehen der Überlieferung großen Wert legen (Neh 7,72b–8,8). Zudem enthalten unsere Überlieferungen ein kreatives Moment der Neuschöpfung, wenn an die Seite der Wiederholung der Tradition das Moment der Auslegung und Interpretation gestellt wird, sei es durch die Lehrerfigur des Mose oder sei es durch die Leviten, die sich bei ihrem Toravortrag vielleicht schon durch die Auslegung des Textes um dessen Aktualisierung bemühten. In jedem Falle haben Spätere die entsprechende Passage aus Neh 7,72b–8,8 in diesem Sinne verstanden.

Eine besondere Rolle im Lernprozess scheint dem personalen Aspekt zuzukommen. Lernprozesse haben ihren Ort in der konkreten Ansprache und in konkreten Kommunikationsvollzügen, sei es in dem kleinen Raum der Familie oder aber in der Versammlung des Volkes. Immer sind es Einzelgestalten, die ihre Adressaten in der unmittelbaren Begegnung direkt ansprechen und ihnen die Bedeutung des Gotteswillens nahebringen. Ganz typisch für das weisheitliche Denken ist es dabei, wenn der Gegenstand der Lehre, die Weisheit, geradezu als eigens agierende Kraft dargestellt werden kann, die die Lernenden in ihren Bann zieht. Gerade hier spielt der gemeinschaftliche Aspekt des Lernens eine große Rolle: Man sollte das Bild des Tag und Nacht vor sich hinmurmelnden Toralerners nicht absolut setzen, denn Lernprozesse geschehen immer auch in Gemeinschaft. Gleichzeitig wird durch die gemeinschaftliche Aneignung der traditionellen Stoffe auch Gemeinschaft immer wieder aufs Neue konstituiert – sei es im Kult oder dann in späterer Zeit im Synagogengottesdienst. Von nicht zu unterschätzender Bedeutung ist dabei die enge Verbindung des kognitiv-emotionalen Aspektes mit der letztlich praktischen Zielsetzung des Lernens. Lernen in der Hebräischen Bibel und auch in der Septuaginta richtet sich an den ganzen Menschen und seine Existenz (hierzu allgemein Ebach 1986: 112–115).

Allerdings ist dieser »Lernoptimismus« nur eine Seite der Medaille, dem auf der anderen Seite Aussagen der Propheten gegenüberstehen. Vor allem in den Büchern Jesaja und Jeremia kommt eine tiefe Skepsis gegenüber der Fähigkeit Israels zutage, den göttlichen Willen zu erfassen und zu verwirklichen. Neben dem Verstockungsauftrag in Jes 6,6–9 ist hier auf einen Beleg wie Jer 7,21–28 zu verweisen. Israel, dem Gott beim Auszug aus Ägypten befohlen hat, auf seine Stimme zu hören, dem er immer wieder seine Propheten als Mahner geschickt hat, erwies sich dennoch als ungehorsam und halsstarrig, sodass es resümierend als »Volk, das nicht auf die Stimme JHWHs, seines Gottes, hörte und keine Belehrung annahm« (B. E.) bezeichnet werden kann. Jer 17,1 greift in diesem Zusammenhang auf die uns bekannte Metapher vom menschlichen Herzen zurück und formuliert, dass »die Verfehlung Judas mit eisernem Griffel aufgeschrieben und mit diamantener Spitze in die Tafel ihres Herzens graviert ist« (B. E.).

Eine solche Einschätzung des menschlichen Wesens scheint schließlich auch in der deuteronomisch-deuteronomistischen Überlieferung ihren Niederschlag gefunden zu haben, wenn es in Dtn 29,3 heißen kann: »Und der HERR hat euch bis auf diesen heutigen Tag noch nicht ein Herz gegeben, das verständig wäre, Augen, die da sähen und Ohren, die da hörten« [Luther 2017].

Die Antwort der Prophetie auf diese Einschätzung der menschlichen Lernfähigkeit liegt darin, die menschliche Einsicht für die erwartete Heilszeit zu erhoffen, diese also in gewisser Art und Weise zu eschatologisieren. So formuliert Jes 32,3 f. die Hoffnung auf eine Zeit, in der Könige und Fürsten der Gerechtigkeit herrschen werden und die Verstockung des Volkes beendet sein wird. Dann nämlich werden »die Augen der Sehenden [...] nicht mehr verklebt sein, und die Ohren der Hörenden werden aufmerken. Und das Herz der Unvorsichtigen wird Klugheit lernen, und die Zunge der Stammelnden wird fließend und klar reden« (s. a. Jes 29,23 f.). Der Mensch vermag diese Erkenntnis aber nicht aus eigener Kraft zu leisten, sondern wird vielmehr Empfänger der göttlichen Belehrung (s. Jes 2,2–4). Von besonderer Bedeutung ist in diesem Zusammenhang schließlich das Wort vom Neuen Bund in Jer 31,31–34. Hier wird davon gesprochen, dass der alte Bund, den JHWH mit Israel geschlossen hat, gebrochen wurde, JHWH aber einst seinem Volk seine Weisung in das Innere legen und ihnen ihre Tora ins Herz schreiben wird. Eine solche gleichsam wesensmäßige Verinnerlichung der Tora macht dann jede Belehrung und jeden Unterricht obsolet, und der Text kann deshalb auch fortfahren: »Und es wird keiner den andern noch ein Bruder den andern lehren und sagen: ›Erkenne den HERRN‹, sondern sie sollen mich alle erkennen, beide, Klein und Groß, spricht der HERR; denn ich will ihnen ihre Missetat vergeben und ihrer Sünde nimmermehr gedenken« (Jer 31,34, Luther 2017; zur prophetischen Anthropologie s. Krüger 1997: 81–85).

Das Lernen in der alttestamentlichen Bewegung bewegt sich so in der Spannung zwischen Optimismus und Pessimismus (wobei dem pessimistischen Zugang letztlich mit der eschatologischen Erwartung auch wieder ein positives Element korrespondiert). Insgesamt ist zu überlegen, inwieweit die Hinwendung zum individuellen, meditierenden Toralernen oder das Motiv von Gott als Lehrer, der den menschlichen Lernprozess unterstützt, letztlich auch Reflexe auf ein solches negatives Menschenbild darstellen (Ego 1997). Lernen im Sinne einer Neuerschließung der göttlichen Wirklichkeit wird in der Überlieferung der Hebräischen Bibel und in der Septuaginta so zunehmend zu einem Akt der göttlichen Gnade. Während die Prophetie diese göttliche Zuwendung erst für eine neue Zeit und einen neuen Menschen erhofft, können die Toragelehrten schon in ihrer unmittelbaren Gegenwart diese Zuwendung erfahren. Mit diesen Überlieferungen sind nunmehr

die Grundlagen gelegt für die Konzeption des Lernens in der späteren
jüdischen Tradition, die nach der Zerstörung des Tempels einen zentralen Stellenwert im Judentum einnimmt.

Quellen- und Literaturverzeichnis

1. Quellen

Die Bibel nach Martin Luthers Übersetzung: Lutherbibel mit Apokryphen, revidiert
   2017, hg. von der Evangelischen Kirche in Deutschland, Stuttgart 2017.
Septuaginta Deutsch. Das griechische Alte Testament in deutscher Übersetzung,
   hgg. von Wolfgang Kraus/Martin Karrer, Stuttgart 2009.

2. Sekundärliteratur

Assmann 2007: Assmann, Jan: Das kulturelle Gedächtnis. Schrift, Erinnerung und
   politische Identität in frühen Hochkulturen, München (1992) ⁶2007.
Blum 2008: Blum, Erhard: Die Kombination I der Wandinschrift vom Tell Deir
   'Alla. Vorschläge zur Rekonstruktion mit historisch-kritischen Anmerkungen,
   in: Kottsieper, Ingo u.a. (Hgg.): Berührungspunkte. Studien zur Sozial- und
   Religionsgeschichte Israels und seiner Umwelt. Festschrift für Rainer Albertz zu
   seinem 65. Geburtstag (AOAT 350), Münster 2008, 573–601.
Botterweck 1982: Botterweck, Johannes: Art. יָדַע *jāḏaʻ* II.2.–III., in: ThWAT 3, Stuttgart u.a. 1982, 486–512.
Braulik 1997: Braulik, Georg: Das Deuteronomium und die Gedächtniskultur Israels. Redaktionsgeschichtliche Beobachtungen zur Verwendung von lmd, in:
   ders. (Hg.): Studien zum Buch Deuteronomium (SBS 24), Stuttgart 1997, 119–146.
Breitmaier 2004: Breitmaier, Isa: Lehren und Lernen in der Spur des Ersten Testaments. Exegetische Spuren zum 5. Buch Mose und dem Sprüchebuch aus religionspädagogischer Perspektive (BVB 8), Münster 2004.
Carr 2005: Carr, David M.: Writing on the Tablet of the Heart. Origins of Scripture
   and Literature, Oxford 2005.
Carr 2015: Carr, David M.: Schrift und Erinnerungskultur. Die Entstehung der
   Bibel und der antiken Literatur im Rahmen der Schreiberausbildung (AThANT
   107), Zürich 2015.
Delkurt 2002: Delkurt, Holger: Erziehung nach dem Alten Testament, in: Ebner,
   Martin u.a. (Hgg.): Gottes Kinder (JBTh 17), Neukirchen-Vluyn 2002, 227–253.
Ebach 1986: Ebach, Jürgen: Verstehen, Lernen und Erinnerung in der hebräischen
   Bibel, in: EvErz 38 (1986), 106–117.
Ego/Noack 2008: Ego, Beate/Noack, Christian: Lernen und Lehren als Thema alt-
   und neutestamentlicher Wissenschaft, in: ZNT 21 (2008), 3–16.
Ego 2009a: Ego, Beate: Im Schatten hellenistischer Bildung. Ben Siras Lern- und
   Lehrkonzeption zwischen Mündlichkeit und Schriftlichkeit, in: Schaper, Joa-
   chim (Hg.): Die Textualisierung der Religion (FAT 62), Tübingen 2009, 203–221.

Ego 2009b: Ego, Beate: »In der Schriftrolle ist für mich geschrieben« (Ps 40,8). »Mündlichkeit« und »Schriftlichkeit« im Kontext religiösen Lernens in der alttestamentlichen Überlieferung, in: Schaper, Joachim (Hg.): Die Textualisierung der Religion (FAT 62), Tübingen 2009, 82–104.

Ego 1997: Ego, Beate: »In meinem Herzen berge ich dein Wort«. Zur Rezeption von Jer 31,33 in der Torafrömmigkeit der Psalmen, in: Baldermann, Ingo u. a. (Hgg.): Biblische Hermeneutik (JBTh 12), Neukirchen-Vluyn 1997, 277–289.

Finsterbusch 2002: Finsterbusch, Karin: Die kollektive Identität und die Kinder. Bemerkungen zu einem Programm im Buch Deuteronomium, in: Ebner, Martin u. a. (Hgg.): Gottes Kinder (JBTh 17), Neukirchen-Vluyn 2002, 99–120.

Finsterbusch 2005: Finsterbusch, Karin: »Du sollst sie lehren, auf dass sie tun …«. Mose als Lehrer der Tora im Buch Deuteronomium, in: Ego, Beate/Merkel, Helmut (Hgg.): Religiöses Lernen in der biblischen, frühjüdischen und frühchristlichen Überlieferung (WUNT 180), Tübingen 2005, 27–45.

Finsterbusch 2007: Finsterbusch, Karin, JHWH als Lehrer der Menschen. Ein Beitrag zur Gottesvorstellung der Hebräischen Bibel (BThSt 90), Neukirchen-Vluyn 2007.

Fischer/Lohfink 1987: Fischer, Georg/Lohfink, Norbert: »Diese Worte sollst du summen«. Dtn 6,7 weᵈdibbartā bām – ein verlorener Schlüssel zur meditativen Kultur in Israel, in: ThPh 62 (1987), 59–72.

Grund-Wittenberg 2019: Grund-Wittenberg, Alexandra: Schreiberkultur und Schriftentstehung. Aktuelle Arbeiten zur Textuality-Forschung: Altes Testament. Neuere Entwicklungen in der Pentateuchforschung, in: VuF 64 (2019), 4–18.

Hardmeier 1992: Hardmeier, Christof: Die Erinnerung an die Knechtschaft in Ägypten. Sozialanthropologische Aspekte des Erinnerns in der hebräischen Bibel, in: Crüsemann, Frank u. a. (Hgg.): Was ist der Mensch …? Beiträge zur Anthropologie des Alten Testaments. Hans Walter Wolff zum 80. Geburtstag, München 1992, 133–152.

Hardmeier 1995: Hardmeier, Christof: Systematische Elemente der Theo-logie in der Hebräischen Bibel. Das Loben Gottes – ein Kristallisationsmoment biblischer Theologie, in: Baldermann, Ingo u. a. (Hgg.): Religionsgeschichte Israels oder Theologie des Alten Testaments? (JBTh 10), Neukirchen-Vluyn 1995, 111–127.

Hengel 1969: Hengel, Martin: Judentum und Hellenismus. Studien zu ihrer Begegnung unter besonderer Berücksichtigung Palästinas bis zur Mitte des 2. Jh. v. Chr. (WUNT 10), Tübingen 1969.

Hieke 2005: Hieke, Thomas: Die Bücher Esra und Nehemia (NSK 9,2), Stuttgart 2005.

Jenni 1971: Jenni, Ernst: Art. למד lmd lernen, in: THAT 1, München/Zürich 1971, 872–875.

Kapelrud 1984: Kapelrud, Arvid S.: Art. לָמַד lāmaḏ, in: ThWAT 4, Stuttgart u. a. 1984, 576–582.

Koerrenz 1998: Koerrenz, Ralf: Das hebräische Paradigma der Pädagogik, in: EvErz 50 (1998), 331–342.

Krüger 1997: Krüger, Thomas: Das menschliche Herz und die Weisung Gottes. Elemente einer Diskussion über Möglichkeiten und Grenzen der Tora-Rezeption im Alten Testament, in: Kratz, Reinhard Gregor/Krüger, Thomas (Hgg.): Rezeption und Auslegung im Alten Testament und in seinem Umfeld. Ein Symposion aus Anlass des 60. Geburtstags von Odil Hannes Steck (OBO 153), Freiburg i.Br. 1997, 65–92.

Lang 1979: Lang, Bernhard: Schule und Unterricht im alten Israel, in: Gilbert, Maurice (Hg.): La Sagesse de l'Ancien Testament (BEThL 51), Paris u. a. 1979, 186–201.

Lemaire 1981: Lemaire, André: Les Écoles et la Formation de la Bible dans l'Ancien Israel (OBO 39), Göttingen 1981.

Liedke/Petersen 1976: Liedke, Gerhard/Petersen, Claus: Art. תּוֹרָה tōrā Weisung, in: THAT 2, München/Zürich 1976, 1032–1043.

Lohfink 1987: Lohfink, Norbert: Der Glaube und die nächste Generation. Das Gottesvolk der Bibel als Lerngemeinschaft, in: ders. (Hg.): Das Jüdische am Christentum. Die verlorene Dimension, Freiburg i.Br. 1987, 144–166.260–263.

Lohfink 1983: Lohfink, Norbert: Glauben lernen in Israel, in: Katechetische Blätter 108 (1983), 84–99.

Rengstorf 1960: Rengstorf, Karl Heinrich: Art. διδάσκω, in: ThWNT 2, Stuttgart 1960, 138–150.

Ringgren 1973: Ringgren, Helmer: Art. בִּין, in: ThWAT 1, Stuttgart u. a. 1973, 621–629.

Schmid 1971: Schmid, Hans Heinrich: Art. בין bîn verstehen, in: THAT 1, München / Zürich 1971, 305–308.

Schottroff 1971: Schottroff, Willy: Art. ידע jdʿ erkennen, in: THAT 1, München / Zürich 1971, 682–701.

Schwienhorst-Schönberger 2005: Schwienhorst-Schönberger, Ludger: Den Ruf der Weisheit hören. Lernkonzepte in der alttestamentlichen Weisheitsliteratur, in: Ego, Beate/Merkel, Helmut (Hgg.): Religiöses Lernen in der biblischen, frühjüdischen und frühchristlichen Überlieferung (WUNT 180), Tübingen 2005, 69–82.

Steins 2005: Steins, Georg: Inszenierungen des Lesens und Lernens in Neh 8,1–12, in: Ego, Beate/Merkel, Helmut (Hgg.): Religiöses Lernen in der biblischen, frühjüdischen und frühchristlichen Überlieferung (WUNT 180), Tübingen 2005, 83–97.

Steudel 2005: Steudel, Annette: »Bereitet den Weg des Herrn«. Religiöses Lernen in Qumran, in: Ego, Beate/Merkel, Helmut (Hgg.): Religiöses Lernen in der biblischen, frühjüdischen und frühchristlichen Überlieferung (WUNT 180), Tübingen 2005, 99–116.

Ueberschaer 2007: Ueberschaer, Frank: Weisheit aus der Begegnung. Bildung nach dem Buch Ben Sira (BZAW 379), Berlin 2007.

Wagner 1982: Wagner, S.: Art. יָרָה III jārāh, in: ThWAT 3, Stuttgart u. a. 1982, 920–930.

Wegenast 2000: Wegenast, Klaus: Art. διδάσκω, in: TBLNT 2, Wuppertal 2000, 1256–1265.

Wischmeyer 1995: Wischmeyer, Oda: Das heilige Buch im Judentum des Zweiten Tempels, in: ZNW 86 (1995), 218–242.

3. Literaturhinweise zum vertiefenden Studium

Christes, Johannes u.a. (Hgg.): Handbuch der Erziehung und Bildung in der Antike, Darmstadt 2006.

Ego, Beate: Zwischen Gabe und Aufgabe – Theologische Implikationen des Lernens in der alttestamentlichen und antik-jüdischen Überlieferung, in: dies./Merkel, Helmut (Hgg.): Religiöses Lernen in der biblischen, frühjüdischen und frühchristlichen Überlieferung (WUNT 180), Tübingen 2005, 1–26.

Frevel, Christian: Lernort Tora. Anstöße aus dem Alten Testament, in: ders.: Gottesbilder und Menschenbilder. Studien zu Anthropologie und Theologie im Alten Testament, Neukirchen-Vluyn 2016, 151–180.

Gaß, Erasmus: »Die JHWH-Furcht ist der Anfang der Erkenntnis« (Spr 1,7). Weisheit und Bildung im Alten Testament, in: Sautermeister, Jochen/Zwick, Elisabeth (Hgg.), Religion und Bildung: Antipoden oder Weggefährten. Diskurse aus historischer, systematischer und praktischer Sicht, Paderborn 2019, 23–42.

Ilan, Tal: Erziehung und Bildung von Frauen im antiken Judentum, in: ZNT 11 (2008), 38–44.

Krispenz, Jutta: Art. Schule, in: WiBilex 2007 (mit weiterführender Literatur).

Otto, Eckart: Bildung als Herzensbildung durch Lehre und Lernen in der Tora. Die Bildungstheorie der Mosebücher, in: Sautermeister, Jochen/Zwick, Elisabeth (Hgg.), Religion und Bildung: Antipoden oder Weggefährten. Diskurse aus historischer, systematischer und praktischer Sicht, Paderborn 2019, 13–21.

Tesch, Katja: Weisheitsunterricht bei Ben Sira. Lehrkonzepte im Sirachbuch und ihre Relevanz für heutiges Lernen im Religionsunterricht (BBB 169), Göttingen 2013.

Neues Testament

Tor Vegge

Jesus der Lehrer – Leser als Lernende.
Bildung aus neutestamentlicher Perspektive

Im Folgenden wird die Frage erörtert, wie die Rede von Bildung auf das Lesen von Schriften des Neuen Testaments bezogen werden kann.

Unsere Bildungsgeschichte führen wir gerne auf die Antike zurück. In einigen Berichten über Bildung in der Antike kommen jedoch das Neue Testament und das Urchristentum kaum zur Sprache. In einem Lexikonartikel »Bildung« heißt es etwa: »Jesus und seine Jünger standen der antiken Bildung fern. Die ›Fischersprache‹ der Bibel und *rusticitas* bzw. *simplicitas* (d. h. Einfachheit) der Christen – überwiegend einfacher Leute – blieben lange geschmäht. Erst im Verlauf des 2. Jahrhunderts traten vermehrt Personen mit höherer Bildung dem Christentum bei« (Christes 1997a: 671). Einschätzungen in Bezug auf den Stellenwert von Bildung im Urchristentum wie diese beruhen auf zweierlei Prämissen, erstens auf Auffassungen von der Eigenart des frühesten Christentums, und zweitens auf Annahmen, was Bildung in der Welt der Antike meint.

Im Fokus der folgenden Erörterung stehen Erfahrungen mit und Vorstellungen von Bildung unter den ersten Christen. Darum konzentrieren sich die Ausführungen auf das Verhältnis zwischen Textwelt und Erfahrungswelt. Textwelt wird dabei als »ein mentaler Vorstellungszusammenhang, der durch einen Text ausgedrückt oder aktiviert wird«, verstanden (Anz 2013: 111). Von Interesse sind insbesondere die Vorstellungen von Bildung, die die Texte aktivieren konnten. Stoff für diese Vorstellungen war in anderen Texten und in den Erfahrungswelten der Verfasser und Leser vorhanden.

1. Zur Eigenart des frühen Christentums

Im Blick auf die Einschätzung der Eigenart des frühesten Christentums ist zum einen das Verständnis der christlichen Religion, zum anderen die Frage nach der sozialen Zusammensetzung der frühen Christen und die Relevanz dieser sozialen Einstufung für deren Bildung bedeutungsvoll.

Die christliche Religion kann als Offenbarungsreligion aufgefasst werden. Daraus könnte man schließen, dass Offenbarung sich nicht leicht mit Bildung harmonieren lässt. In einem Lexikonartikel »paideia« heißt es: »Im frühen Christentum versöhnt als erster Clemens griechische *paideia* mit christlich-jüdischer Offenbarung« (Christes 2000: 151). Weiter unten soll jedoch dafür argumentiert werden, dass nach antiker Auffassung Bildung und ihre Inhalte durchaus als von göttlicher Herkunft gedacht werden konnten.

Was soziale Einstufungen angeht, wurde lange vermutet, dass die ersten Christen einfache Leute waren ohne Interesse für Bildung in ihrer griechischen, römischen oder jüdischen Form. Die aktuelle Forschung hebt demgegenüber hervor, dass die frühesten Gruppen von Christen die soziale Verteilung der üblichen Bevölkerung widerspiegelten (Theißen 2019: 267; Müller 2002: 17–20), und weiter, dass die frühen Christen als eine kreative literarische und denkerische Bewegung auftraten (Schnelle 2015). Antike Gesellschaften des Mittelmeerraums waren Agrargesellschaften mit einer recht kleinen Elite. Die Städte, wo die meisten ersten Christen wohnten, erfüllten die Funktion von Verwaltungszentren und waren Knotenpunkte für Handel und Kultur. Bildung hatte ihre Basis in der Elite und den leitenden Schichten, war aber trotzdem für alle Gruppen und Schichten einer Gesellschaft von Bedeutung, auch wenn nicht alle Individuen Interesse oder Ressourcen für eine weiterführende Beschäftigung mit Bildungsinhalten hatten. Ein besonderes soziales Merkmal des frühen Christentums war, dass Leute aus verschiedenen Schichten in derselben Gruppe zusammenfanden. Aus sozialgeschichtlichem Blickwinkel steht zu vermuten, dass in diesen christlichen Gruppen Interesse für Bildung vorhanden gewesen ist.

Das Christentum stellt in den westlichen Gesellschaften der Gegenwart einen breiten und dominanten Strom in deren Kultur dar. Was wir Urchristentum nennen, war hingegen eine kleine Gruppe ohne etablierte christliche Traditionen, die sich auch nicht bewusst war, zu einer eigenen oder sogar neuen Religion zu gehören. Es war eine Minorität, die, retrospektiv gesehen, erst im Begriff war eine eigene kulturelle Identität auszuprägen. Insofern ist es nicht überraschend, im Urchristentum Spuren von Neuorientierung zu finden auch hinsichtlich identitätsbezogener Bildungselemente. Kulturelle Neuorientierung impliziert eine Kritik von Etabliertem, auch wenn man sich weitgehend bereits vorhandener Elemente in Kultur und Tradition bedient.

2. Bildung und Schule

Das griechische Wort παιδεία (*paideia*) wird gerne mit »Bildung« übersetzt. Es liegt allerdings eine lange Geschichte zwischen der antiken παιδεία und den neuzeitlichen Bildungsvorstellungen.

Das Wort *paideia* bezeichnete zunächst »Bildung« oder »Erziehung«, konnte aber auch einfach »Kindheit« und »Jugend« meinen. Das Wort benannte den Bildungsprozess bzw. die Erziehung, dann auch die Bildungsideale, denen es nachzustreben galt (Christes 2000: 150). Bildung drückte einen Idealzustand der Persönlichkeit aus, und bestand nach antiken Auffassungen in den erworbenen intellektuellen und moralischen Fähigkeiten, gut leben zu können. Spezifische Merkmale der παιδεία lassen sich nicht eindeutig bestimmen. Bildungsideale zielten nicht auf den Erwerb von Spezialfähigkeiten, vielmehr auf eine umfassende und vielfältige Disposition: Solch eine Disposition wurde durch Kenntnisse und Moral konstituiert.

Typische Kontexte für Erziehung und Bildung waren Hausgemeinschaft und Schule. Paradigmatische Rollen waren die der Eltern, Ammen, Pädagogen und Lehrer. Begriffe wie Sitte, Tugend, Weisheit, Kenntnis, Tüchtigkeit und Ehre deuten die essentiellen Inhalte an.

Zusätzlich zur Erziehung und Bildung im Elternhaus konnten die Eltern einen Lehrer und eine Schule für ihre Kinder suchen. In den meisten Städten konnte ein Lehrer gefunden werden, der Anfangsunterricht im Lesen und Schreiben und Rechnen geben konnte. Öffentlich finanzierte oder geregelte Schulen gab es in der Praxis nicht. Bildung und Schulung erforderten persönliche Initiative und mussten auf allen Stufen eigenfinanziert werden.

Bereits im klassischen Athen waren die wesentlichen Teile eines Curriculums vorhanden, dem noch Jahrhunderte später gefolgt wurde. Sophisten unterrichteten Rhetorik und Grammatik, aber auch eine Reihe von Bildungsinhalten, die später in die Fächer Arithmetik, Geometrie, Astronomie und Musik eingegangen sind (vgl. Christes 1997b; Rechenauer 1994: 1161). Wenn wir uns für das frühe Christentum und das Neue Testament interessieren, kann die Aufmerksamkeit auf Moral, Sprach- und Textkompetenz konzentriert werden.

Bei einem Lehrer konnten die Buchstaben und das elementare Lesen und Schreiben gelernt werden. In der weiterführenden Ausbildung wurden dann Texte gelesen und erklärt, und es wurden einfache Texte selbst geschrieben (Cribiore 1996). Den Hauptteil des Unterrichtsstoffes bildeten die klassischen Autoren Homer, Vergil, Euripides und Menander (Quintilian, *Institutio Oratoria* I.8; vgl. Morgan 1998: 69). Die Textarbeit inkludierte Lesen (*anagnosis*), Exegese (*exegesis*) und Beurteilung (*krisis*) (Cribiore 2001: 185–215). Die Texte wurden laut gelesen, rezitiert und vermutlich zumeist auch auswendig gelernt. Durch die Exegese wurden unbekannte, archaische und poetische Wörter erklärt und deren Inhalt ausgelegt, wodurch der Schüler Wissen über Personen, Orte und Ereignisse vermittelt bekam. In der Beurteilung (*krisis*) war das Anliegen auch ein moralisches: Literatur galt als Fundgrube heroischer Beispiele menschlicher Perfektion. Aus der klassischen Literatur, besonders aus Homer, konnte ein moralischer Kodex hergeleitet werden (Plutarch, *Moralia [De Audiendis Poetis]* 27A–B; vgl. Snyder 2000: 22).

Nicht zuletzt Isokrates (436–338 v. Chr.) trug dazu bei, dass die gängige Auffassung von Bildung und den Tugenden eines gebildeten Menschen durch die Rhetorik bestimmt wurde. Dieser wurde eine humanisierende Funktion zugeschrieben: Rhetorik sei Kultur schlechthin, sie gewährleiste die Tradierung humaner Werte und unterscheide den Menschen vom Barbaren. Die Sprache sei der Schlüssel zur Kultur (Vegge 2006: 255–264).

Die Philosophenschulen verstanden ihr Programm als Alternativen zur üblichen Bildung. Sie suchten die Eigenart des Bildungsprozesses selbst zu ergründen. Demnach bestand Bildung im Fortschreiten auf einem Bildungsweg, auf dem die Vollkommenheit das angestrebte, aber unerreichbar bleibende Endziel bildete. Der Prozess der Bildung bestand in einem sich möglichst andauernd vollziehenden psychischen, moralischen und intellektuellen Fortschritt, der *prokopē* (Vegge 2006: 305–329).

Auch jüdische Kinder wurden von ihren Eltern bisweilen in griechische Schulen geschickt, wo sie Abschnitte aus Homer lesen lernten und auch einfaches Schreiben übten (Hezser 2001: 240). Eine fortgeschrittene literarische Bildung, die auch ein Studium der Tora inkludieren konnte, war auch unter Juden wenigen vorbehalten. Einige lernten Hebräisch in der Synagoge oder bei einem Lehrer, um die Tora lesen zu können, nicht zuletzt im Hinblick auf das Vorlesen im Synagogengottesdienst (Hezser 2001: 242). In einigen Fällen mag auch der jüdische Elementarunterricht auf das Lesen der Tora fokussiert gewesen sein. Solcher Unterricht ereignete sich meist im Rahmen des Haushalts (Hezser 2001: 49; 67 f.). Einige jüdische Elementarlehrer mögen Hebräisch und die Tora unterrichtet haben als Ausdruck einer bewussten Betonung jüdischer Identität als Alternative zu griechischer Identität (Hezser 2001: 70 f.).

In der rabbinischen Literatur finden sich Hinweise, dass man beim Lernen der Tora mit Abschnitten aus dem Buch Leviticus anfangen soll (z. B. in Avot de Rabbi Nathan A 15). Die dort beschriebenen rituellen Gesetze konnten als Merkmal spezifisch jüdischer religiöser Praxis und jüdischer Identität gelten. Durch das Lernen des Sch^{e}ma Jisrael wurde dem Schüler der Glaube an den einen Gott erschlossen. Die Kenntnis einiger ritueller Gesetze und das Vermögen, das Sch^{e}ma vortragen zu können, unterschied junge Juden von gleichaltrigen Nicht-Juden (Hezser 2001: 77 f.).

Für die weitere Diskussion lohnt es sich, zwischen Bildungsinhalt und Bildungsprozess zu unterscheiden. *Im Neuen Testament können zahlreiche Bildungsinhalte des frühen Christentums identifiziert werden, etwa die Kenntnis der Schriften, verschiedener Sprachen u. a. m. Zugleich setzen die Schriften des Neuen Testaments Bildungsprozesse voraus – seitens ihrer Autoren sowie seitens der Benutzer dieser Literatur.*

Im Folgenden werden zunächst einige urchristliche Textstellen kommentiert, die vermuten lassen, dass hier von Bildungsprozessen die Rede ist. Auf diese Weise gewinnen wir ein Bild davon, in welcher Beziehung das Urchristentum zu Bildungstraditionen seiner Gegenwart stand. Wenn wir nach Bildungsprozessen fragen, kommt der Analyse der pragmatischen Dimension von Texten eine entscheidende Bedeutung zu (Müller 2002: 25). Von Bedeutung sind in diesem Zusammenhang Signale an die Leser, wohin der Text *sie* in Bezug auf Bildung leiten wollte. Wenn der Text erzählt, dass Jesus seine Schüler unterrichtete, will der Text mehr als bloß über Ereignisse informieren. Der Text insistiert auf einer Sicht der Welt, an der sich der Leser orientieren soll (vgl. Anz 2013: 111). Der Text bietet Identifikationsfiguren und Handlungsmuster an. Zur pragmatischen Dimension gehören auch die vom Text gestellten Ansprüche: die vorausgesetzten oder gewünschten literarischen Fähigkeiten der Leser (Schnelle 2015: 122 f.), bzw. anders gesagt: was der Leser an Bildung braucht, um sich mit den aktuellen Texten auseinanderzusetzen zu können.

3. Lernen in der Textwelt der Evangelien und in der Welt ihrer Leser

Im Blick auf die Evangelien ist die Frage bedeutsam, welches Bild von Jesus und seinem Umgang mit Bildung die Texte ihren Lesern nahelegen. Aufmerksamkeit verdient insbesondere das Verhältnis zwischen Textwelt und Lebenswelt der Leser. Wir können davon ausgehen, dass der historische Jesus in seiner Gegenwart als Lehrer aufgefasst wurde – eine Vorstellung, die dann in den Texten tradiert wurde. Sein Beispiel und seine kulturelle Herkunft aus dem Judentum, die stark vom Umgang mit Schriften und dem entsprechenden Lernen geprägt war, haben die an ihn Glaubenden geformt, und diese Prägung ist in den Texten reflektiert. In den folgenden Abschnitten wird die Aufmerksamkeit auf die Beziehungen zwischen der Textwelt und den möglichen Interpretationen der Texte seitens der Leser gerichtet.

3.1 Das Kind Jesus und seine Bildung

In den Erzählungen des Lukasevangeliums werden u. a. Ideale von Erziehung und Bildung vermittelt. Wir lesen, dass Jesus als Kind von Weisheit erfüllt wurde (Lk 2,40). Wir hören ferner von Jesus im Tempel, der – mindestens symbolisch – das Zentrum jüdischer Bildung war: Jesus wird mit einer für einen zwölfjährigen Jungen erstaunlichen Bildung dargestellt, indem er sich im Gespräch mit den Lehrern im Tempel durch Fragen und Antworten als verständig erweist (Lk 2,46 f.). Dieser Erzählung zufolge beherrscht schon das Jesuskind das volle Repertoire zeitgenössischer jüdischer Bildung. Für die Leser wird hier ein Bildungsideal zum Ausdruck gebracht. Auch wenn die vollkommene Bildung Jesu ein für sie unerreichbares Ideal blieb, zeigt der Text den Weg eines Bildungsprozesses, der sich »mitten unter den Lehrern« durch Zuhören und Anfragen ereignen konnte, und eine Bildung, die in Verstehen und umsichtigen Antworten sichtbar wurde (2,46 f.). Jesus konnte darum in dem von glaubenden Christen gelesenen Evangelium als Ideallehrer der Christen erkannt werden.

Bemerkenswert ist der hier ausgedrückte gegenseitige Respekt. Die Eltern fanden »ihn im Tempel sitzen, mitten unter den Lehrern, wie er ihnen zuhörte und sie fragte« (2,46). Dieser gegenseitige Respekt ist in anderen Teilen der Evangelien kaum zu finden (siehe aber Mk 12,28–34). Einige Leser fanden allerdings in dieser Erzählung vom Zwölfjährigen im Tempel auch Hinweise auf eine Bildung, die diejenige der Synagogen übertraf oder eine Alternative zu derselben darstellte.

Jesus wird ferner als gut erzogen beschrieben, wenn er mit seinen Eltern nach Hause geht und ihnen untertan ist (Lk 2,51; dazu Lindemann 2001: 108). Ferner heißt es: »Jesus nahm zu an Weisheit, Alter und Gnade bei Gott und den Menschen« (Lk 2,52). Dies konnte von den Lesern als Ausdruck einer vorbildlichen Erziehung interpretiert werden. Die Rede von »Weisheit« knüpfte an allgemeine, jüdische, griechische und eben auch christliche Bildungsvorstellungen an. Nicht zuletzt wird hier ein Bildungsprozess angedeutet: Auch dem Jesuskind wurde Bildung nicht angeboren oder offenbart, sondern es nimmt an Weisheit, Alter und Gnade zu. Dabei ist es auch kein christlicher Sonderfall, dass die Bildung zunächst ihre Qualitäten in den Beziehungen zu Menschen und zu Gott zeigt.

3.2 Jesu Jünger im Bildungsprozess

Als Erwachsener tritt Jesus laut allen vier kanonischen Evangelien als Lehrer auf. In seinem Auftreten wurde Jesus sicherlich bereits zu Lebzeiten als Lehrer aufgefasst (Schröter 2001). Die Frage bleibt indes, welche Vorstellungen von und Erfahrungen mit Bildung durch das Lesen der Evangelien erzeugt werden konnten. Von einer Ausbildung Jesu hören wir in den kanonischen Evangelien nichts (vgl. Hultgren 2017). Er begann als schon reifer Mann – Lukas berichtet, dass er ungefähr 30 Jahre alt war – zu unterrichten. Er lehrte und interpretierte die klassischen Schriften (Lk 4,14–31). Den Evangelien zufolge hat er einen Kreis von Jüngern (*mathētēs*) gesammelt, indem er sie zur Nachfolge aufforderte. Dann hat er in den Synagogen zu unterrichten (*didaskein*) begonnen (Mk 1,16–22; Mt 4,18–23). Die Leser konnten sich die Textwelt so vorstellen, dass die Jünger dabei sind, wenn Jesus in den Synagogen unterrichtet (Mt 4,23; Mk 1,21; Mk 6,1–2) und wenn er mit anderen Gebildeten bzw. Kundigen in der literarischen Tradition redet und diskutiert (Mk 2,23–3,6; 12,28–34). Diese Lehrer-Schüler-Beziehung kommt in allen Evangelien zur Darstellung. Die Leser können darin einen Bildungsprozess sehen.

Eine solche andauernde Lehrer-Schüler-Beziehung wurde von vielen als die ideale Voraussetzung für Bildung angesehen. Josephus beispielsweise berichtet in seiner Autobiographie von seiner eigenen Bildung. Er erzählt, dass er schon als Vierzehnjähriger für sein Interesse an Schriften und seine Kenntnis der Gesetze anerkannt war. Als Sechzehnjähriger wollte er dann die drei jüdischen Schulrichtungen (Pharisäer, Sadduzäer und Essener) kennenlernen. Er meinte die beste wählen zu können, wenn er alle drei gründlich gelernt hätte. Schließlich hat er einen Mann namens Bannos aufgesucht, der in der Wüste in einfachster Weise lebte, und wurde für drei Jahre ein eifriger Schüler (*zēlōtēs*) des Bannos in dessen Lebensweise (Josephus, *Vita* 9–12). In ähnliche Richtung weist die Darstellung des Paulus in der Apostelgeschichte. Deren Verfasser lässt Paulus in Jerusalem auftreten; wichtig war ihm dabei die Markierung einer jüdischen Identität des Paulus. Dafür galt Bildung als entscheidend, und folgerichtig wird Paulus als einer beschrieben, der »mit aller Sorgfalt unterwiesen im väterlichen Gesetz zu Füßen Gamaliels, und ein Eiferer (*zēlōtēs*) für Gott« sei (Apg 22,3). Betont ist die Lehrer-Schüler-Beziehung, und die »Sorgfalt« impliziert auch Dauer und Prozesshaftigkeit des Lernens. Deutlich wird nicht zuletzt, dass Bildung auf die klassische jüdische Literatur bezogen war (»unterwiesen im Gesetz«).

3.2.1 Unterschiedliche Lernsituationen

Die Evangelien vermitteln, dass sich eine Lehrer-Schüler-Beziehung über einen längeren Zeitraum erstreckte und unterschiedliche Lernsituationen beinhaltete, in die z. T. auch andere Zuhörer und Lehrer einbezogen waren. Markus berichtet, dass Jesus, »wie es seine Gewohnheit war«, die in Scharen zu ihm kommenden Leute lehrte (*didaskein*; Mk 10,1). Dann kommen auch einige Pharisäer zu ihm (Mk 10,2), und ein Lehrgespräch über die Frage der Ehescheidung beginnt. Das Gespräch besteht im Zitieren und Interpretieren der autoritativen Schriften (10,3–9). Jesus erweist sich als gebildet im Umgang mit dieser Literatur – die Pharisäer selbstverständlich ebenso: Nach Josephus galt die Schulrichtung der Pharisäer »hinsichtlich akribischer Kenntnis der väterlichen Gesetze allgemein als unübertroffen« (Josephus, *Vita* 191 f.), und in der Apostelgeschichte ist – wie oben zitiert – zu lesen, dass man eine sorgfältige Unterweisung im väterlichen Gesetz bei einem Pharisäer wie Gamaliel erhalten konnte (Apg 22,3). Im Markusevangelium wird das Lehrgespräch im Kreis der Jünger etwas weitergeführt (10,10–12). Die Leser können sich die Jünger als Zuhörer des Lehrgesprächs vorstellen und erfahren auch, dass Bildung Unterredungen im engeren Kreis der Schüler impliziert.

Im Markusevangelium folgt die Perikope von der Segnung der Kinder, in der diese als Vorbilder dargestellt werden. Falls auch hier Bildung assoziiert werden kann (was von der vorangehenden und der nachfolgenden Perikope her naheliegt), dann handelt es sich um eine bildungskritische Erzählung oder zumindest um eine, die angesichts gängiger Bildungsvorstellungen (wie z. B. in 1 Kor 13,11) auffallend ist. Gleich darauf folgt die Erzählung von einem Mann (Mk 10,17–22), der zu Jesus kommt, ihn als »guter Lehrer« anredet und fragt »was soll ich tun, damit ich das ewige Leben ererbe?«. In seiner Antwort spricht Jesus über den einen guten Gott und die Gebote, also über Theologie und Ethik, und fordert den reichen Mann auf ihm nachzufolgen, d. h. sein Schüler zu werden. Der Mann weigert sich jedoch und geht traurig davon. Dies sendet den Lesern das Signal: Er wollte nicht die Mühe der Bildung auf sich nehmen. Das Thema Reichtum wird dann in einem Lehrgespräch mit den Jüngern weitergeführt (10,23–27), und in den folgenden Abschnitten können die Leser noch mehrere Lehrgespräche im Kreis der Jünger mithören (10,28–45).

Die verschiedenen Situationen in der Textwelt, in denen Lehren und Lernen erfolgt, konnten die Erfahrungswirklichkeit der Leser spiegeln: Die Glaubenden konnten in ihren Versammlungen mit Regelmäßigkeit Predigten und Auslegungen der klassischen jüdischen Literatur bzw. der Bibel hören, vielleicht auch Gespräche zwischen Gelehrten.

3.2.2 *Bildungsanregungen an die Leser*

Die Jünger bieten sich als Identifikationsfiguren für die Leser an. Sie sind allerdings keine durchweg positiv gestalteten Vorbilder und bekommen in den Evangelien keine eindeutige Funktion als Helden zugewiesen. So hören die Leser einerseits von der Erkenntnis der Jünger, als Petrus auf eine Frage Jesu antwortet: »Du bist der Christus« (Mk 8,29), aber andererseits gleich darauf von deren Mangel an Verstehen (8,32–33), später sogar von Schlaf in Gethsemane und Flucht (Mk 14). Unmittelbar vor der Flucht der Jünger bei seiner Festnahme sagt Jesus – und dies wird besonders betont bei Matthäus –, dass alles geschehen ist, »damit erfüllt würden die Schriften der Propheten. Da verließen ihn alle Jünger und flohen« (Mt 26,56). Jesus gibt eine Interpretation der Ereignisse, und im Text sind die Jünger Hörer dieser Interpretation. Diese Interpretation wiederum verweist auf eine spezifisch christliche Erkenntnis und auf eine spezifische Interpretation der klassischen jüdischen Schriften. In der Textwelt fliehen die Jünger. Für die Leser markiert dies einen Mangel an Kenntnis und Einsicht bei den Jüngern.

Weiter hören die Leser von der Verleugnung durch Petrus (Mk 14,66–72) und von dessen Abwesenheit bei Leiden und Tod Jesu. Auch nach der Auferstehung zweifeln einige der Schüler Jesu (Mt 28,17; Lk 24,38) oder sie fürchten sich (Mk 16,8; Lk 24,37 f.). Stattdessen sollen nun alle Völker der Welt, also die intendierten Leser, Schüler werden, indem sie unterrichtet werden alles zu bewahren, was Jesus befohlen hat (Mt 28,19–20). Die beim Lesen etablierte Beziehung der Leser zu den Jüngern kann somit nicht einfach eine Identifikation sein. Wenn die Leser den Jüngern durch das Markusevangelium folgen, kommt vielmehr die Frage auf, ob die Jünger sich durch ihre Beziehung zum Lehrer und am Ende des durchlaufenen Bildungsprozesses überhaupt die adäquaten Kenntnisse, also die Essenz der Bildung, angeeignet haben. Literarisch (durch Aufbau und Plot) wird die Aufmerksamkeit der Leser auf Leiden und Tod Jesu fokussiert. Der literarische Höhepunkt korrespondiert mit dem Kernstück des Bildungsinhalts. Den Lesern wird ein Schlüssel zu diesem Bildungsinhalt in die Hand gegeben, indem sie die Ereignisse und ihre Bedeutsamkeit aus der allwissenden Perspektive des Erzählers kennenlernen. Mit Hinweis auf Textabschnitte im Neuen Testament kann behauptet werden, dass dieser Schlüssel in einer Glaubenserfahrung bzw. in einer Vision des Auferstandenen zu finden ist. Die Evangelien vermitteln allerdings, dass der Zugang zum Bildungsinhalt auch in einer neuen Interpretation der klassischen Schriften zu suchen ist, wie es exemplarisch in Lk 24 gezeigt ist: »Er sprach aber zu ihnen: Das sind meine Worte, die ich zu euch gesagt habe, als ich noch bei euch war: Es muß alles erfüllt werden, was von mir geschrieben steht im Gesetz des Mose, in den Propheten und in den Psalmen. Da öffnete er ihnen das Verständnis, so dass sie die Schrift verstanden, und sprach zu ihnen: So steht's geschrieben, dass Christus leiden wird und auferstehen von den Toten am dritten Tage; und daß gepredigt wird in seinem Namen Buße zur Vergebung der Sünden unter allen Völkern« (Lk 24,44–47). Wir können dies dahingehend verstehen, dass die Christen das Leben Jesu und sein Schicksal, also reale Geschehnisse, im Licht der jüdischen Schriften interpretiert haben. Wir können aber auch einen anderen Akzent setzen. Die Leser werden in ihrer Welt dazu eingeladen, Literatur im Zusammenhang zu lesen: die neue christliche Literatur in Zusammenhang mit klassisch-jüdischer Literatur. Das Leben Jesu und sein Schicksal finden die Leser in literarischer Form in den Evangelien. Diese literarische Form des Lebens Jesu vermittelt auch Interpretationen der klassischen jüdischen Schriften, der Tora, der Propheten und der Psalmen. Die Evangelien interagieren mit klassischer Literatur, sie sind Neuinterpretationen solcher klassischen Schriften und repräsentieren auf diese Weise christliche literarische Bildung. Es handelt sich dabei zum Teil durchaus um mutige Neuinterpretationen. Denn eine direkte und wörtliche Lektüre und Deutung der jüdischen Schriften zeigt nicht, dass der Messias leiden und auferstehen würde.

In den ersten Teilen der Evangelien konnten die Leser den Jüngern in der andauernden Schüler-Lehrer-Beziehung und den unterschiedlichen Unterrichtssituationen folgen. In den letzten Teilen werden ihnen die essentiellen literarischen Interpretationen unmittelbar vom Verfasser vermittelt. Dieser Logik zufolge werden die Leser eines Evangeliums dazu eingeladen, einen Bildungsweg zu gehen, dessen Richtung in den Worten des auferstandenen Christus deutlich wird.

3.3 Synagogen und urchristliche Bildung

In allen Evangelien wird berichtet, dass Jesus in Synagogen unterrichtete (Mt 4,23; Mk 1,21; Lk 4,15; Joh 6,59). Gerade hier wird gefragt, woher er denn seine Weisheit habe (Mt 13,54 f.). Und eben in diesen Kontexten kommt Jesus mit Schriftgelehrten ins Gespräch und wird selbst mit ihnen verglichen. Wir können annehmen, dass Synagogen im Allgemeinen mit Bildung assoziiert wurden. Indem Jesus als jemand dargestellt wird, der sich in Synagogen aufhält, dort lernt und lehrt, konnte christliche Weisheit in Analogie und eventuell als Alternative zu der Bildung verstanden werden, die in Synagogen erworben und gepflegt wurde.

Laut Augustin hatte schon Seneca vermerkt, dass die Juden die Hintergründe ihrer Bräuche kannten (Augustin, *De civitate dei* VI,11). Josephus zufolge besteht die Eigenheit jüdischer Bildung in der engen Verflechtung des Unterrichts mit der Einübung der darin geforderten Verhaltensweisen. Josephus beschreibt zudem, wie diese hervorragende Bildung (*paideuma*) vermittelt wird: nicht durch einmaliges oder zweimaliges Hören, sondern indem alle Juden einmal pro Woche alles Übrige unterließen, um in einer Zusammenkunft das Gesetz zu hören und zu lernen (Josephus, *Contra Apionem* II,171–175). Dies ist vermutlich eine etwas idealisierende Schilderung, die allerdings vermittelt, dass Lernen schon damals im Zentrum jüdischer religiöser Praxis stand, und wie hoch geschätzt Einübung und Wiederholung waren. Philo von Alexandria (um 10 v. Chr. – um 50 n. Chr.) scheint von dem, was wir als Kultur verstehen, zu schreiben, wenn er in *Legatio ad Gaium* darauf hinweist, dass alle Menschen ihre eigenen Sitten (*ethos*) bewahren. Er behauptet, dass die Juden es noch mehr als andere tun, indem sie die Worte der Tora als von Gott gegeben auffassen. Weil sie in dieser Lehre (*mathēma*) von Kind auf unterrichtet (*paideuomai*) werden, tragen sie Bilder von den Geboten als Skulpturen in ihren Seelen (Philo, *Legatio ad Gaium* 210 f.).

Das Bild von Jesus in den Synagogen konnten die Leser mit ihren eigenen Kenntnissen vom synagogalen Leben ausfüllen, insbesondere im Licht regelmäßiger Versammlungen, in denen Texte aus den heiligen Schriften gelesen und interpretiert wurden. Anders gesagt: In der Textwelt der Evangelien unterrichtet Jesus wiederholt in Synagogen. Dies konnte Resonanz finden in Erfahrungen der Leser mit eigenen gottesdienstlichen Zusammenkünften, in denen unterrichtet wurde.

Bei Philo wird solcher synagogaler Unterricht mit lebenslangen Prozessen verbunden. Seine Vorstellungen von Unterricht und vom Lernen von Texten, wodurch Muster und Formen in der Seele gestaltet werden, entsprechen den Vorstellungen von Bildung bei Philosophen und Rhetoren. Für die ersten Christen können wir vermuten, dass einige von ihnen mit solchen Vorstellungen vertraut waren, und dass sie von Unterricht in ihrer eigenen Gruppe analog dachten.

3.4 Urchristliche Interpretation der klassischen Texte

In einem Text des Lukasevangeliums wird der Leser in eine Szene eingeführt, in der Jesus in einer Synagoge aus den klassischen antikjüdischen Texten liest und sie interpretiert (Lk 4,16–21). Die Szene reflektiert vermutlich einen normalen Vorgang bei der Schriftlesung und -auslegung in einer Synagoge. Eine Schriftrolle wird überreicht und aufgetan, eine Schriftstelle gefunden, gelesen und danach ausgelegt (vgl. Müller 1994: 44). Der gelesene Text stammt aus dem Propheten Jesaja: »Der Geist des Herrn ist auf mir, weil er mich gesalbt hat, zu verkündigen das Evangelium den Armen ...« (Lk 4,18; Jes 61,1). Die im Lukasevangelium wiedergegebene Auslegung ist bemerkenswert und besteht aus einem kurz gefassten Satz: »Heute ist dieses Wort der Schrift erfüllt vor euren Ohren« (Lk 4,21). Diese markante Auslegung ist wohl nicht repräsentativ für den damaligen Unterricht – weder in Synagogen noch in christlichen Gruppen. Für die Leser des Evangeliums fasst sie aber die Essenz der christlichen Auslegung der Schriften zusammen. In den christlichen Gruppen wurden die jüdischen klassischen Texte gelesen, aber in Bezug auf ihren Christusglauben interpretiert, und dies wird in Lk 4 programmatisch dargestellt. Dies zeigt die Richtung der christlichen literarischen Bildung. Sie zielt auf das Erlernen und Einüben der Fähigkeit klassische Texte zu lesen – Texte, die auch für die Glaubenden zum literarischen Kanon gehörten und an denen sich die Bildung orientierte.

4. Erster Korintherbrief – Weisheit Gottes und menschliche Bildung

Im Ersten Korintherbrief ist ausführlich von Weisheit (*sophia*) die Rede. Paulus verwendet dabei eine Argumentationsweise, in der Positionen oder Identitäten dialektisch kontrastiert werden. Das Evangelium des Paulus wird jüdischem Glauben und griechischer Weisheit gegenübergestellt. Dies kann auf den ersten Blick so gedeutet werden, dass Paulus Bildung, wie sie in diesem Text durch die Weisheit der Griechen repräsentiert ist, ablehnt. Das Bild wird allerdings etwas differenzierter, wenn man berücksichtigt, dass griechische Philosophen andere Griechen für die Haltung kritisierten, dass Bildung bloß in der Kenntnis von Literatur bestehe, und dass Rhetoren Philosophen wegen ihrer Konzentration auf die scheinbar unnützen Diskussionen über die Bedeutung von Begriffen kritisieren konnten. Wenn wir ferner nach einem Prozess des Aneignens von Wissen und Moral suchen, zeigt sich, dass die Argumentation in 1 Kor mit der Bejahung von Bildung und mit eigenen Bildungsvorstellungen verbunden werden kann.

4.1 Die Weisheit der Rede

In dem einleitenden Abschnitt des ersten Korintherbriefes, der Wohlwollen bei den Lesern wecken soll (*captatio benevolentiae*), schreibt Paulus an die Leser, dass sie schon in Christus reich geworden sind in Lehre (*logos*) und Erkenntnis (*gnōsis*; 1,5). Schon hier werden also Bildungsinhalte genannt. Von seinem eigenen »Evangelisieren« behauptet Paulus allerdings nicht, es setze auf die Weisheit der Rede (*sophia logou*; 1,17). Der Ausdruck »Weisheit der Rede« mag auf einen imponierenden rhetorischen Stil hinweisen (siehe 2,4), und Paulus' Argument ist vermutlich so zu deuten, dass sich Weisheit überhaupt nicht durch Rede vermitteln lässt. Die weitere Argumentation ist dialektisch: Laut Paulus konnte seine Lehre (*logos*) vom Kreuz zwar als Torheit aufgefasst werden, doch in Wahrheit sei sie Ausdruck der Kraft Gottes. Als Bestätigung zitiert Paulus die klassischen jüdischen Schriften, wo es heißt, dass Gott »die Weisheit der Weisen und den Verstand der Verständigen« vergehen lassen wird (Jes 29,14). Paulus kontrastiert seine Lehre mit der Weisheit der Welt und bezieht sie auf die Weisheit Gottes (1,20–25). Die von Paulus kritisierte Weisheit wird ferner im Text als menschliche Weisheit qualifiziert (2,5). Die Argumentation kreist um Bildungsinhalte und die Frage, wie sich ihre Qualität erkennen lässt.

4.2 Die Weisheit

Vor diesem Hintergrund wird klar, dass auch Paulus Weisheit vermittelt, und dies wird in 2,6 bestätigt: »Wir vermitteln aber Weisheit (*sophia*) unter den Vollkommenen (*teleioi*)«. Sobald von Vermitteln von Weisheit die Rede ist, kann Bildung assoziiert werden.

Laut den vorangegangenen Abschnitten ist die Weisheitsrede eine Rede vom Kreuz Christi – und sie erschließt *Gottes* Weisheit, eine Weisheit, die in den nächsten Sätzen als ein Geheimnis angesprochen wird, das ferner von Gott als Offenbarung übermittelt ist (*apokalyptein*; 2,7–10). Schon deshalb könnten wir meinen, dass Paulus sich von bewährten Bildungsvorstellungen entfernt hat. Können Bildungsinhalte Offenbarung sein? Wenn Kenntnis per Offenbarung vermittelt wird, dann ist wohl keine Bildung nötig! In Gal 1,12 behauptet Paulus, dass er seine Botschaft (Evangelium) nicht gelehrt (*didaskein*), sondern offenbart bekommen hat: »Denn ich habe es nicht von einem Menschen empfangen oder gelernt, sondern durch eine Offenbarung Jesu Christi.« Es ist ganz deutlich, dass die besondere christliche Erkenntnis in mehreren Texten mit Offenbarung verbunden und mit herkömmlicher Bildung kontrastiert wird. Die Gegenüberstellung findet aber auf Grund von Qualitätsurteilen statt. Paulus stellt ein Evangelium von menschlicher Art (Gal 1,11) und menschlicher Weisheit (1 Kor 2,5) als Kontraste auf.

Dass Bildung göttlicher Herkunft ist, war keine bemerkenswerte Auffassung. In Plutarchs Schrift über die Ausbildung der Kinder heißt es: »Die *paideia* ist das einzig Göttliche und Unsterbliche in uns« (Plutarch, *Moralia [De Liberis Educandis]* 5E). Josephus argumentiert für die Vorzüge des Judentums in *Contra Apionem*. Er weist auf Pythagoras, Plato und stoische Philosophen hin, wenn er behauptet, dass der Gesetzgeber der Juden (Moses) nicht die Gottesverehrung (*eusebeia*) zu einem Teil der Tugend (*aretē*) machte, sondern umgekehrt, die Tugenden zu einem Teil der Gottesverehrung (Josephus, *Contra Apionem* II,168–170). Josephus präzisiert, dass die Tugend hier die zentralen Wertvorstellungen griechischer Bildung einschließt; er schreibt: »Ich rede von der Gerechtigkeit (*dikaiosynē*), der Besonnenheit (*sōphrosynē*), der Ausdauer (*karteria*) und der gegenseitigen Einstimmigkeit (*symphōnia*) der Bürger einander gegenüber« (ebd. 170). Pythagoras, Plato und stoische Philosophen fungieren in diesem Text als renommierte Repräsentanten griechischer Bildung. Nach Josephus gehört also die bevorzugte Bildung in den Rahmen der Gottesverehrung. Nach dem von kynischer Philosophie inspirierten Dio Chrysostomos (40 n. Chr. – ca. 120 n. Chr.) hat der ideale Philosoph und Lehrer seine Aufgabe von einer Gottheit bekommen, und er nennt sich selbst als Beispiel: »Denn mir scheint, ich habe dies nicht aus mir selbst hervorgebracht, sondern folge einem göttlichen Willen« (Dio Chrysostomos, *Orationes* 32,12). Dion redet in diesem Zusammenhang von Leuten, die sich andere Menschen als gebildet (*pepaideumenos*) vorstellen, entweder als Redner (*rhētōr*) oder als Philosophen (*philosophos*). Das Ideal für einen solchen Gebildeten ist, dass er sich in seiner Rede echt und ehrlich zeigt und ferner weder Ehre noch Gewinn sucht (ebd. 32,10–11). Solche Rede sieht Dion im Zusammenhang mit göttlicher Vorsehung, insofern die Götter gute Berater und angemessene Worte bereitstellen (ebd. 32,12). Diese Ideale für die Rede eines Gebildeten zeigen Ähnlichkeiten mit Paulus' Besprechung seiner eigenen Rede im 1. Korintherbrief.

Ähnlich wie bei Dion dient die Kontrastierung bei Paulus dem Nachweis der Qualität und der damit verbundenen Identität. Das Weltbild und die Moral sind bei Paulus von Anschauungen zeitgenössischer jüdischer Gelehrter und griechischer Philosophen nicht völlig verschieden. Sie teilen vielmehr etliche Vorstellungen und Werte. Bei Paulus und den Gläubigen hat aber die Weltanschauung einen neuen und eigenen Orientierungspunkt in der Christusvorstellung bekommen und das Ethos eine neue Motivation im Glauben an Christus. Insofern als diese Elemente in Bildung eingehen, erfährt ›christliche‹ Bildung somit eine Neuausrichtung an Christus. Paulus behauptet zwar, dass deren Vermittlung nicht in der Form weisheitlicher Rede (*sophia logou*) stattfinden könne, doch wendet er in seinem Unterricht und in seiner Tätigkeit als Autor durchaus seine gelernten literarischen Fähigkeiten in Sprache und Argumentation an, und er bezieht sich darin auf die klassische jüdische Literatur. Er nutzt also nichts anderes als literarische Bildung.

4.3 Die »Vollkommenen«

Schon wenn auf Vermittlung von Weisheit hingewiesen wird (1 Kor 2,6), kann also Bildung assoziiert werden. Es gibt in der Aussage von 1 Kor 2,6 sowie im Kontext mehrere Elemente, welche in die gleiche Richtung weisen. Im Satz ist das Subjekt ein Plural – »Wir reden« –, der mit einem weiteren Plural – »die Vollkommenen« – verbunden ist: »Wir reden (vermitteln) Weisheit (*sōphia*) unter den Vollkommenen (*teleioi*)«. Diese Zusammenstellung kann auf einen besonderen Kreis hinweisen. Der Kontext, besonders in 3,1–3, zeigt wohl, dass der Autor nicht alle Leser zu den »wir« oder den »Vollkommenen« rechnet. Es mag also hier auf einen Kreis verwiesen sein, der sich in Bezug auf Bildung von anderen abhebt.

Die Bezeichnung »vollkommen« (*teleios*) ist in diesem Zusammenhang aufschlussreich. Das Wort ist in Texten zu Hause, in denen vom Ziel der Bildung die Rede ist, und von einem Weg bzw. einer Progression von einem ungebildeten zu einem gebildeten Zustand (Vegge 2006: 305–329). Schon durch den Begriff *teleios* ist somit Bildung als Prozess angedeutet, und die Zusammenstellung von »Weisheit« und »den Vollkommenen« verweist noch deutlicher auf solche Bildungskontexte. In antiken Texten, die Bildung thematisieren, kann jemand auf einem fortgeschrittenen Bildungsniveau als *teleios* bezeichnet werden. Epiktet (ca. 50–130 n. Chr.) ermahnt einen Zuhörer, das Beste anzustreben und sich, sobald er die Lehrsätze angenommen hat, als Erwachsener (*teleios*) anzusehen und als einer, der Fortschritte macht (*prokoptōn*; Epiktet, *Encheiridion* 51). Worin ein solcher moralischer und intellektueller Fortschritt (*prokopē*) besteht, wurde von Philosophen diskutiert: Das Ziel des Fortschreitens sind Weisheit (*sophia*) und Tugend (*aretē*) oder Glück (*eudaimonia*). Der Fortschreitende (*prokoptōn*) steht zwischen dem Laien (*idiotēs*) und dem Philosophen (*philosophos*) bzw. Vollkommenen (*teleios*; so etwa Epiktet, *Encheiridion* 48; Philo, *De agricultura* 159 f.). Wenn Paulus in 1 Kor 2 von der Übermittlung von Weisheit unter Vollkommenen schreibt, so ist dies eine mit Bildungsvorstellungen verbundene Redeweise.

Zum Begriff *teleios* sollte noch gesagt werden, dass er zunächst auf ein Ideal hinweist. In stoischen Texten bezeichnet »vollkommen« eine

Idealgestalt. Einen wahren Vollkommenen gibt es wohl nicht. Die Logik dieses Sprachgebrauchs ist angedeutet, wenn Epiktet schreibt, dass bereits die Annäherung an ein Ziel dessen Essenz enthalte (Epiktet, *Dissertationes* 1.4.3–4).

4.4 Stadien auf dem Bildungsweg

Die Rede von Stadien auf dem Bildungsweg wird auch von Paulus verwendet. In 1. Korinther begegnet sie zunächst indirekt, wenn in 2,6–16 von den »Vollkommenen« und der Weisheit die Rede ist. Es findet sich hier ein implizites Differenzieren zwischen denjenigen, die sich schon mit der Weisheit beschäftigen, und den anderen, die diese Weisheit nur vom Hörensagen kennen. Die direkt angesprochenen Leser gehören zu den letzteren. Das wird in 3,1–3 klar, wo die Sprache von den Stadien auf dem Bildungsweg nun explizit benutzt ist: »Und ich, liebe Brüder, konnte nicht zu euch reden wie zu geistlichen Menschen, sondern wie zu fleischlichen, wie zu unmündigen Kindern (*nēpios*) in Christus. Milch habe ich euch zu trinken gegeben und nicht feste Speise; denn ihr konntet sie noch nicht vertragen. Auch jetzt könnt ihr's noch nicht, weil ihr noch fleischlich seid« (1 Kor 3,1–3).

Bildung wird auch in anderen Texten aus der Antike durch das Bildfeld von Kind bzw. Erwachsenem und die zu jeder Altersstufe passende Speise dargestellt. Diese Metaphorik für den Prozess der Bildung findet sich etwa bei Philo. Ihm zufolge muss die Seele, gleich wie der Körper, ihrem Entwicklungsstadium angemessene Nahrung (Bildung) bekommen: »Wenn also Milch Speise der Kinder (*nēpios*) ist und der Weizen Kuchen für Erwachsene (*teleios*), so muss auch die Seele ihrem kindlichen Alter angemessen Milch zu speisen bekommen: die enkyklischen musischen Vorübungen« (Philo, *De agricultura* 9). Zu diesen »Vorübungen« (*propaideuma*) gehörten das Lesen und Schreiben und der erste Unterricht in Literatur. Nach Epiktet solle, wie die Milch der Säuglinge von festerer Speise abgelöst wird, nach dem elementaren Lernstoff mit der Philosophie weitergemacht werden. Der fiktive Gesprächspartner in den Diatriben des Epiktet wird gefragt, ob er in der Schule überhaupt Philosophie gelernt habe. Möchte er »jetzt nicht wie die Kinder von der Milch entwöhnt werden, festere Speise schmecken und nicht mehr nach Müttern und Ammen weinen?« (Epiktet, *Dissertationes* 2.16.34 und 39). Relevant in Bezug auf Paulus' Argumentation ist ferner, dass Philo in Bezug auf den Bildungsprozess schreibt, dass alleine Gott den Gipfel der

Vollkommenheit gewähre. Ihn zu erreichen ist nicht unsere Leistung (Philo, *De fuga et inventione* 172).

Begriffe, Metaphorik und Kommunikationsdynamik in 1 Kor 1–3 führen die Leser also in vertraute Bildungsvorstellungen ein. Wenn Paulus über die Weisheit spricht, die im Kreis der Vollkommenen unterrichtet wird, und zu den Lesern als Kindern in Bezug auf Weisheit redet, werden sie zugleich zu einem Bildungsprozess eingeladen. Dieselbe Metaphorik und eine ähnliche Aufforderung findet sich auch in Hebr 5,12: »Und ihr, die ihr längst Lehrer sein solltet, habt es wieder nötig, dass man euch die Anfangsgründe der göttlichen Worte lehre und dass man euch Milch gebe und nicht feste Speise.«

In 1 Kor 3 geht Paulus von dem Bildfeld der Nahrungsmittel zur Rede vom Ackerfeld über, als er von sich selbst und Apollos schreibt bzw. vermutlich von dem Unterricht, den die beiden in Korinth vermittelt haben (3,6–9). Auch Philo reichert die Rede von Milch und festerer Speise mit Bildern von Wachstum, Reifung und Frucht an. Der menschliche Geist (*nous*) ist der Boden, auf dem die Kenntnis von Tugenden gesät wird (Philo, *De agricultura* 9). Und der Lehrer Sirach schreibt, dass er die Blüte und Früchte der Weisheit angeschaut habe (Sir 51,15).

Diese Motive finden auch im weiteren Verlauf des 1 Kor Verwendung. Paulus schreibt in 1 Kor 13,11–13 von der Liebe als Bildungsziel. Dabei benutzt er die gängige Bildungsmetaphorik: das Erwachsenwerden. Zum Kindsein gehört das stückweise Erkennen, zum Erwachsensein das vollkommene Erkennen. Laut 1 Kor 14,19 zieht Paulus dem Reden in tausend Zungen jene fünf Worte vor, die mit Verstand gesprochen werden, bei den Hörern ankommen und sie unterweisen. Danach fordert er seine Leser auf, wenn es ums Verstehen geht, nicht Kinder (*paidia*) zu sein, sondern Erwachsene bzw. Vollkommene (*teleioi*) zu werden (14,20).

Diese Bildungsvorstellungen werden auch in deuteropaulinischen Briefen verwendet. Im Kolosserbrief wird vor philosophischen Lehren gewarnt (Kol 2,8), und es werden alternative Bildungsinhalte – Weltbild (Kol 1,15–20) und Moral (Kol 3,5–4,6) – präsentiert. Diese Inhalte werden gelehrt: »Wir [...] lehren (*didaskein*) alle Menschen in aller Weisheit (*sophia*), damit wir einen jeden Menschen in Christus vollkommen (*teleios*) machen« (Kol 1,28). In Eph 4,13–15 begegnen wir der Gegenüberstellung von erwachsenem Mann (*anēr teleios*) und Kind (*nēpios*). Es ist von einem Fortgang aus dem Status des Unmündigen (*nēpios*), von irreführender Lehre und von einer Wahrhaftigkeit in der Liebe und einem Wachstum in allen Stücken die Rede.

Paulus redet also von Weisheit und Lernen der Weisheit in ähnlicher Weise wie es in anderen antiken Bildungstexten gemacht wird. Er entfernt sich auch nicht von Bildungsvorstellungen, wenn er die Weisheit als von Gott kommend auffasst.

5. Glaube und Bildung in post-paulinischer Briefliteratur

Innerhalb des Neuen Testamens kann vermutlich eine gewisse Entwicklung beobachtet werden hinsichtlich der Bildungsvorstellungen und der Art und Weise, wie sie in christliche Redeweisen integriert werden. Beim Konsolidieren von christlicher Identität spielen Bildungselemente eine Rolle.

Die Haustafel im Kolosserbrief vermittelt an die Mitglieder des Haushalts Ideale für die Beziehungen zwischen ihnen (Kol 3,18–4,1). In den angeführten Motiven wird auf christliche Glaubensinhalte verwiesen: »Ihr dient dem Herrn Christus!« (Kol 3,24). In der Haustafel sind allgemeine, konventionelle Tugenden vermittelt, aber sie sind mit einer christlichen Interpretation der menschlichen Existenz verbunden. Im Epheserbrief sind die Aufforderungen der Haustafel (Eph 5,21–6,9) noch enger mit christlichen Glaubensbeziehungen verflochten. Die zu Beziehungen im Haushalt gehörenden Tugenden sollen den Beziehungen zwischen Christus und den Gläubigen entsprechen. Die Väter sollen ihre Kinder nicht zum Zorn reizen, sondern sie in Zucht (*paideia*) und Ermahnung des Herrn erziehen (6,4). Die Sklaven sollen ihren irdischen Herren gehorsam sein, indem sie Gottes Willen als Knechte Christi tun (6,5–6). Hier begegnen wir einer Verflechtung mit einer ausgesprochen religiösen Dimension (vgl. Schröder 2009: 516). Es ist aber völlig klar, dass hier auch praktisch und konventionell von Erziehung gedacht wird und dass die hier besprochene Bildung das Zusammenleben der Menschen im Haushalt humanisieren soll.

Im Titusbrief wird die Gottesrelation der Glaubenden als eine Bildungsrelation verstanden. Der Gnade Gottes wird eine erziehende Funktion zugeschrieben. Nach Tit 2,11–12 nimmt uns »die heilsame Gnade Gottes [...] in Zucht (*paideuein*), so dass wir [...] besonnen, gerecht und fromm in dieser Welt leben«. Bemerkenswert ist, dass die göttliche Erziehung nicht nur die Gottesbeziehung betrifft, sondern das Leben in dieser Welt. Die hervorgehobenen Tugenden – Besonnenheit, Gerechtigkeit und Frömmigkeit – gehörten zum Kern auch jüdischer und griechisch-römischer Bildung.

Ähnliche Vorstellungen kommen in Hebr 12,4–13 zum Tragen, wo zudem die Mühe des Lernens einbezogen ist. Der Begriff *paideia* ist hier wichtig, doch im Fokus steht die Gottesbeziehung, die hier in Analogie mit allgemeinen Erfahrungen von Erziehung und Bildung besprochen wird. In Bezug auf den Kampf gegen die Sünde, für den der Mensch die angemessene Ausrüstung braucht, wird auf das göttliche Wort hingewiesen, das wie zu Kindern redet: »Mein Sohn, achte nicht gering die Erziehung (*paideia*) des Herrn und verzage nicht, wenn du von ihm gestraft wirst. Denn wen der Herr liebhat, den züchtigt (*paideuein*) er« (Hebr 12,5–6). Es wird hier auf die klassische jüdische Literatur hingewiesen und daraus zitiert (Spr 3,11–12). Weiterhin lernen die Leser, dass das Dulden »eurer Erziehung (*paideia*) dient« (Hebr 12,7). Gott geht mit den Glaubenden wie mit Kindern um, »denn wo ist ein Sohn, den der Vater nicht züchtigt (*paideuein*)?« Es wird auf allgemeine Erfahrungen hingewiesen, wenn es heißt: »Jede Züchtigung (*paideia*) aber, wenn sie da ist, scheint uns nicht Freude, sondern Leid (*lupē*) zu sein; danach aber bringt sie als Frucht denen, die dadurch geübt sind, Frieden und Gerechtigkeit« (12,7–11). Hier werden ein Bildungsprozess und die dadurch zu erwartenden Erfolge angesprochen.

Wenn die Gottesbeziehung, wie hier, ins Zentrum rückt, mag es naheliegen von religiöser Bildung zu sprechen, und dann vielleicht auch von einer besonderen Bildung, die eher auf Glauben und Offenbarung als auf Erziehung (bzw. Pädagogik) und Lernen beruht. Doch die Rede von religiöser Bildung kann irreführend sein, insofern jede Bildung in der Antike – wie oben vermerkt – eine religiöse Dimension hatte.

Die Redeweise in den Texten weist auf die Mühe, die erforderliche Geduld (Dauer) und damit die Prozesshaftigkeit des Lernens hin. Dies bedeutet nicht, dass die Bildungsidee hier mit klassischem griechischem Verständnis identisch ist, es finden sich aber wichtige gemeinsame Elemente. Vorauszusetzen ist zudem, dass die Redeweise, in der Gottesbeziehung und Glaube als Bildung identifiziert werden, einen Anhalt an der sozialen Wirklichkeit hatte. Diese Bildung hatte ihren Sitz in menschlicher Kommunikation, in einer Kommunikation, die Beziehungen zwischen Menschen impliziert, in denen Bildung vermittelt und angeeignet wurde, näherhin Bildungsinhalte, die eine sprachliche und auch literarische Form erhalten hatten, eine Form, in der sie unterrichtet und gelernt werden konnten.

6. Ein Text des 2. Jahrhunderts: Das Kindheitsevangelium nach Thomas

Oben wurden einige Aspekte der Präsentation des Jesuskindes im Lukasevangelium kommentiert. Die literarische Bildung des Knaben Jesus wird in dem gegen Ende des 2. Jahrhunderts n. Chr. zusammengestellten apokryphen Kindheitsevangelium nach Thomas (*EvInfThom*) noch weiter entfaltet. Der Text informiert indirekt über seinerzeit übliche Vorstellungen und Praxen von Erziehung und Bildung und erzählt von der göttlichen Weisheit des Jesuskindes.

Wir begegnen Jesus als spielendem Kind zusammen mit anderen Kindern, und auch Joseph, der seinen Sohn zurechtzuweisen versucht, beispielsweise durch Zupfen des Ohrs (*EvInfThom* 5). Weiter hören wir vom Lehrer Zachäus, der das Kind Jesus als Schüler gewinnen will, damit es Buchstaben lerne. Laut Zachäus könne er dem Kind »mit den Buchstaben alles Wissen beibringen« (*EvInfThom* 6). Das Kind ist etwa fünf oder sechs Jahre alt (*EvInfThom* 11–12). Weiter wird im Text allerdings erzählt, dass Jesus alles Wissen schon besitzt und, dass er selbst sogar eine tiefere, hinter den Zeichen der Buchstaben verborgene Weisheit unterrichten kann. Etwas später will Joseph, als er »den Verstand und sein Alter sah«, einen neuen Versuch machen, dem Kind das Lesen und Schreiben zu lehren, und übergibt ihn deshalb einem anderen Lehrer. Dieser Lehrer möchte das Kind erst im Griechischen und dann im Hebräischen unterrichten (*EvInfThom* 14). Als Joseph dann ein drittes Mal das Kind einem Lehrer anvertraut, und Jesus in das Lehrhaus kommt, »fand er ein Buch auf dem Lesepult liegen, nahm es, las jedoch die Buchstaben, die darinstanden, nicht, sondern tat seinen Mund auf, redete im heiligen Geist und lehrte die Umstehenden das Gesetz «. Die Zuhörer »verwunderten sich über die Anmut seiner Lehre und die Gewandtheit seiner Worte« (*EvInfThom* 15). Auf diese Weise wird Jesus als literarisch (Tora) und rhetorisch (Gewandtheit der Worte) gebildet gekennzeichnet. Seine Bildung wurde für den Lehrer an der Art seines Unterrichtens erkennbar.

Im Kindheitsevangelium wird die griechische literarische Bildung als die üblicherweise in der umgebenden Kultur vorhandene Bildung dargestellt, die als solche auch nicht kritisiert oder ersetzt wird. Die angeborene Weisheit Jesu übertrifft allerdings diese Bildung bei Weitem. Die Leser des Textes konnten darin einen Hinweis auf die christliche Lehre erkennen, die sich in der auf Christus orientierten Exegese der heiligen Schriften konkretisiert. Der Text spiegelt vermutlich den

Umgang der frühen Christen mit Erziehung und Bildung wider. Die allgemeinen Sitten und die allgemeine literarische Bildung – sowie für einige auch die Fähigkeit, klassische Texte auf Hebräisch zu lesen – werden als selbstverständliche Tugenden aufgefasst. Hinzu kommt eine besondere christliche Bildungskomponente, die wohl prinzipiell als der herkömmlichen Bildung übergeordnet angesehen wurde. Im Text vermag schon das Jesuskind die tiefere Einsicht in diese Bildungsinhalte zu vermitteln.

7. Zusammenfassung

Mehrere Texte im Neuen Testament scheinen auf Vorstellungen von Bildungsprozessen bezogen zu sein, die in christlichen Gruppen eingebürgert waren. In den Evangelien scheinen solche Konzepte ins Spiel zu kommen, wenn wir nach den Beziehungen zwischen der Welt der Leser und der Textwelt fragen. In der Textwelt tritt Jesus als Lehrer auf, unterrichtet auch in Settings, die besonders mit Bildung verbunden waren, und die Jünger stehen zu ihm in einer dauerhaften Lehrer-Schüler-Beziehung. Darin wurden vermutlich Umstände in der Welt der Leser gespiegelt, und die Leser wurden durch das Lesen angeregt, ihrerseits einen Bildungsweg zu gehen, dessen Richtung durch die Texte gewiesen wird.

Auch in den Briefen spielt die Kommunikationsdynamik zwischen Autor und Leser eine Rolle. Schon durch die Wahl des Mediums Brief signalisiert der Autor sein Interesse daran, dass die Leser bzw. Zuhörer die in dem jeweiligen Brief besprochenen Kenntnisse und das dort thematisierte Ethos aneignen. Auch hier werden die Leser also aufgefordert sich auf Bildungsprozesse einzulassen. In einem der Briefe, dem ersten Korintherbrief, ist der Verfasser deutlicher präsent als anderswo: Paulus vermittelt hier ein Bild von sich selbst und dem Kontext literarischer Bildung, in dem seine Briefe verwurzelt sind.

Die Christen brachten unterschiedliche Voraussetzungen für die ihnen abverlangten Bildungsprozesse mit. Zumindest einige von ihnen haben sich intensiver einem Bildungsprozess widmen können, der – ähnlich wie in jüdischen Gruppen, in griechisch-römischen Rhetorenschulen und in Philosophenschulen – der Aneignung von Kenntnissen und Moral galt und mit literarischen Fähigkeiten, mit dem Lesen und Auslegen von Texten, verbunden war.

Angesichts solcher Beobachtungen lassen sich neutestamentliche

Schriften sinnvoll mit dem Thema »Bildung« verbinden. Sie haben die Bildung ihrer Autoren zur Voraussetzung, zielen auf die Bildung ihrer Leser und zeigen, dass christlicher Glaube und Bildung vereinbar sind, ja, dass christlicher Glaube Bildung bejaht.

Quellen- und Literaturverzeichnis

1. Quellen

Augustin: *De civitate Dei. Vom Gottesstaat,* übersetzt und hg. von Wilhelm Thimme/ Carl Andresen, München 31991.

Dion Chrysostomos: *Orationes. Sämtliche Reden.* Eingeleitet, übersetzt und erläutert von Winfried Elliger, Zürich/Stuttgart 1967.

Epiktet: *Handbüchlein der Moral und Unterredungen [Enchiridion],* hg. von Heinrich Schmidt, Stuttgart [11]1984.

Epiktet: *The Discourses [Dissertationes], the Manual and Fragments,* with an English Translation by William Abbott Oldfather, 2 Bde. (Loeb Classical Library 131), Cambridge/London (1925 und 1928) reprinted 2000.

Flavius Josephus: *Contra Apionem. Über die Ursprünglichkeit des Judentums (Contra Apionem).* Deutsch/Altgriechisch, hg. von Folker Siegert, Göttingen 2008.

Flavius Josephus: *Vita. Aus meinem Leben.* Kritische Ausgabe, Übersetzung und Kommentar, hgg. von Folker Siegert, Heinz Schreckenberg und Manuel Vogel. 2., durchgesehene A., Tübingen 2011.

Kindheitsevangelium nach Thomas: Kaiser, Ursula Ulrike/Tropper, Joseph, Die Kindheitserzählung des Thomas, in: Markschies, Christoph/Schröter, Jens (Hgg.), Antike christliche Apokryphen in deutscher Übersetzung, 1. Bd.: Evangelien und Verwandtes (7. A. der neutestamentlichen Apokryphen), Tübingen 2012, 930–959.

Philo von Alexandria: *Die Werke in deutscher Übersetzung,* 7 Bde., hgg. von Leopold Cohn, Isaak Heinemann, Maximilian Adler und Willy Theiler, Berlin 1962–1964.

Plutarch: *Moralia, 16 vls.* (Loeb Classical Library 197–499), London/Cambridge 1927–2004.

Plutarch: *Die Kunst zu leben,* hg. von Marion Giebel, Frankfurt a. M. 2000.

Quintilian: *Institutio Oratoria*: M. F. Quintilianus: Ausbildung des Redners. Zwölf Bücher, Lateinisch-Deutsch, 2 Bde. (übersetzt und hg. von Helmut Rahn), Darmstadt 1988.

2. Sekundärliteratur

Anz 2013: Anz, Thomas: Textwelten, in: ders. (Hg.): Handbuch Literaturwissenschaft. Gegenstände und Grundbegriffe, Stuttgart/Weimar 2013, 111–130.

Christes 1997: Christes, Johannes: Art. Bildung, in: Der neue Pauly 2, Stuttgart/ Weimar 1997, 663–673.

Christes 1997: Christes, Johannes: Art. Enkyklios Paideia, in: Der neue Pauly 3, Stuttgart/Weimar 1997, 1037–1039.

Christes 2000: Christes, Johannes: Art. Paideia, in: Der neue Pauly 9, Stuttgart/ Weimar 2000, 150–152.

Cribiore 1996: Cribiore, Raffaella: Writing, Teachers, and Students in Graeco-Roman Egypt (American Studies in Papyrology 36), Atlanta 1996.

Cribiore, 2001: Cribiore, Raffaella: Gymnastics of the Mind. Greek Education in Hellenistic and Roman Egypt, Princeton/Oxford 2001.

Hezser 2001: Hezser, Catherine: Jewish Literacy in Roman Palestine (TSAJ 81), Tübingen 2001.

Hultgren 2017: Hultgren, Stephen: Die Bildung und Sprache Jesu, in: Schröter, Jens /Jacobi, Christine (Hgg.): Jesus Handbuch, Tübingen 2017, 219–227.

Lindemann 2001: Lindemann, Andreas: Das Neue Testament und das Bildungsproblem, in: Ochel, Joachim (Hg.): Bildung in evangelischer Verantwortung auf dem Hintergrund des Bildungsverständnisses von F. D. E. Schleiermacher, Göttingen 2001, 101–121.

Morgan 1998: Morgan, Teresa: Literate Education in the Hellenistic and Roman Worlds (Cambridge Classical Studies), Cambridge 1998.

Müller 1994: Müller, Peter: Verstehst du auch, was du liest? Lesen und Verstehen im Neuen Testament, Darmstadt 1994.

Müller 2002: Müller, Peter: Das frühe Christentum und die Bildung, in: Rupp, Hartmut/Scheilke, Christoph Th./Schmidt, Heinz (Hgg.): Zukunftsfähige Bildung und Protestantismus, Stuttgart 2002, 17–28.

Rechenauer 1994: Rechenauer, Georg: Art. Enkyklios Paideia, in: Historisches Wörterbuch der Rhetorik 2, Tübingen 1994, 1160–1185.

Schnelle 2015: Schnelle, Udo: Das frühe Christentum und die Bildung, in: NTS 61 (2015), 113–143.

Schröder 2009: Schröder, Bernd: Lehren und Lernen im Spiegel des Neuen Testaments. Eine Sichtung der Befunde in religionspädagogischem Interesse, in: Kraus, Wolfgang/Müller, Ulrich B. (Hgg.): Beiträge zur urchristlichen Theologiegeschichte (BZNW 163), Berlin/New York 2009, 497–524.

Schröter 2001: Schröter, Jens: Jesus als Lehrer nach dem Zeugnis des Neuen Testaments, in: ZPT 53 (2001), 107–115.

Snyder 2000: Snyder, Harlow Gregory: Teachers and Texts in the Ancient World. Philosophers, Jews and Christians, London 2000.

Theißen 2019: Theißen, Gerd: Studien zur Soziologie des Urchristentums (WUNT 19), Tübingen (1979) ³2019.

Vegge 2006: Vegge, Tor: Paulus und das antike Schulwesen. Schule und Bildung des Paulus (BZNW 134), Berlin/New York 2006.

3. Literaturhinweise zum vertiefenden Studium

Christes, Johannes/Richard Klein/Christoph Lüth (Hgg.): Handbuch der Erziehung und Bildung in der Antike, Darmstadt 2006.

Ego, Beate/Merkel, Helmut (Hgg.): Religiöses Lernen in der biblischen, frühjüdischen und frühchristlichen Überlieferung (WUNT 180), Tübingen 2005.

Engberg-Pedersen, Troels (Hg.): Paul in His Hellenistic Context, Minneapolis 1995.

Schmeller, Thomas: Schulen im Neuen Testament? Zur Stellung des Urchristentums in der Bildungswelt seiner Zeit (HBS 30), Freiburg i.Br. 2001.

Vössing, Konrad: Schule und Bildung im Nordafrika der römischen Kaiserzeit, Brüssel 1997.

Peter Gemeinhardt

Bildung – Theologie – Bildungsreligion. Christentumsgeschichtliche Perspektiven

Bildung ist ein zentrales Thema der Theologie. In den antiken und auch in vielen modernen Sprachen hat dieser Begriff freilich kein eindeutiges Äquivalent. Die Wurzeln des deutschen Wortes »Bildung« in der spätmittelalterlichen Mystik verweisen auf die Gottebenbildlichkeit, auf die hin der Mensch (neu) zu »bilden« sei, haben also eine anthropologische Pointe, die mit formaler Schulbildung oder dem Lehrbetrieb der mittelalterlichen Universitäten nur vermittelt zu tun hat. Wenn hingegen ein spätantiker Bischof wie Sidonius Apollinaris († 480) feststellt: »So wie die Menschen die Bestien überragen, so übertreffen die Gebildeten die Ungebildeten« (*Epistula* IV 17,2), wird damit in erster Linie eine Leitdifferenz zwischen »Unterwiesenen« (*instituti*) und »Naturbelassenen« (*rustici*) etabliert: Gerade der formal und sozial Gebildete ist wirklich Mensch – worin sich das frühe Christentum mit seiner griechisch-römischen Umwelt einig war. So stellte Aulus Gellius im 2. Jahrhundert n. Chr. fest: »Man kann es beinahe als Mensch-Sein bezeichnen, was die Griechen *Paideia* nennen, wir aber Erziehung (*eruditio*) und Unterweisung (*institutio*) in den guten Künsten (*bonae artes*)« (*Noctes Atticae* XIII 17,1).

Bildung ist also ein Thema der Theologie, und ein umstrittenes obendrein: Augustin († 430) beklagte am Ende seines Lebens, er habe in seinen Frühschriften den *artes liberales* viel zu viel Zeit gewidmet, während die wahrhaft Heiligen sich um schulische Bildung gerade nicht gekümmert hätten (*Retractationes* I 3,4). Vorbildlich sei die radikale Bildungsabstinenz des Wüstenvaters Antonius (vgl. Athanasius, *Vita Antonii* 1,2, so *De doctrina christiana* prol. 4). Doch begründet Augustin in derselben Schrift ausführlich, warum und in welcher Weise die antike Bildung für das Christentum dennoch rezipierbar sei: Habe doch Gott den Israeliten geboten, beim Exodus das Gold und

Silber der Ägypter mitzunehmen (Ex 3,21 f.; 12,35 f.), um die Güter, die die Ägypter missbraucht hätten (*abuti*), ihrem »rechten Gebrauch« (*usus iustus*) zuzuführen – so sollten es Christen mit den Gütern antiker Bildung halten, um sie für die rechte Verehrung Gottes zu nutzen (*De doctrina christiana* II 40,60; vgl. Fuhrer 2010; zur »Konversion« paganer Bildung vgl. Gemeinhardt 2007: 470–481).

Diese Grundspannung lässt sich über das Mittelalter und die Reformation bis zur Aufklärung nachverfolgen. So kritisch schulische und philosophische Bildung im Christentum oft gesehen wurde, so galt doch von Anfang an grammatische und rhetorische Bildung als nützlich für Predigt und Schriftauslegung. Das Bildungsideal der ἐγκύκλιος παιδεία bzw. der *artes liberales* wurde bald zum Fundament christlicher Bildung. Brachte das frühere Mittelalter die Integration antiker Bildung in christliche Theologie, so führten die Entstehung der Universitäten und die Bekanntschaft mit der aristotelischen Philosophie im Hoch- und Spätmittelalter zu einer neuen Ausdifferenzierung von Wissen und Bildung und zum Neben- und auch Gegeneinander von Theologie und Philosophie. Die Reformation, so vielgestaltig sie sich zumal in europäischer Perspektive erweist, besaß ein Einheitsmoment in der Etablierung von religiöser und allgemeiner Bildung für breitere Bevölkerungsschichten; die in den protestantischen Konfessionskulturen initiierten Bildungsreformen wurden in Pietismus und Aufklärung fortgeführt. Ebenso war für die römisch-katholische Kirche Bildung ein wichtiger Faktor der Herausbildung einer stabilen konfessionellen Identität. Bildung ist also zentral für die Geschichte des Christentums. Im Folgenden soll an einigen Stationen dieser Geschichte aufgezeigt werden, wann und wo Bildung konkret zum Thema der Theologie wurde.

1. Das Christentum im spätantiken Bildungskosmos

Die Wiege des Christentums war die hellenistisch-römische Welt des Mittelmeeres – eine Welt voller Götter und voller Bildung. Beides fiel zusammen, da Grammatiker und Rhetoren Kompetenzen in der Interpretation und Präsentation von Texten an Homers *Ilias* und *Odyssee* oder Vergils *Aeneis* vermittelten. Die darin auftretenden Götter waren auch im Alltag und an Festtagen durch Bilder, Tempel und Kultveranstaltungen präsent. Das antike Bildungssystem (Marrou 1977) bestand idealtypisch aus drei Stufen – Elementar-, Grammatik- und Rhetorikunterricht –, wobei kaum jemand alle drei Stufen nacheinander durchlief. Ein kleiner Teil der Bevölkerung lernte in der Elementarschule Lesen, Schreiben und Rechnen, ein noch kleinerer Teil (meist den oberen Rängen der Gesellschaft entstammend) studierte Grammatik und Rhetorik, um sich auf eine Rolle im öffentlichen Leben vorzubereiten, sei es in der Volksversammlung auf dem Forum, vor Gericht oder bei festlichen Anlässen. Bildung, die über basale Lese- und Schreibkenntnisse hinausging, hatte primär eine soziale Funktion, sie diente der Einweisung junger Männer in den *mos maiorum*. Genauer kann man – in moderner Terminologie – festhalten, dass über die im familiären und weiteren Umfeld geleistete *Sozialisation* die Schule als Ort zielgerichteter *Erziehung* hinausführte, als »Inbegriff aller absichtlichen und unabsichtlichen Maßnahmen« gelten kann, »die der Bildung dienen« (Preul 2003: 13). Dies kulminierte in philosophischer Unterweisung, also *Selbst-Bildung* (Gemeinhardt 2019: 19–29). In allen drei Hinsichten wurde Bildung zum Thema, ja zum Problem der frühen christlichen Theologie.

Dieses Bildungskonzept war, was seine schulische Form anbelangte, nicht nur elitär, sondern auch sehr beständig: Der Lehrplan der Schulen wurde von der späten Republik bis zum Ende des römischen Reiches im Westen kaum verändert. Dies betraf vor allem die oben genannten Bildungsstufen (das spätere »Trivium«), während das »Quadrivium« (Musik, Astronomie, Geometrie und Arithmetik) in der Antike in der *schola publica* kaum eine Rolle spielte. Von der platonischen Akademie in Athen abgesehen hatten solche Schulen meist einen geringen Organisationsgrad und behandelten buchstäblich »Gott und die Welt«; das galt z. B. auch für die Schule des christlichen Apologeten Justin in Rom († 165, vgl. Georges 2014: 25–31). Je später, desto mehr trat dabei die Religion in den Fokus (z. B. im spätantiken Neuplatonismus). All dies lässt sich unter »Bildung« zusammenfassen, wobei die ἐγκύκλιος παιδεία (»abgerundete Bildung«) bzw. die *artes liberales* (»freie Künste«) eher als regulative Idee denn als Curriculum fungierten. »Rund« war Bildung, die Partizipation am Leben und an den Entscheidungsprozessen der Bürger einer Stadt ermöglichte; »frei« waren Künste, für die man Muße (σχολή) hatte, um sich mit ihnen zu befassen. Bei den Griechen zu ihrer Blüte gelangt, hatte die klassische παιδεία auch in Rom Fuß gefasst, vielfach durch Kriegsgefangene, Sklaven und Freigelassene, was Horaz so fasste: »Hellas, im Kampfe bezwungen, besiegte den wilden Sieger und brachte dem bäurischen Latium die Künste« (*Epistula* II 1,156 f.: »*Graecia capta ferum victorem cepit et artes / intulit agresti Latio«*; Übers. M. Simon). Bildung war – und blieb bis in die Spätantike – etwas für Leute, die es sich leisten konnten, damit (statt mit Erwerbsarbeit) Zeit zu verbringen: Der wahrhaft Gebildete hatte es nicht nötig, damit Geld zu verdienen oder gar gegen Bezahlung zu lehren – erst seit dem 4. Jahrhundert n. Chr. wurden auch Angehörige der Oberschicht Lehrer.

Die Christen partizipierten – ebenso wie das hellenistische Judentum – an diesem Bildungskosmos und setzten sich damit auseinander. Diese »Hellenisierung« des Christentums war und ist in ihrer Bedeutung umstritten; sah Adolf von Harnack sie kritisch (vgl. Markschies 2012: 49–59), so erblickte Werner Jaeger (1963) die Erfüllung der griechischen παιδεία in der »humanistischen« christlichen Theologie der Spätantike. Mit ἑλληνισμός war im Kern die klassische Bildung gemeint, die – sollte sie christlicherseits anschlussfähig sein – eine Transformation erfahren musste (Markschies 2012: 112 f.118–121). Für die meisten Christen war Bildung allerdings *kein* Problem (Gemeinhardt 2013: 25–27); soweit erkennbar, besuchten christliche Heranwachsende die Schulen je nach ihrem sozialen Status, und in der Spätantike sind viele Christen inschriftlich als Lehrer bezeugt. Dieser Befund steht in scharfem Kontrast zu der theologischen Kritik antiker Bildung, die seit dem 2. Jahrhundert n. Chr. vorgetragen wurde. Da die Schultexte zugleich Dokumente des griechisch-römischen Polytheismus waren, stand für Tertullian († ca. 220) fest, dass Lehrer »mit vielerlei Götzendienst in Verbindung stehen; denn sie müssen die heidnischen Götter verkünden, ihre Namen und die Abstammung nennen, die jeweiligen Mythen und Ehrenattribute erklären und schließlich deren Feste und Feiertage beachten, an denen sie ja ihren Lohn erhalten!« (*De idololatria* 10,1; Übers. K. Vössing). Tertullian konzedierte, dass christlichen Kindern der Schulbesuch nicht verweigert werden dürfe – diese könnten paganen Bildungsgütern kritisch begegnen, während es für einen Lehrer unmöglich sei, sich von dem zu distanzieren, was er unterrichte (*De idololatria* 10,5 f.). Interessanterweise begegnet dasselbe Argument aus einer konträren Perspektive bei Kaiser Julian, der 362 christlichen Lehrern das Unterrichten der (ausdrücklich als religiös aufgefassten) Klassiker verbieten wollte: »Ein Unding ist es nach meiner Auffassung, dass die Interpreten dieser Werke den von ihnen verehrten Göttern die Ehre verweigern« (*Epistula* 61c Bidez/Cumont; Übers. B. K. Weis). Solche Forderungen nach einem »konfessionsgebundenen« Schulunterricht blieben Episode (vgl. Gemeinhardt 2008a). Eine Kirchenordnung aus dem frühen 3. Jahrhundert votierte für ein pragmatisches Vorgehen: Lehrer, die zum Christentum konvertierten, sollten ihren Beruf aufgeben, »außer sie haben sonst nichts, wovon sie leben können« (*Traditio apostolica* 16).

Die Theologen, die den christlichen Bildungsdiskurs der Spätantike führten, hatten durchweg eine profunde »weltliche« Bildung genossen, die sie kreativ einsetzten: für die Auslegung der Heiligen Schrift (Grammatik), für die Predigt (Rhetorik), für Polemik gegen »Heiden« und Häretiker (Dialektik) und für Kommunikationszwecke (Epistolographie). Diesen Gattungen dienten aber auch der Kritik an paganer Bildung: Caesarius von Arles († 542) zitierte einen weit verbreiteten Topos, wonach »unser Herr keine Gebildeten und Rhetoren, sondern Fischer ohne Bildung und Schafhirten, Arme und Unwissende, zur Verkündigung des Wortes des Herrn erwählte« (*Sermo* 1,20; vgl. Gemeinhardt 2007: 332–337) – galten doch Petrus und Johannes nach Apg 4,13 als »ungebildete und einfache Leute« (ἀγραμματοὶ καὶ ἰδιῶται). Nach Johannes Chrysostomus († 407) habe der Evangelist Johannes (den man mit dem Zebedaiden identifizierte) trotz – oder vielmehr wegen – seiner mangelnden formalen Bildung »unfehlbar« das Evangelium verkündet (*Homiliae in Johannem* 2,2).

Neben die ostentative Ablehnung von Bildung trat die oben erwähnte Forderung nach deren »Konversion«: Hieronymus († 419) erklärte dies mit Dtn 21,10–13: Eine gefangene Fremde dürfe erst zur Frau genommen werden, nachdem sie gewaschen und geschoren worden sei – sonst übe man selbst Götzendienst (*Epistula* 21,13,5–9). Dass aber Kaiser Julian die Christen von der Lehrtätigkeit ausschließen wollte (s. o.), empörte Gregor von Nazianz († ca. 390): Die klassische Kultur gehöre allen vernunftbegabten Wesen, auch den Christen, und schon gar nicht dem Kaiser allein (*Oratio* 4,4)! Basilius von Caesarea († 379) erstellte gar einen Kanon »hellenischer« Texte, »die junge Leute mit Gewinn studieren mögen« (*Ad adolescentes*). Hier wird eine kritische Sichtung und Auswahl (χρῆσις) paganen Bildungsgutes geübt (vgl. Gnilka 1984), die allerdings mit unproblematisierten Rezeptionen derselben Bildung koexistierte. Das eindrücklichste Beispiel ist die Schule des Origenes († 251/54) in Alexandrien und Caesarea, eine »Privatuniversität« (Markschies 2007: 101), in der die gesamte antike Philosophie gelehrt wurde, um Gott und die Welt zu erkennen (Gregor Thaumaturgus, *Panegyricus in Origenem*; vgl. Scholten 1995) – ein Bildungsprogramm, das für Origenes bis ins Paradies reichte, das ihm als »Stätte der Erziehung, Hörsaal und Schule der Seelen« galt (*De principiis* II 11,6).

Diese Melange von Bildungsrezeption und -kritik könnte als permanenter Selbstwiderspruch erscheinen, hat aber tiefere Gründe. Hatten zuerst die Apologeten im 2. und 3. Jahrhundert als Replik auf pagane Kritiker und zur Abwendung von Verfolgungen argumentiert, dass Christen gute Bürger des römischen Reiches seien und das Christentum als eine, ja sogar *die* Philosophie schlechthin zu gelten habe, und zu diesem Zweck auf klassische Formen der Argumentation zurückgegriffen, so stellte sich im 4. Jahrhundert angesichts der zunehmenden Christianisierung des Reiches die Frage, wie nun mit dieser Entwicklung umzugehen sei. Die Spannung zwischen Verwendung und Zurückweisung klassischer Bildung erklärt sich daraus, dass das Christentum unweigerlich ein Teil seiner Welt war und sich nur *in* der Welt von dieser unterscheiden konnte – die Bildungsfrage ist damit ein Indikator des Identitätsdiskurses, den gerade Theologen wie Augustin oder Hieronymus führten, die ihre bewusste Entscheidung für den christlichen Glauben vor sich und anderen rechtfertigen wollten.

Das kommt z. B. bei Hieronymus in einem Traum zum Ausdruck, in dem ihn Christus gefragt habe, ob er Christ sei; als er das bejahte, habe Christus ihn der Selbsttäuschung geziehen: »Du lügst! Du bist Ciceronianer, kein Christ; denn wo dein Schatz ist, da ist dein Herz!« Der junge gebildete Christ schwor daraufhin dem weltlichen Schrifttum ab (*Epistula* 22,30,4 f.). Das ist nicht als biographische Reminiszenz zu verstehen; Hieronymus wies später Kritik, er bediene sich immer noch seiner Schulbildung, mit dem spöttischen Hinweis ab, schon die Propheten hätten davor gewarnt, Träumen Glauben zu schenken (*Adversus Rufinum* I 31). Vielmehr kritisierte Hieronymus in seinem Brief die pagane Bildung, um ein *anderes* Bildungsideal zu etablieren, einen Kanon biblischer und asketischer Schriften, der für die Adressatin, die Jungfrau Eustochium, angemessen sei. Neben die klassische παιδεία trat so eine *christliche* Bildung aus *eigenen* Quellen – die aber erst allmählich zu institutioneller Form fand.

In der Spätantike gab es keine »allgemeinbildenden« christlichen Schulen, vielmehr lernten Christen wie Nichtchristen Lesen und Schreiben in den *scholae publicae*, die zusammen mit dem römischen Reich im Westen untergingen (während in Byzanz die antike παιδεία unter christlichem Vorzeichen tradiert wurde; vgl. Metzler 2007). Wohl aber wurde die Kirche selbst als Bildungsinstitution wahrgenommen. Augustin erläuterte, die Christen seien – obgleich in formaler Hinsicht ungebildet – »Gebildete in der Schule des himmlischen Lehrers« (*Sermo* 52,4,13), denn »Christus ist es, der lehrt; sein

Katheder steht im Himmel ... Seine Schule befindet sich auf der Erde, und seine Schule ist sein Leib. Das Haupt lehrt seine Glieder« (*De disciplina christiana* 15). Wahre christliche Bildung besaß hiernach einen konstitutiven ekklesiologischen Bezug: Die Kirche wurde zur *Lerngemeinschaft*. Dies galt für alle Christen lebenslang, besonders aber für die Taufwilligen. Gelehrt wurde immer: »Katechumenen« waren alle Menschen, die im Gottesdienst der Predigt folgten, als Ungetaufte jedoch vor der Eucharistie die Kirche verlassen mussten; erst wenn sie sich zur Taufe angemeldet hatten, erhielten sie in der Fastenzeit und der Osterwoche eine kompakte Belehrung über christliches Glauben und Lehren (zum spätantiken Katechumenat vgl. Paul 1993: 75–114; Metzger 2004: 518–544). Religiöse Bildung, wie sie in Taufkatechesen vermittelt wurde, zielte einerseits auf Glaubenswissen, andererseits auf ethisch verantwortliches Verhalten und mit beidem auf Partizipation an der *communio sanctorum*; sie war »in erster Linie die Initiation in einen Lebensstil« (Schröder 2012: 50). So stellte Johannes Chrysostomus die antiochenischen Taufanwärter in die biblische und frühkirchliche Tradition, häufig in agonaler Terminologie: Christsein bedeute, für den Herrn zu kämpfen, die Taufe sei der Übergang vom Training (im Gymnasion) zum Ernstfall (im Stadion; *Catecheses* 2/4,8–11). Kyrill von Jerusalem († 387) verglich die Katechese mit dem Bau eines Gebäudes: »Wenn wir nicht tief gegraben und einen Grund gelegt haben, wenn wir nicht planmäßig ein wohlgefügtes Gebäude errichtet haben, damit sich keine Risse zeigen und der Bau nicht Schaden leide, dann ist auch die anfängliche Mühe wertlos ... Wenn du nicht die (einzeln vorgetragenen) Lehren zu einem Ganzen zusammenfügst und die früheren zugleich mit den späteren im Gedächtnis behältst, dann wird dein Bau Risse zeigen trotz der Arbeit des Baumeisters« (*Procatechesis* 11; Übers. Ph. Haeuser). Es ist freilich nicht der Mensch allein, der sich bildet – zum Glaubenswissen über Gott (zusammengefasst im Glaubensbekenntnis) kommt Glaube als Gnadengeschenk Christi hinzu: der Glaube, mit dem man Berge versetzen und Gott schauen kann (*Catecheses baptismales* 5,11). Während Christus der »wahre Lehrmeister« ist, fungiert der Katechet lediglich als ein Hermeneut, der »berichtet, was geschrieben steht«, und »die Anzeichen deutet« (ebd. 15,4). Die Gotteserkenntnis ist durch den Heiligen Geist vermittelt (ebd. 16,17), dessen Effizienz sich im Pfingstwunder zeigt: Grammatiker und Rhetoren müssen lange unterrichten, ohne dass ihre Schüler Perfektion erlangen – »wie kommt dagegen die langjährige Unwissenheit der Apostel mit einem Mal zu dem vielseitigen, unerhörten, unvermuteten Sprachgenie?« (ebd. 18,16). Kyrill kannte und kritisierte die Bildungspraxis des Judentums: »Von Kindheit an bis ins Greisenalter studieren sie, aber sie werden alt, ohne etwas gelernt zu haben« (ebd. 4,2). Auch Christen lernen lebenslang, vor und nach der Taufe, aber sie lernen unter der Anleitung durch Katecheten und Bischöfe *und* durch Christus. Wiederum war es Augustin, der in *De catechizandis rudibus* – der ersten christlichen Religionsdidaktik – die theologische Dimension des Bildungsprozesses auf den Punkt brachte: Wie Gott die Menschen geliebt hat, so möge der Katechet seine Hörer lieben, damit diese »vom Hören zum Glauben, vom Glauben zur Hoffnung, von der Hoffnung zur Liebe« fortschreiten (*De catechizandis rudibus* 4,8). Wenn Lehrende und Lernende von der Liebe zu Gott und zueinander getragen sind, »dann sind wir gleichsam gegenseitig Mitbewohner, und was jene hören, das sprechen sie gleichsam in uns, und wir lernen gewissermaßen in ihnen, was wir lehren« (ebd. 12,17; Übers. W. Steinmann).

Religiöse Bildung ist demnach nie nur Menschen-, sondern immer auch Gotteswerk; es ist die »Dialektik von Gnade und Arbeit«, die auch den mystischen Bildungsbegriff prägt (Lennert 1980: 870). Dies erhielt im 4. Jahrhundert eine besondere Pointe im asketisch-monastischen Milieu: Dessen Archeget Antonius galt als »*theodidaktos*«, »gottgelehrt« (Athanasius, *Vita Antonii* 66,2), weil er den weltlichen Bildungserwerb verweigert hatte (s. o.) und dennoch Philosophen im Disputieren überlegen war (ebd. 72–80). In der ägyptischen, syrischen und palästinischen Wüste entwickelte sich eine christliche Bildung *sui generis*, die sich im Dialog zwischen Lehrern und Schülern vollzog. Obwohl pagane Bildung durchweg abgelehnt wurde, war sie subkutan doch präsent, durch die Übernahme von rhetorischen Kleingattungen (z. B. der knappen Spruchweisheit, der Chrie) oder durch die Inanspruchnahme brieflicher Formen für die geistliche Lehre durch Antonius. Hochgebildete Eremiten wie Evagrius Ponticus († 399) brachten säkulare Bildung in die Wüste und schufen die Grundlage einer monastischen Theologie. Inhaltliche Quelle dieser asketischen Bildung war indes die Bibel: »Für alles, was du tust, habe ein Zeugnis in der Heiligen Schrift!« (*Apophthegmata Patrum* Antonius 3). Bestand monastische Existenz darin, alles zurückzudrängen, was den Menschen vom Gebet zu Gott abhält, dann konnte das Eremitendasein als fortwährender Bildungsprozess verstanden werden – der aufgrund der Bedrohung durch Dämonen, Besucher aus der »Welt« und eigene

Schwächen aber immer störanfällig blieb und daher niemals abgeschlossen war.

Auch in den ersten Klöstern war Bildung eine Voraussetzung der alltäglichen spirituellen Praxis: Die Heilige Schrift sollte gelesen und meditiert werden, weshalb Mönche und Nonnen in der Pachomianergemeinschaft lesen können mussten (*Regula Pachomii* 140). Gerade der regelmäßige Bildungserwerb von Frauen kann hier als Innovation gelten. Gleiches gilt für den Westen, wo die *Regula Magistri* (Kap. 50,15) und die *Regula Benedicti* (Kap. 48,15; 58,19 f.) schriftsprachliche Kompetenzen für alle Klosterinsassen forderten (vgl. Paul 1993: 123–125). Erst mit der monastischen *schola servitii dominici*, der »Schule des Herrendienstes«, entstand eine *schola christiana* in Analogie zur *schola publica*. Benedikt von Nursia hatte seinem Biographen zufolge in Rom die *artes* studieren sollte, »den Fuß zurückgezogen, den er auf die Schwelle zur Welt gesetzt hatte«, und war Einsiedler geworden, »wissend unwissend und weise ungelehrt« (Gregor I., *Dialogi* II prol. 1: *scienter nescius et sapienter indoctus*). Es ist nicht ohne Ironie, dass benediktinische Klöster zu Stätten der Überlieferung antiker Bildung werden und so zum kulturellen Fundament des Abendlandes beitragen sollten.

2. Geistliche, weltliche und theologische Bildung im Mittelalter

Die Desintegration des weströmischen Reiches und seiner Institutionen führte zur Übernahme des Bildungswesens durch Kirche und Klöster (vgl. Riché 1962). Umfangreiche Kompendien indizieren das Bewusstsein der Dringlichkeit, antikes Wissen zu sichern. Mit Macrobius' *Saturnalia* und Martianus Capellas *De nuptiis Philologiae et Mercurii* wurden pagane Werke für das christliche Mittelalter zu wichtigen Wissensspeichern, gemeinsam mit den »Etymologien« (*Origines*) des Isidor von Sevilla († 636; vgl. Lindgren 1992, 39). Cassiodor († 580) plante eine »Universität« in Rom und verfasste – als sich dies als nicht durchführbar herausstellte – für die Mönche des Klosters Vivarium eine »Einführung in die geistlichen und weltlichen Wissenschaften« (*Institutiones divinarum et saecularium litterarum*). Darin stellte er einen Lektürekanon auf, der christliche und »weltliche« Literatur unterschied, in ihrer Unterschiedenheit aber zusammenfasste und damit das Ziel etablierte, dass Mönche beide Literaturen kennen sollten. Den Mainstream der Zeit repräsentierte freilich Gregor von Tours († 594), der seinen Predigtstil als »bäurisch« (*rustice*) empfand (*De virtutibus sancti Martini* I praef.). Dass Bischof Desiderius von Vienne († um 606) an seiner Kathedrale Grammatik lehrte, trug ihm einen Tadel von Papst Gregor I. († 604) ein: »Es kann sich nicht in *einem* Mund gemeinsam mit dem Lob des Jupiter auch der Lobpreis Christi finden!« (*Registrum Epistularum* XI 34).

Zweihundert Jahre später waren solche Reserven verschwunden, denn die »karolingische Renaissance« zielte bewusst auf die Indienstnahme klassischer Bildung für religiöse Zwecke. Wenn man mit der spätmittelalterlichen Renaissance als Maßstab nach einer grundlegend neuen Sicht von Welt und Mensch sucht, bleibt die anhand der »*norma rectitudinis*« (Josef Fleckenstein) ins Werk gesetzte Bildungsreform dahinter zurück (Nonn 2012: 17; anders Laudage 2009: 71). Jedoch stand die Hebung des Bildungsniveaus im Mittelpunkt der Bemühungen des Königs und (seit 800) Kaisers Karl († 814) und seiner Hofschule, einer international besetzten Gruppe innovativer Denker, aus der der Angelsachse Alkuin († 804) herausragte. Der ebenfalls aus England stammende Missionsbischof Bonifatius († 754) hatte den Bildungsnotstand im Frankenreich in seinen Briefen wortreich beklagt; aber erst unter Karl wurde eine konzertierte Aktion gestartet, deren Kern die *Admonitio generalis* von 789 war. Hier wurde als Reformprogramm formuliert, »Irrtümer zu korrigieren, Überflüssiges wegzuschneiden und Richtiges zu bekräftigen« (praef.) – denn: »Wenn die Menschen Gott gut bitten wollen, es aber mit Hilfe fehlerhafter und unkorrigierter Bücher tun, dann bitten sie oft schlecht!« (Kap. 72). Schulen für die Knaben sollten eingerichtet werden, in denen – wie in den folgenden Jahrzehnten mehrere Kapitulare wiederholten – die *artes liberales* unterrichtet werden sollten (Laudage 2009: 43 f.), »damit die, welche Gott durch rechtes Leben zu gefallen suchen, ihm auch durch rechtes Sprechen zu gefallen nicht verabsäumen« (*Epistola de litteris colendis*). Anzufangen sei bei den Klerikern und Mönchen, deren Aufgabe es sei, die Heilige Schrift zu *lesen* und auch zu *verstehen*: »Wenn man aber in den heiligen Schriften rhetorische Figuren, Redeweisen und Ähnliches eingefügt findet, wird, wer diese liest, sie umso schneller geistlich verstehen, wenn er zuvor in der Schule der *litterae* umfassend unterwiesen wurde« (ebd.). *Pace* Hieronymus sollte ein Christ also durchaus ein »Ciceronianer«, d. h. in den *artes liberales* versiert sein, denn diese stellten das Fundament dar, von dem aus man »wie auf Stufen der Weisheit zum höchsten Gipfel der evangeliumsgemäßen Vollkommenheit aufsteigen möge« (Alkuin, *Epistula* 280). Die freien Künste waren demnach propädeutische Wissenschaften, die der wahren Weisheit, dem christlichen Glauben, dienten (vgl. Paul 1993: 235 f.). Alkuin verfasste mehrere Lehrdialoge über Grammatik und Dialektik und über die »wahre Philosophie«. Dagegen waren breite philosophische Kenntnisse und die Beherrschung des Griechischen wie bei Johannes Scotus Eriugena († ca. 865) die Ausnahme. Stätten der Bildung waren Klöster und Kathedralen, die unter Karls Sohn Ludwig dem Frommen († 840) einen Aufschwung erfuhren. Das Bestreben, nicht nur die Klostermönche, sondern auch die Kleriker zu bilden, resultierte in dem Werk *De institutione clericorum* des Fuldaer Abtes Hrabanus Maurus († 856), dessen ersten beiden Bücher die eiserne Wissensration des Priesters darboten, während das dritte Buch eine Wissenschaftslehre bot und mit der Pointe endete, dass ein Prediger sein Amt genau dann ausfüllen könne, wenn er ein »tüchtiger und redegewandter Mann« sei (*De institutione clericorum* III 27), d. h. ein *vir bonus dicendi peritus*, der schon dem älteren Cato, Cicero und Quintilian als Ideal gegolten hatte (Gemeinhardt 2007: 35 mit Anm. 44). Grundlage dieser Theorie christlicher Bildung war Augustins *De doctrina christiana*. Hrabanus' Klerikerspiegel erhielt durch den Traktat *De institutione laicali* des Bischofs Jonas von Orléans († 841/42) ein Gegenstück, das zeigt, dass auch die geistliche Bildung verheirateter Menschen als theologisches Thema gelegentlich in den Blick kam (Gemeinhardt 2015: 28–36).

Herrschte in karolingischer Zeit Harmonie zwischen antik-säkularer und christlicher Bildung, so änderte sich dies im 11. und 12. Jahrhundert. Die von Alkuin und Hrabanus Maurus geförderten *artes* entpuppten sich als konfliktträchtig, wenn man sie konsequent auf die Theologie anwandte, und die Tradition der Kirchenväter, die den karolingischen Reformen als Basis gedient hatte, wurde durch die intensivierte Rezeption der aristotelischen Philosophie massiv infrage gestellt. Mehr als nur ein Vorspiel war der Streit um die Einsetzungsworte, den Berengar von Tours († 1088) mit der These auslöste, der Satz »*Hoc est corpus meum*« (1 Kor 11,24) dürfe nicht wörtlich verstanden werden (vgl. Holopainen 1996: 77–118; Gemeinhardt 2015: 20–22). Es widerspreche den allgemeinen Regeln der Sprache, einen Wechsel der Substanz auszusagen, wenn die Akzidentien gleich blieben (so Aristoteles, *Categoriae* 2b,5 f., zustimmend zitiert bei Augustin, *Soliloquia* II 12,22). Was die Grammatik lehre, sei auch für die Theologie verbindlich, selbst wenn die Kirchenväter anderes gesagt hätten. Der scharfen Kritik Lanfrancs von Bec († 1089), Berengar verweigere der Autorität die Folgsamkeit und schiebe stattdessen die Dialektik vor (*Adversus Berengarium* 7), konterte der Angegriffene: »Es ist ein Zeichen großen Mutes, in allem zur Dialektik Zuflucht zu nehmen; denn Zuflucht zu ihr bedeutet Zuflucht zur Vernunft. Wer sich nicht dorthin wendet, gibt seine Würde preis, weil er seiner Vernunft nach als Ebenbild Gottes erschaffen wurde, und kann nicht täglich zur Gottesebenbildlichkeit erneuert werden« (*Contra Lanfrancum* I; Übers. V. Leppin). Hier begegnet erstmals das Thema der Bildung des Menschen zum Ebenbild Gottes explizit in der mittelalterlichen Theologie: Wenn der Mensch durch Vernunft ausgezeichnet ist, muss er sich dieser bedienen und kann nicht auf eine theologische Sondersprache rekurrieren, um die Verbindlichkeit des »Triviums« zu unterlaufen. Obschon Berengar die Autorität der Kirchenväter keineswegs infrage stellte und eine Generation später Anselm von Canterbury († 1109) in seiner *Epistola de incarnatione Verbi* noch einmal die prinzipielle Übereinstimmung von Theologie und Grammatik gegen Roscelin von Compiègne († um 1124) verteidigte, der die Trinität als mit üblichen sprachlichen Mitteln unaussagbar ansah, lag das Problem der Vereinbarkeit der *artes liberales* mit Glaube und Theologie offen zutage – in diesem Spannungsfeld sollte sich das Verhältnis von Theologie und Bildung im weiteren Mittelalter zu sehr unterschiedlichen Konstellationen entwickeln.

Schlichte Ablehnung der Philosophie, wie sie Petrus Damiani († 1072) formulierte (*Epistula* 117: »Siehe, der befiehlt den Dämonen, der sich nicht mit philosophischen Studien schmückt!«), war auf lange Sicht keine Option. Eine wenig beachtete Koinzidenz liegt darin, dass im byzantinischen Reich gerade im 11. Jahrhundert, als im Westen über den Rang der *artes* und besonders der Dialektik für theologische Argumentation gestritten wurde, eine Blütezeit philosophischer Bildung herrschte, für die der Universalgelehrte Michael Psellos († 1081) repräsentativ ist. Die von Psellos angestrebte Synthese von heiliger Schrift, patristischer Theologie und platonischer Philosophie, die auch die Kommentierung naturphilosophischer Schriften des Aristoteles einschloss (Walter 2017), brach freilich schon bei seinem Schüler Johannes Italos († nach 1082) auseinander, der 1076/77 verurteilt wurde, weil er die »äußerliche Weisheit« (ἡ ἔξω σοφία) ungebührlich in den Vordergrund gestellt habe (Gemeinhardt 2015, 14–19). Ähnliche Konfliktkonstellationen sind im Westen wenig später mit den Theologenprozessen gegen Peter Abaelard († 1142) zu beobachten – die Frage, in welcher Weise und wieweit die dem Geschöpf durch den Schöpfer mitgegebene *ratio* in theologischen Fragen maßgeblich war, prägte nicht nur die so genannte »Renaissance des 12. Jahrhunderts«, sondern sollte zur Kernfrage der Theologie im Mittelalter (und weit darüber hinaus) werden.

Bildung wurde aber nicht nur durch innertheologische Debatten ein Thema *sui generis*, hinzu kam die durch den Islam und Byzanz vermittelte Kenntnis des »ganzen« Aristoteles, also auch der Naturphilosophie und der Metaphysik, womit dem von den Kirchenvätern übernommenen Weltbild unvermittelt eine Alternative gegenüberstand, die offensichtlich große Attraktivität besaß (vgl. Leinsle 1995: 121–137). Hinzu kam ein Professionalisierungsschub in der Administration von Herrscherhöfen und ein Urbanisierungsschub durch die Entwicklung der Städte zu Zentren von Wirtschaft und Kultur; beides mündete in die Entstehung von neuen Bildungsinstitutionen, zunächst von Juristenschulen und nach 1200 von Universitäten, die keine Organisationen waren, sondern Personenverbände (*universitas magistrorum et scholarium*; Rexroth 2018). Schulen in Klöstern und Kathedralen verloren demgegenüber an Bedeutung, auch wenn die Differenz von »monastischer« und »scholastischer« Theologie nicht überbetont werden sollte, wie Grenzgänger wie Abaelard zeigen; auch im Bereich der byzantinischen Theologie entwickelte der Athosmönch und nachmalige Erzbischof von Thessaloniki, Gregor Palamas († 1359), eine Synthese von patristischer Theologie und neuplatonischer Philosophie.

Die Dienstfunktion der *artes liberales* für die »höheren« Fakultäten der Theologie, Medizin und Jurisprudenz gewann in den Universitäten eine konkrete Gestalt (Nonn 2012: 96–136), führte freilich bald zu Auseinandersetzungen, in denen sich die »Philosophische Fakultät« gegenüber der Theologie auf ihren spezifischen Weltzugang berief. Die neu entstandenen Bettelorden wahrten zunächst Distanz zur akademischen Theologie und etablierten eigene Studienhäuser; doch lehrten ab der Mitte des 13. Jahrhunderts zunehmend Ordensangehörige auch an Universitäten – Franziskaner wie Alexander von Hales († 1245) und Bonaventura († 1274) sind hier ebenso zu nennen wie die Dominikaner Albertus Magnus († 1280) und Thomas von Aquin († 1274). In Kommentaren zu den Sentenzenbüchern des Petrus Lombardus († 1160) und in theologischen »Summen« wurde Theologie »scholastisch«, d. h. schulmäßig getrieben: Schon die Darbietung des Stoffes spiegelt den Lehrbetrieb durch »Quaestionen«, durch Fein- und Feinstgliederung und durch systematisches Hinterfragen der Autoritäten, wobei neben Augustin als dominierender patristischer Figur »der Philosoph«

(Aristoteles) zu stehen kam. Bei alledem blieb universitäre theologische Bildung an die Bibel zurückgebunden: Mittelpunkt der Lehrtätigkeit an einer Theologischen Fakultät war die Schriftauslegung, der Theologe fungierte als *magister in sacra pagina*, die Abfassung einer *Summa theologiae* war streng genommen eine Nebentätigkeit, die nach Ansicht von Roger Bacon († ca. 1292) in fataler Weise dazu verführte, die Exegese den Sentenzenkommentaren und der Quaestionenmethode unterzuordnen (vgl. Leinsle 1995: 118 f.). Thomas von Aquin versuchte demgegenüber einen Ausgleich von *sacra doctrina* und *sacra scriptura*. Mit dem Auseinanderbrechen der von Thomas und anderen angestrebten Synthese philosophischer und theologischer Bildung im 14. Jahrhundert – exemplarisch sei hierfür Wilhelm von Ockham († ca. 1348) genannt – endete die Blütezeit universitärer Bildung dieser Art; die Grundsätze und Methoden scholastischen Unterrichts blieben aber einschließlich des Lateinischen als Gelehrtensprache bis weit in die Neuzeit hinein maßgeblich, und zwar nicht nur im römisch-katholischen, sondern auch im lutherischen und reformierten Kontext (Leinsle 1995: 262–335). Durch die Verselbständigung der *artes*-Fakultät zu einem eigenen Wissenschaftszweig ging der Stoff des »Triviums« an die neu entstehenden städtischen Lateinschulen über.

Neben diesen Höhenflügen theologischer Gelehrsamkeit existierte im Mittelalter natürlich auch die religiöse Unterweisung der großen Masse von Menschen, freilich nicht als ein Thema der Theologie. Abgesehen von der Mission der letzten (noch) nicht christianisierten Gegenden in Europa gab es kein regelmäßiges Katechumenat, zumal durch die Praxis der Kindertaufe eine der Aufnahme in die Kirche vorausgehende Unterweisung nicht mehr erfolgte. Gelernt wurde natürlich trotzdem: durch die Predigten im Gottesdienst, durch die Bilder im Kirchenraum, durch die zahlreichen Heiligenfeste oder auch durch szenische Spiele (Schröder 2012: 55), die in der Neuzeit im Jesuitentheater und in den Passionsspielen fortlebten. Eine darauf bezogene Theorie gab es nicht; Laienbildung wurde, wenn überhaupt, im Blick auf den Adel reflektiert, so im Traktat *De eruditione filiorum nobilium* des Vinzenz von Beauvais († um 1264). Doch entstanden aus lockereren Formen der Institutionalisierung christlichen Zusammenlebens wie den Beginenhöfe oder den Häusern der »Brüder vom gemeinsamen Leben« im Spätmittelalter (*devotio moderna*) durchaus auch neue Arten von Schulen, in denen religiöse Bildung ohne scholastische Methode, dafür in den Volkssprachen, vermittelt wurde. Im Kontext solcher Frömmigkeit begegnen die ersten Belege für das deutsche Wort

»Bildung« – im Sinne eines Sich-Einbildens in Gott zur Rückgewinnung der schöpfungsgemäßen Gottebenbildlichkeit. Zwischen dieser Art theologischer Bildung als *sapientia* (»[Lebens-] Weisheit«) und der universitären Theologie als *scientia* (»Wissenschaft«) bestand ein fundamentaler Unterschied, selbst wenn zu bedenken ist, dass Meister Eckhart († 1328), in dessen deutschen Texten von »bilden« im ersten Sinn die Rede ist, zugleich ein versierter scholastischer Theologe war.

3. Die Reformation als Bildungsbewegung

Die Reformation – sowohl Wittenberger als auch Genfer Prägung – führte zu einer Neubewertung von Bildung in theologischer und institutioneller Perspektive. Die Impulse Luthers, Melanchthons und Calvins sind nicht ohne ihre humanistischen Voraussetzungen zu verstehen. Seit dem 13. Jahrhundert entstand mit der Renaissance eine europaweite Erneuerungsbewegung, die sich in Philosophie, Literatur, Wissenschaft und Kunst dezidiert auf das klassische Altertum bezog. Diese »Wiedergeburt« der Antike wurde von einem starken anthropologischen Impuls getragen und setzte einen Humanismus frei, der nicht zuletzt zur Neuorientierung der Bildung führte (Kühlmann 1996: 159–164). Den Grundgedanken brachte Erasmus von Rotterdam († 1536) auf den Punkt: »Menschen werden nicht geboren, sondern gebildet« (*De pueris instituendis*, 1529: *homines non nascuntur, sed finguntur*). Anders als in der »karolingischen Renaissance«, deren Quelle die Kirchenväter gewesen waren, richtete sich der Blick auf die klassische Antike, insbesondere auf griechische Texte. Auch wenn der Humanismus sein pädagogisches Anliegen nicht religiös begründete und oft kirchenkritische Züge trug, führten die neu geschätzten Sprachkompetenzen im Lateinischen und Griechischen (bisweilen auch im Hebräischen) zu einem Aufschwung biblischer und patristischer Studien: Mit der Erfindung des Buchdrucks setzte eine rege Editionstätigkeit ein, die neben den Klassikern auch die christliche Tradition über die Sentenzenwerke und Florilegien hinaus zugänglich machte. Vor allem aber rückte die Bibel in neuer Weise in den Mittelpunkt, durch den Rückgang auf den Urtext (so insbesondere durch die 1516 veröffentlichte Ausgabe des griechischen Neuen Testaments durch Erasmus) und durch volkssprachliche Übersetzungen, von denen Martin Luthers († 1546) 1522 bzw. 1534 abgeschlossene Versionen des Neuen bzw. Alten Testaments nicht die ersten und nicht die einzigen, im deutschen Sprachraum aber auf lange Sicht die wirkmächtigsten waren.

Über den Humanismus gingen die Reformatoren insofern hinaus, als sie die Kenntnis der Bibel in ein Bildungsdenken einpassten, demzufolge *alle* Menschen zur eigenständigen Verantwortung ihres Glaubens zu befähigen waren, und damit eine Breitenwirkung erzielten, die humanistische Zirkel weder erreichen konnten noch überhaupt anstrebten. Zu dieser Eigenverantwortung *mussten* die Menschen aber auch angeleitet werden, weil sie als Sünder unvertretbar vor Gott standen; der anthropologische Optimismus der Humanisten wurde, wie exemplarisch die Debatte zwischen Luther und Erasmus über die Willensfreiheit (1524/25) zeigt, von Luther und Melanchthon, Zwingli und Calvin nicht geteilt. So ergab sich der reformatorische Bildungsimpuls unmittelbar aus der Rechtfertigungslehre: Wenn jeder Mensch unvertretbar vor Gott steht und sich der Rechtfertigung aus Gnade nicht aufgrund der Vermittlung der Kirche, sondern nur aufgrund eigener Glaubenserfahrung sicher sein kann, muss er sich diese Einsicht aneignen und lebenspraktisch realisieren, unter direkter Anleitung durch die Schrift oder (in der Regel) durch den Katechismus. Dies führte zu einer bisher nicht gekannten Intensität an pädagogischem Handeln, freilich – indem das Mönchtum seine Sonderrolle verlor und das Klosterwesen als Bildungsinstitution in den Hintergrund trat – auch zur »Verheerung der althergebrachten Bildungslandschaft« (Schluß 2011: 10).

Dass die Reformation als Bildungsbewegung gelten muss, bringt der Titel von Luthers Schrift *An die Ratsherren aller Städte deutschen Landes, daß sie christliche Schulen aufrichten und halten sollen* (1524) zum Ausdruck. Im Hintergrund standen dabei sowohl die »Bildungskrise« der 1520 Jahre (Seifert 1996: 256–258) als auch die Kritik an »weltlicher« Bildung durch spiritualistische Gruppen, deren »geistbewegte« Schriftauslegung das von Gott gegebene Instrument der Sprache vernachlässigte, und zwar auch und gerade der biblischen Sprachen (WA 15, 37,3–8). In den Fokus der Kritik geriet insbesondere Thomas Müntzer († 1525), der die »Schule Gottes« als eine Angelegenheit der innerlichen *viva vox* und nicht als an das äußere Schrift- und Predigtwort gebunden betrachtete (Fauth 1994: 488–497). Luther sparte wiederum selbst nicht mit Kritik am herkömmlichen Schulwesen, das er als Unternehmen des Teufels ansah: Dieser »breyttet seyne netze aus, richtet solche klöster, schulen und stende an, das es nicht müglich war, das yhm eyn knabe het sollen entlauffen on sonderlich Gottes wunder« (WA 15, 29,24–26; vgl. 38,16–21). Es bedurfte christlicher Schulen als Alternative. Damit ist bei Luther nicht die Abkehr von den *artes liberales* und vom Lernen der Sprachen gemeint, was er vielmehr den Waldensern vorwarf (WA 15, 43,7–18), aber auch nicht eine religiöse, weltabgewandte Bildung wie im Mönchtum, dem Luther im selben Jahr den Abschied gab: *Alle* Christen – nicht nur ein bestimmter Stand – sollten durch Bildung zur Teilhabe am sozialen, kulturellen und religiösen Leben befähigt werden. Dies war nach Luthers Ansicht Aufgabe der Fürsten und Städte als den Instanzen, durch die Gott sein »Regiment« in der Welt ausübte. Dieser Bildungsauftrag ergab sich unmittelbar aus Gottes Gebot (WA 15, 32,15–26).

Solche Allgemeinbildung, die von der »Obrigkeit« verantwortet wurde, hatte aber durchaus religiöse Inhalte: Bereits in *An den christlichen Adel deutscher Nation von des christlichen Standes Besserung* hatte Luther gefordert, dass in den Schulen das Evangelium Jungen und Mädchen vermittelt werde (1520; WA 6, 461,11–15). Dabei ist strikt zu unterscheiden, was die Schule leisten kann und was nicht: Glaube ist kein Produkt von Bildungsprozessen, sondern ein Geschenk Gottes. Im Blick darauf ist die in der Schule vermittelte sprachliche Bildung »ein heidnisch, eusserlich ding« (WA 50, 651,17). Die Reichweite schulischer Bildung ist begrenzt, die Schule ist aber notwendig, um Menschen in ihre Lebenswelt einzuweisen und um sie für die Aufnahme des Evangeliums vorzubereiten (WA 50, 652,1–17; vgl. Asheim 1961, 262 f.). Dabei spielte auch ein pragmatisches Argument eine Rolle: Nur durch Erfahrung oder häusliche Unterweisung zu lernen kostet schlicht zu viel Zeit (WA 15, 45,22–26; vgl. Schluß 2011: 14. 26)! Dagegen wies Luther den erasmische Gedanken der Menschwerdung des »naturbelassenen« (*rudis*) Menschen durch Bildung (*eruditio*, »Entrohung«) zurück: Zum Kind Gottes werde man nicht gebildet, sondern geboren (WA 18, 776,30–777,5). Luther intendierte keine Bildungssynthese, sondern ein bleibendes Spannungsfeld von schulischer Bildung und *paedagogia in Christum*, das (anthropologisch-soteriologisch) seine Sicht des Menschen als *simul iustus et peccator* und (ethisch-institutionstheoretisch) das Konzept von Gottes zwei Regimenten in Bezug auf Bildung konkretisierte (vgl. Wriedt 2014: 115). Daher erwartete Luther vom Theologiestudium in erster Linie nicht Kenntnisse und Kompetenzen, sondern *Erfahrungen* mit dem Wort Gottes – »eine rechte Weise, in der theologia zu studirn« (WA 50, 658,29 f.), sei die Trias von *oratio, meditatio, tentatio*, von Gebet, Meditation des Wortes Gottes und sich dabei einstellender Anfechtung.

Neben elementaren und höheren (Latein-)Schulen war im Verständnis der Reformatoren auch die Kirche ein Lernort, der Ort, an dem sich die oben beschriebene Bildungserfahrung von Freiheit einstellen konnte. So wirkte die Kirche erzieherisch durch den allgemeinen Katechismusunterricht, aber auch durch die Einrichtung der Konfirmation für Jugendliche, die von diesem Zeitpunkt eigenverantwortlich am Gemeindeleben teilhaben sollten. Martin Bucer († 1551) führte diesen Übergangsritus erstmals in der *Ziegenhainer Zuchtordnung* (1538) ein, um der aus täuferischer Perspektive geäußerten Kritik an der Kindertaufe – die keine individuelle Glaubensverantwortung des Täuflings voraussetze – Rechnung zu tragen. Obwohl Bucer die Praxis der Kindertaufe in der Rechtfertigungslehre begründet sah, konzedierte er doch, dass geschenkter Glaube gebildet sein will – womit eine Grundspannung erkennbar wird, die schon den altkirchlichen Katechumenat geprägt hatte. Bis zur breiten Durchsetzung des Konfirmandenunterrichts in den protestantischen Landeskirchen sollte es freilich noch rund 150 Jahre dauern (Schröder 2012: 87).

Über Schule und Gemeinde wurde schließlich die Familie in höchst innovativer Weise als Lernort identifiziert (Schröder 2012: 67). Bildung sollte nicht nur durch offiziell bestellte Vermittler wie Lehrer und Pfarrer Verbreitung finden, sondern auch durch den Hausvater, der das, was er selbst gelernt hatte, seiner Familie einschließlich dem Gesinde weiterzugeben hatte. Diesem Ziel dienten Luthers 1529 erschienene Katechismen – der *Große Katechismus* als Handbuch für die »einfältigen Pfarrherrn«, der *Kleine Katechismus* als für jeden Haushalt gedachtes Kompendium christlichen Glaubenswissens, gegliedert nach den »Hauptstücken«: Dekalog, Glaubensbekenntnis, Vaterunser, Erklärungen zu den Sakramenten und Gebete (Peters 1991–1995). Die Familie, in der seit jeher über Glauben und Leben gesprochen worden sein mochte, wurde nun zu einer Lernumgebung eigener Dignität mit einer klaren didaktischen Zielsetzung. Bis zur Zeit des Pietismus lernten die Evangelischen vorwiegend nicht *sola scriptura*, sondern *solo catechismo*; eine (Voll-)Bibel war noch viel zu teuer, als dass sie in jedem Haushalt zu finden gewesen wäre. In den Gottesdiensten wurde allerdings ausgiebig aus der Bibel vorgetragen, ursprünglich damit die Lateinschüler die Schrift zweisprachig kennenlernen sollten – doch auch die übrigen Gemeindeglieder profitierten davon (Schwarz 1990: 124–127). Durch die Bibelübersetzungen und die volkssprachliche Gestaltung des Gottesdienstes wurde ein öffentlicher Bildungsraum geschaffen, während die Katechismen die Familie zum originären Bildungsort erhoben – und dies bis weit in die Neuzeit hinein, zumal in Verbindung mit dem christlichen Liedgut, das ebenfalls eine zentrale katechetische Funktion besaß. Darin ist keine Konkurrenz zwischen Schule und Familie zu sehen: Sehr bald nach der Publikation der Katechismen hielt Luther seine programmatische Predigt *Dass man Kinder zur Schulen halten solle* (1530). Dahinter stand freilich auch die nüchterne Einsicht, dass nicht alle Eltern den »Gottesdienst«, den sie ihren Kindern leisten sollten, zuverlässig ausführten (*Von den guten Werken*, 1520; WA 6, 253,32–255,17; vgl. Schröder 2012: 72).

Gehörte das Einrichten und Unterhalten von Schulen aller Stufen zu Gottes Regiment in der Welt (d. h. durch die Obrigkeit), so stand im Zentrum des geistlichen Regiments die Botschaft von Gesetz und Evangelium, von der Sündenverfallenheit des Menschen und entsprechend von der Rechtfertigung allein aus Glauben – Gottes *eruditio absoluta* (WA 5, 411,30–35). Um diese Botschaft sachgerecht auszurichten, bedurfte es eigens dazu befähigter Experten, d. h. theologisch gebildeter Pfarrer, deren Ausbildung zum zentralen Anliegen der Reformation avancierte. Dass Priester theologisch gebildet und in den biblischen Ursprachen versiert waren, musste im Mittelalter als Ausnahme gelten; das Universitätsstudium für Pfarrer war eine reformatorische Innovation. Dabei wurde der humanistische Impuls wirksam, *ad fontes*, »zu den Quellen« zurückzugehen, weshalb angehende Pfarrer Griechisch und Hebräisch zu lernen und ein Studium der Theologie zu absolvieren hatten, wofür Latein als die universale Wissenschaftssprache eine zwingende Voraussetzung war. Für die bleibende Orientierung der schulischen und universitären Bildung an den *artes liberales* – erweitert z. B. um das Studium der Geschichte – zeichnete insbesondere Luthers jüngerer Mitstreiter Philipp Melanchthon († 1560) verantwortlich, der 1518 als Gräzist nach Wittenberg berufen wurde und zeitlebens in der Philosophischen Fakultät verblieb – was ihn nicht hinderte, die Reformen von Kirche und Theologie maßgeblich mitzubestimmen, dabei mit Luthers Grundunterscheidung von Gesetz und Evangelium übereinstimmend (vgl. Mühlenberg 2008: 362–364; zu Gemeinsamkeiten und Differenzen zwischen Luther und Melanchthon vgl. Schröder 2007: 60–63). Auch Melanchthon wies die schulische und akademische Bildung dem Bereich des Gesetzes zu, maß ihr jedoch mehr als Luther eine Bedeutung für die Zivilisierung der Gesellschaft und damit für die ungehinderte Verkündigung des Evangeliums zu: Hätten doch schon die alten Lateiner gewusst, dass durch die Redekunst »nicht nur die Sprache poliert, sondern auch Wildheit und Barbarei des Geistes korrigiert wird«; die *artes* führten insofern zur *humanitas* und zu einer »äußerlichen Demut« (*externa modestia*), die ein Zeichen der Gabe des Geistes sei (*Encomium Eloquentiae*, 1523; MSA III, 50,7–11). Daher kann Melanchthon auch für das Bildungswesen von einer *paedagogia in Christum* sprechen (*Liber de anima*, 1553; MSA III, 353,8 f.), denn solche *modestia* besitze nur, wer »durch ›freie‹ Lehre und Bildung vorbereitet ist« (*Philosophiae moralis epitome*, 1546; MSA III, 161,27; vgl. Scheible 1996: 113 f.). Zwar sind auch für Melanchthon Philosophie und Theologie zwei verschiedene Wissenschaften (*De philosophia oratio*, 1536; MSA III, 93,1 f.) – aber die Kirche bedürfe beider, auch der *liberalis eruditio* einschließlich der Philosophie (ebd. 89,19–22). Denn *alle* Wissenschaft habe ja ihr Ziel in der Gotteserkenntnis. Melanchthon entwarf, über Luther hinaus, eine Bildungsreligion, bei der aber die Bildung klar im Dienst der Theologie stand – anders als bei dem etwas jüngeren Johannes Sturm († 1589), der das humanistische Ideal einer *sapiens et eloquens pietas* konsequent vertrat (*De literarum ludis recte aperiendis liber* X 1; zum Vergleich beider Konzeptionen Schröder 2007: 43 f.).

Schon in seiner Antrittsvorlesung »Über die Verbesserung der Studien der Heranwachsenden« (*De corrigendis adolescentiae studiis*, 1518) hatte der einundzwanzigjährige Melanchthon ein bildungsreformerisches Programm entworfen, und diesem Aufgabenfeld blieb er lebenslang treu, sei es durch die Mitwirkung an der Fortentwicklung der Studienformen und -inhalte an der Universität Wittenberg oder an der Gründung des *Gymnasium illustre* in Nürnberg (1526; vgl. Scheible 1996: 104–107.111 f.; Seifert 1996: 292–300). Für die gemeinsam mit Luther durchgeführten Visitationen in Kursachsen entstand mit dem *Unterricht der Visitatoren* (1528) ein Handbuch, das sich vor allem der rechten Führung des Pfarramtes widmete, aber auch den Schulunterricht – nach Leistungsstand der Schüler in drei »Haufen« differenziert – strukturierte. Daran wird deutlich, dass das reformatorische Anliegen, die Heilige Schrift zu kennen und zu beherzigen, nicht so sehr durch Religions*unterricht* (der eher im Gottesdienst und in der Katechismuserläuterung stattfand) als durch religiöse *Praxis* erreicht werden sollte (Schröder 2012: 74). Umgekehrt wurde die Kirche in Melanchthons Augen zur Lehrerin, zur *ecclesia doctrix* (*De autoritate verbi Dei et de ecclesia*, 1539; MSA I, 336,31–35), und die Gemeinschaft der Gläubigen zum *coetus scholasticus*, zu einer »Lerngemeinschaft« (*Loci communes*, 1559; MSA II/2, 481,5–8; vgl. Gemeinhardt 2008b: 39–43), die um die Heilige Schrift zentriert war, in der ihre Auslegung geübt und vermittelt wurde. Seine Impulse zu Bildungsfragen trugen Melanchthon im Urteil der Nachwelt den Titel *praeceptor Germaniae* ein – den im 19. Jahrhundert im wiederauflebenden Konfessionalismus katholischerseits Hrabanus Maurus tragen sollte (der freilich, so Nonn 2012: 69, wenn überhaupt, »Lehrer Europas« wäre).

Richtet man nun den Blick auf protestantisches Christentum jenseits des Heiligen Römischen Reiches, so gerät Johannes Calvin († 1564) in den Blick, dessen Theologie auch pädagogisch große Breitenwirkung entfaltet hat (Schröder 2010). Das ist insofern nicht selbstverständlich, als für Calvin die Souveränität Gottes im Mittelpunkt stand, gipfelnd in seiner Prädestination, die jedes Mitwirken des Menschen an seinem Heil kategorial ausschloss. Jedoch bezweifelte Calvin nicht die Nützlichkeit und Notwendigkeit des Lehrens, solange die Alleinwirksamkeit Gottes nicht infrage gestellt wurde – die Lehrenden seien dabei Werkzeuge Gottes (*Institutio christianae religionis* IV 3,1). Insofern hatte die Kirche für Calvin – wie für Melanchthon – einen göttlichen »Bildungsauftrag«, der sich in den beiden Ämtern der Lehrer (»docteurs«) und Pfarrer (»pasteurs«) äußerte: Waren jene für den Schulunterricht zuständig, so diese für die Katechismusunterweisung; für letztere waren weniger Calvins eigene Katechismen maßgeblich als – zumal im Heiligen Römischen Reich und in den Niederlanden – der Heidelberger Katechismus. Die Lehrer tauchten bereits in der Genfer Kirchenordnung von 1541 als Amt *sui generis* auf (Ehrenpreis 2008: 423); nach deren erweiterter Fassung, den *Ordonnances Ecclésiastiques* (1561), sollten sie die Jugend in »langues et sciences humaines« unterweisen und so zum Predigtamt oder für kommunale Funktionen vorbereiten (BSKORK 48,37–41). Allerdings wird der *doctor* im Abschnitt über die Ämter Calvins *Institutio* (IV 4,1) nicht genannt. Mehr als bei Luther hatte für Calvin die Schule kirchlichen Charakter, wobei das Ziel in der »Erbauung der Gemeinde durch Unterricht in der Lehre und christliche Zucht« (Asheim 1980: 618) lag. Entscheidend für diesen Bildungsauftrag ist der Gedanke der Akkomodation: Wie Gott sich den Menschen »akkommodiert«, d. h. aus Gnade durch Herablassung zu erkennen gegeben habe, so solle sich auch die Kirche ihren Adressaten anpassen (Hedtke 1969: 134–143), um sie effizient zu belehren und so ihren Beitrag zu Gottes »Heilspädagogie« leisten (vgl. Schröder 2010: 355–358). Gottes »spezielle« Pädagogik für das Volk Israel vollzog sich im Alten Bund, während der Neue Bund die »allgemeine« Pädagogik der Heilsgeschichte spiegelt – dass Bildung auch noch für Christen notwendig ist, zeigt nach Calvin, dass das

Reich Gottes nahe herangekommen, aber noch nicht in Fülle präsent ist, so dass die noch nicht ganz erlösten Menschen zu belehren sind (Hedtke 1969: 37 f.).

Die Organisation dieser Bildungsanstrengungen lag – den Verhältnissen der Genfer Bürgerschaft entsprechend – in den Händen des Magistrats, wobei kirchliche und kommunale Leitfiguren ausdrücklich eine Mitverantwortung für die Bildung der Kinder übernahmen, sollten diese doch im Glauben unterwiesen werden, bevor sie von Sünde kontaminiert werden konnten (Pitkin 2001: 165–167). Daher wurden schon sehr kleine Kinder in kirchlichen Einrichtungen mit Katechismuswissen und Gebeten vertraut gemacht (Ehrenpreis 2008: 423 f.). Insgesamt zeichneten sich die sukzessive in Europa entstehenden reformierten Kirchentümer durch einen hohen Organisationsgrad ihrer Bildungseinrichtungen aus, was auch die Gründung von Ausbildungsstätten für den theologischen Nachwuchs einschloss, so die Genfer Akademie oder vergleichbare Institutionen in Lausanne und Leiden, aber auch von Gymnasien, die die *artes liberales* und anderes Wissen vermittelten, im Alten Reich etwa Herborn und Bremen (vgl. Schröder 2010: 359–361) – als Kompensation dafür, dass die Gründung reformierter Universitäten mangels päpstlicher oder kaiserlicher Privilegien nicht möglich war. Aber auch hier und in den zahlreichen Schulen für kleine Kinder stand der *christliche* Schüler im Vordergrund: Bei allem Streben nach einer Verbindung von Glaube und Wissenschaft lag die Pointe der reformierten Bildungsidee darin, den schon zum Christen gewordenen Menschen zum (noch) besseren Glied von Kirche und Gesellschaft zu machen (Asheim 1980: 619). Diesem christlichen Bildungsziel dienten die »humanistischen« Fächer.

Ein in manchem vergleichbarer christlicher Humanismus mit freilich anderer konfessioneller Grundierung entwickelte sich schließlich in der »altgläubigen« Kirche, die erst durch die sich verstetigende Konkurrenz mit den protestantischen Kirchen zu einer »römisch-katholischen« Konfessionskirche wurde und seit dem Konzil von Trient (1545–1563) ein Instrumentarium für die Vermittlung und Vergewisserung konfessioneller Identität ausbildete, wie es wenig später auch evangelische Konfessionskirchen tun sollten (zum Folgenden vgl. Paul 1995: 15–47; Seifert 1996: 312–332). Herausragende Bedeutung für diesen Prozess hatte der 1540 päpstlich anerkannte Jesuitenorden (*Societas Jesu*), der sich einerseits der Mission auf allen Kontinenten, andererseits dem Kampf gegen die Reformation verschrieben hatte und letzteres Ziel insbesondere durch Bildungsarbeit zu erreichen suchte (Schatz 2001: 459). Diesem Ziel dienten u. a. zahlreiche Schulgründungen, die in kirchlicher Trägerschaft verblieben; anders als in den reformatorischen Territorien übernahmen also nicht staatliche Instanzen die Verantwortung für die Bildungsvermittlung, wiewohl auch jesuitische Schulen Loyalität zu Kirche *und* Staat erzeugen wollten. Die Jesuitenschulen verfolgten einen pragmatischen Ansatz, indem sie sich nicht an die breite Bevölkerung, sondern an die künftigen geistlichen und weltlichen Multiplikatoren katholischer Lehre und Frömmigkeit richteten. Man wollte »Streiter der Kirche ausbilden«, die sich einer »Mystik des Dienens« verschrieben (Asheim 1980: 621); zu letzterer führten die von dem Ordensgründer Ignatius von Loyola († 1556) eingeführten Exerzitien, die zur »Erfahrung des persönlichen Gerufenseins zum Einsatz für die größere Ehre Gottes als tiefere Nachfolge des armen und gekreuzigten Christus« anleiteten (Schatz 2001: 458). Dieser explizit geistlichen Sendung diente auch der Erwerb umfassender Bildung – ohne einen Hiatus von säkularer und religiöser Wissenschaft. In der Persönlichkeitsentwicklung und Seelenführung, die durch solche Exerzitien erfolgte, sind innovative Ansätze von Bildung zu sehen (vgl. Erlinghagen 1972).

Neben diese Konzentration auf die »Seelenkräfte«, die anthropologische Grundausstattung des Menschen, traten Theateraufführungen, die die Schüler auf emotionaler Ebene ansprechen sollten, indem sie biblische, hagiographische und sogar katechetische Themen in narrativer Anschaulichkeit darstellten. Die intellektuell orientierte Vermittlung basalen Glaubenswissens stand hingegen in den Jesuitenschulen nicht im Vordergrund; sie erfolgte wie im Luthertum durch Katechismen: Petrus Canisius († 1597), zentraler Protagonist der katholischen Reform in Deutschland, schuf mit den von ihm verfassten Katechismen ein katholisches Gegenstück zu den Katechismen Luthers. Die konfessionelle Konkurrenz wurde hier in literarischer Form greifbar: Auf allen Seiten wurde auf die neue religiöse Uneindeutigkeit mit einer Intensität des Bildungshandelns reagiert, wie sie im vergleichsweise religionskulturell homogenen »christlichen Abendland« des Mittelalters kaum denkbar gewesen wäre (sieht man von literarischen Religionsdialogen mit Juden und »Sarazenen« ab).

Auch das Christentum im byzantinischen Osten war nach dem Fall Konstantinopels 1453 in eine konkurrenzielle Situation geraten – einerseits gegenüber dem Islam, wobei vor allem in der griechisch-orthodoxen Kirche das Festhalten an der Tradition und an der Liturgie als Reaktion zu beobachten ist, andererseits auch gegenüber protestantischen und katholischen Kirchentümern, was zur Abfassung orthodoxer Bekenntnisse und Katechismen führte. So gründete der moldauische Fürstensohn und (seit 1633) Metropolit von Kiew, Petr Mogila († 1646), eine Art theologisches Seminar, das »Collegium Kyoviense Mohileanum« (Podskalsky 1988: 231), um in der damals polnischen Ukraine eine konkurrenzfähige orthodoxe Theologie zu etablieren. Die 1596 zwischen römisch-katholischer und ukrainischer Kirche geschlossene Union von Brest war unter orthodoxen Christen keineswegs unumstritten. Zusätzlich mussten sich die orthodoxen Bischöfe den Versuchen einer »Calvinisierung« seitens ungarischer Magnaten aus Siebenbürgen erwehren, wo seit 1571 interkonfessionelle Toleranz (außer für orthodoxe Rumänen) galt. Mogila, der offenbar mit den Katechismen des Petrus Canisius vertraut war, zeigte sich in der *Confessio Orthodoxa* offen für römisch-katholische Theologumena wie das Fegefeuer oder die Transsubstantiationslehre (Podskalsky 1988: 233–236). Eine Theologenkonferenz im rumänischen Iaşi 1642 und eine Synode in Konstantinopel 1643 rezipierten Mogilas Bekenntnis, unter Beteiligung der melkitischen Patriarchen und weiterer orthodoxer Hierarchen: »Kein anderer Katechismus ist jemals wieder auf derart breiter Grundlage von vergleichbarer Bedeutung für die Gesamtorthodoxie autorisiert worden« (Hauptmann 1988: 736). Mogilas Katechismus zeigt, dass im (erzwungenen) Miteinander der Konfessionen signifikante Einflussnahmen auf Medien und Inhalte theologischer Bildung zu beobachten sind, die schlicht überlebenswichtig sein konnten, in der Orthodoxie aber auch schnell in den Ruch der Häresie gerieten – dass Mogila 1996 heiliggesprochen wurde, hätten die Kritiker an scholastischen Tendenzen in seinem Katechismus wohl kaum goutiert.

Aber auch aus interner Motivation entstanden neue orthodoxe Katechismus (zum Folgenden vgl. Hauptmann 1971: 20–92): Der russische Erzbischof Feofan Prokopović († 1736) entwarf 1720 eine sehr erfolgreiche *Knabenfibel*, die im Zuge der Kirchenreform Zar Peters des Großen dem Volk religiöse Bildung vermitteln sollte. Über die 1765 veröffentlichte *Orthodoxe Lehre* des nachmaligen Metropoliten von Moskau, Platon Levšin († 1812), führt eine Linie zu dessen späterem Nachfolger Filaret Drozdov († 1867), dessen zuerst 1823 erschienener und bis 1839 mehrfach überarbeiteter *Ausführlicher Christlicher Katechismus der Orthodoxen Katholischen Ostkirche* Verbreitung in weiten Teilen der chalkedonensischen Orthodoxie erfuhr und insbesondere für die russische Kirche »nahezu den Charakter einer Bekenntnisschrift« erlangte (Hauptmann 1988: 738). Der Katechismus als im Ursprung reformatorisches Medium der Vermittlung von Glaubenswissen blieb damit in der Orthodoxie bis zur Gegenwart präsent – während sich im protestantischen Christentum im Zuge der Entwicklung von der lutherischen Orthodoxie über den Pietismus bis zur Aufklärung Ziele und Wege theologischer Bildung längst verschoben hatten.

4. Neuzeitliche Transformationen christlicher Bildungskonzepte

Der in christlichem Kontext entstandene Begriff »Bildung« gewann erst seine spezifische Bedeutung, als sich die damit bezeichneten Konzepte von ihren religiösen Wurzeln zu lösen begannen: in der (Spät-)Aufklärung und in der Romantik, von der in diesem Band an anderer Stelle die Rede sein wird. Zwar gibt es Kontinuitätslinien: Die mystische Tradition wirkte über Jakob Böhme († 1624), der sich – frühchristlicher Topik folgend – bei aller Belesenheit als »Philosoph der Einfältigen« bezeichnete, im Pietismus fort, zumal in spiritualistischen Kreisen. Hier hatte bereits Johann Valentin Andreae († 1654) die von Johann Arndt († 1621) erhobene Forderung einer *praxis pietatis* kirchenkritisch gewendet (Kühlmann 1996: 168). Er griff dabei auf die Idee einer doppelten, äußerlichen und innerlichen »Schule Gottes« zurück, wie sie Caspar Schwenckfeld († 1561) entwickelt hatte (Fauth 1994: 497–501). Auf der selben Grundlage propagierte Gottfried Arnold († 1714) eine individuelle Frömmigkeitsbildung, die von kirchlicher *und* weltlicher Bildung samt ihren Institutionen unabhängig sein sollte: »Also bildet erstlich die Gnade den Menschen« (*Wahre Abbildung des inwendigen Christentums*, 245) – wobei Arnold durchaus in den Fußstapfen Luthers wandelte, wenn er feststellte: »Wir müssen zerstört und entbildet werden, auf daß Christus in uns möge formieret, gebildet werden und allein in uns sein« (ebd. 250).

Die Geschichte des Bildungsbegriffs in der Neuzeit ist zugleich die Geschichte seiner sukzessiven Säkularisierung. Der aus dem Humanismus und der Reformation gemeinsam hervorgegangene Bildungsgedanke, der Antike und Christentum, Philologie und Theologie in sich beschloss und in unterschiedlichen Konfigurationen die konfessionellen Identitäten der frühen Neuzeit bestimmte, setzte *ipso facto* Pluralität voraus, mit der polemisch, apologetisch oder irenisch umzugehen war – »Bildung war die Arbeit an dieser Vielstimmigkeit im Zeichen religiöser Autorität« (Lauer 2007: 65). Es waren nicht zuletzt Theologen wie Johann Gottfried Herder († 1803), die den Bildungsbegriff einer Säkularisierung unterzogen, indem sie ihn als »zielbestimmten und teleologischen Prozeß des einzelnen Menschen« (Vierhaus 1972: 515) darstellten. Der Mensch werde Mensch, indem er sich zu sich selbst bilde – und nicht nur er selbst: Herder erweiterte die Bildung des Menschen zur Bildung von Völkern und Nationen, ja der Menschheit (zuerst im *Journal meiner Reise im Jahr 1769*; zu Herders sich wandelndem Begriffsgebrauch vgl. Taylor 1938: 22–25).

Bildung als anthropologisches Ziel wurde (theologisch reflektiert) erstmals von Jan Amos Comenius († 1670) zur Bildungstheorie (*cultura*) ausgebaut und mit einer Didaktik (*didactica*) verbunden: Durch die Bildsamkeit des Menschen könne nicht nur die Entfaltung seiner individuellen Menschlichkeit erreicht werden, sondern auch eine Weltverbesserung (*Große Didaktik*, 1657, 9): »in den Schulen ... mehr Freiheit, Vergnügen und wahrhafter Fortschritt; in der Christenheit ... mehr Licht, Ordnung, Friede und Ruhm«. Comenius betonte das lebenslange Lernen und gliederte dies in acht Altersstufen – ein heute selbstverständlicher Ansatz. In mancherlei Hinsicht nahm Comenius also Innovationen späterer pädagogischer Reflexion vorweg; die christliche Fundamentierung seiner Bildungstheorie, die für ihren Entstehungszusammenhang konstitutiv war (auf dem Titelblatt der *Großen Didaktik* wurde Ps 67,1 f. zitiert!), trat freilich in rezeptionsgeschichtlicher Hinsicht in den Hintergrund.

Die anthropologische Perspektive der Menschwerdung des Menschen war jedoch nicht das ursprüngliche Thema im Bildungsdiskurs der Konfessionskulturen der Frühen Neuzeit. Die konfessionelle Prägung durchzog alle Lebensbereiche und wurde sowohl durch Feste, Riten und Belehrung als auch durch strenge Sozialdisziplinierung zementiert. Die Schulen gingen mehr und mehr in die Verantwortung des Staates über, zugleich wurde der Schulbesuch seit dem 18. Jahrhundert verpflichtend, erstmals ausdrücklich im »preußischen General-Land-Schul-Reglement« (1763), das auf den »Gothaischen Schulmethodus« des Herzogs Ernst des Frommen von 1642 zurückgriff (Lachmann 2007: 86). Damit wurde der Religionsunterricht als staatliche Veranstaltung festgesetzt, während die rund zweihundert Jahre zuvor begründete »Prägung der gesamten Schule durch Religion« sukzessive zurückging (Schröder 2012: 86). Erst dadurch entstand der Religionsunterricht als eigenes Fach im Kontext anderer, nicht religiöser Fächer, was mit der Notwendigkeit seiner Reflexion, mithin mit der Entstehung der Religionspädagogik im wissenschaftlichen Sinne, einher ging. Bis dahin waren Katechismen in allen Konfessionen unhinterfragt die primären Medien des Lehrens gewesen, im Sinne der »Unterweisung« in der Religion, zu der jeder Mensch qua Geburt gehörte. Erst die Erosion der konfessionell kohärenten Territorien seit dem 18. Jahrhundert, spürbar beschleunigt durch den Reichsdeputationshauptschluss von 1803, beendete die Eindeutigkeit dieser Zugehörigkeiten, woraus sich die Notwendigkeit ergab, von der Praxis des Katechisierens zur vertieften Nachdenken über Bildung, d. h. zur wissenschaftlichen Katechetik voranzuschreiten (Bizer 1988: 686–691). Die frühneuzeitliche Praxis des Katechesierens zielte laut Konrad Dieterich († 1639) auf »eine kurze und durchsichtige Unterweisung der noch Ungebildeten in der Grundlage der Religion, des Glaubens und des christlichen Lebens, zusammengestellt aus prophetischen und apostolischen Schriften« (*Institutiones catecheticae*, Gießen 1613, 1; zit. nach Bizer 1988: 688; vgl. Schröder 2007: 68 f.). Die biblische und kirchliche Tradition, vor allem aber das aus der für inspiriert gehaltenen Heiligen Schrift hergeleitete Glaubenswissen wurden wie im Verhör abgefragt. Dieses Verfahren unterlag um die Wende zum 18. Jahrhundert einem Wandel, indem das Katechesieren nun als geeignete Methode der neuen pädagogischen Zielsetzung identifiziert wurde, statt der Vermittlung von Wissen den *Willen* des Lernenden ins Zentrum zu stellen: Den Willen zu bilden hieß, den Menschen zu seiner Menschwerdung anzuleiten (Bizer 1988: 688). »Katechisiert« wurde mit einem dialogischen Verfahren, das die Lernenden nicht nur zur Reproduktion, sondern auch zur gedanklichen Durchdringung des Lernstoffes führte – in manchem den Disputationen der mittelalterlichen Universität vergleichbar.

Dieses neue Verfahren bedingte allerdings auch eine Professionalisierung der Lehrenden, wozu Johann Jakob Rambach († 1735) eine erste Schulung der Katecheten (*Der wohl-unterrichtete Catechet*, 1722) entwarf (hierzu Lachmann 2007: 105–107), die sich nicht nur auf methodische Anleitung beschränkte, sondern vom Katecheten selbst geistliche Erfahrung erwartete. Rambach war Schüler des Begründers des hallischen Pietismus, August Hermann Francke († 1727), der sein Bekehrungserlebnis im Jahr 1687 und den diesem vorausgehenden »Bußkampf« zur Prinzip seiner Theorie und Praxis der Bildungsarbeit machte. Mit den Glauchaer Anstalten – den heutigen Franckeschen Stiftungen – schuf er dafür einen institutionellen und organisatorischen Rahmen. Francke nahm Einflüsse Philipp Jakob

Speners († 1705) auf, der in seinen *Pia Desideria* (1675) ein Reform-programm präsentiert hatte, das sowohl auf die individuelle Frömmigkeit als auch auf die Ausbildung der theologischen Experten zielte und *pietas* in den Vordergrund stellte: »Das Wort Gottes reichlicher unter uns zu bringen« war das erste Ziel der Reform, womit zugleich das Priestertum aller Gläubigen konsequent umgesetzt werden sollte. In den Frankfurter *collegia pietatis* wurde nicht mehr der Katechismus, sondern die Bibel gelesen – die frühen »Pietisten« (wie sie seit den 1690er Jahren, zunächst polemisch, genannt wurden) verstanden ihr Wirken insofern als »Vollendung der Reformation«. Zu solcher Bildung der Frömmigkeit mussten die Pfarrer aber zuallererst befähigt werden: Nicht orthodox-scholastische Dogmatik, sondern Bibelkenntnis und Glaubenserfahrung waren für Spener die Voraussetzung pastoralen Wirkens, und dies sollte bereits das Studium prägen (Sparn 2005: 137).

Hier knüpfte Francke an (zum Folgenden vgl. Lachmann 2007: 102–105): Einerseits reformierte er das Theologiestudium durch Betonung der philologisch-exegetischen Kompetenzen und Einbeziehung der persönlichen *praxis pietatis* in die Ausbildung, wobei sich die Hallenser Theologen, neben Francke Joachim Lange († 1744), mit spätorthodoxen Theologen wie Valentin Ernst Löscher († 1749) heftige literarische Auseinandersetzungen lieferten. Im Mittelpunkt stand die Frage, ob das didaktische Konzept eines auf Bibelstudium und Frömmigkeit konzentrierten Studiums tatsächlich die Erfüllung der reformatorischen Bildungsziele sei oder (so Löscher) zum »Indifferentismus« führe und so die Herausbildung und Stabilisierung lutherischer Identität gerade negiere. Das Konzept der katechetischen »Unterweisung« wurde hier also gegen die »Wiedergeburt« als Angelpunkt persönlicher Frömmigkeit ins Feld geführt. Umgekehrt geriet Francke bald ins Visier frühaufklärerischer Kritik, weil die Hinführung junger Menschen zu »Dienst Gottes« damit begann, ihren Eigenwillen zu brechen und durch einen an Gott ausgerichteten Willen zu substituieren. Erneut erwies sich die Sicht des Menschen als Streitpunkt: Das pädagogische Handeln setzte nach Francke die Sündenverfallenheit des Menschen voraus, implizierte also eine pessimistische Anthropologie – dies zum Guten zu wenden, die jungen Menschen zur »Wiedergeburt« zu führen und darauf hinzuwirken, dass menschliches Handeln (und eben auch Bildungshandeln) zur Ehre Gottes geschehe, war der Kern von Franckes pädagogischem Konzept. Dazu gehörte auch materialer Religionsunterricht in Form des Katechismuslernens, aber ebenso Unterricht in Realienkunde und Handwerk; man könnte von »ganzheitlichem Lernen« sprechen, in dessen Zentrum jedoch die *cultura animi* stand (*Kurzer und einfältiger Unterricht, wie die Kinder zur wahren Gottseligkeit und christlichen Klugheit anzuleiten sind*, 1702, 14; vgl. Schröder 2012: 94). Diese »Gemütspflege« vollzog sich innerhalb eines straff organisierten pädagogischen Unternehmens, das sich – auch dies eine Innovation – Kindern aus ärmlichen Verhältnissen zuwandte, die im staatlich-kirchlichen Bildungssystem wenig Beachtung gefunden hatten. Franckes Bildungshandeln zielte pointiert auf Weltverbesserung durch Menschenverbesserung (*Großer Aufsatz*, 140) und spiegelte damit eindrucksvoll das Vertrauen auf Gott, der aus den sündigen Menschen fromme Christen zu machen verstand. Franckes Wirken ist insofern keineswegs auf Sozialarbeit und Pädagogik zu reduzieren, es ging ihm ausdrücklich nicht um »Weltklugheit«, sondern um »Gottseligkeit« (Sparn 2005: 139). Sein Bildungskonzept war eine *theologische* Theorie und Praxis der Bildung von Menschen; darin lag die Grenze der Rezipierbarkeit des pietistischen »Gesamtkatechumenats« (Lachmann 2007: 122) durch die aufklärerische Pädagogik des 18. Jahrhunderts.

Die Abkehr vom konfessionsstabilisierenden Katechismusunterricht und die Hinwendung zum Menschen – und vor allem zum Kind! – als Ausgangspunkt pädagogischen Handelns konnte allerdings auch zur Ablösung von kirchlicher Dominanz der Bildung führen, so bei Christian Gotthilf Salzmann († 1811; vgl. Lachmann 2007: 115–120). Nicht eine kontingente konfessionelle Herkunft, sondern der allen Menschen zu eigene Sinn für Religion war der Ansatzpunkt seiner didaktischen Konzeption – pointiert gesagt, musste der Lehrer fortan weniger über den Katechismus als über das Kind wissen (Schröder 2012: 96 f.)! Bei den Vertretern der Neologie wie Johann Joachim Spalding († 1804), aber auch bei Gotthold Ephraim Lessing († 1781) wurde Religion selbst zur Bildungsaufgabe (Sparn 2005: 150–153). Wenn Herder die großen »Zeiten der Bildung« der Antike in der Gegenwart wiederkehren sah (*Einzelne Blätter zum »Journal der Reise«*, 478), setzte dies die Verselbständigung der Menschen-Bildung samt dem klassischen Stilideal voraus (Vierhaus 1972: 518 f.), die die Bildungsfrage erneut zum Thema und zur Herausforderung der evangelischen Theologie werden ließ.

5. Rückblick und Ausblick: Historische Bildungsforschung als Thema der Theologie

Bildung ist ein Thema der Theologie – freilich ein ebenso umstrittenes wie vieldeutiges. Es ließe sich im Detail zeigen, dass in allen Epochen und Lebenswelten des Christentums die Vermittlung und Aneignung von Bildung eine Rolle spielte, selbst wenn die Reflexion über Bildung in unterschiedlicher Intensität stattgefunden hat. Bildung zu vermitteln und je und je auch darüber nachzudenken ist allerdings in keiner Weise erstaunlich bei einer Religion, die ihrem missionarischen Handeln das Wort Jesu zugrunde legte: »Gehet hin und lehret alle Völker: Taufet sie auf den Namen des Vaters und des Sohnes und des heiligen Geistes und lehret sie halten alles, was ich euch befohlen habe« (Mt 28,19 f.). »Taufen« (βαπτίζειν) ist hier gerahmt von »in die Schule Nehmen« (μαθητεύειν) und »Belehren« (διδάσκειν). Die Jünger oder »Schüler« (μαθηταί) partizipieren an der Vollmacht ihres Herrn, gerade indem sie dessen Lehrtätigkeit fortsetzen. Dabei entstehen nun allerdings Fragen: Bedarf es einer *vorgängigen* Unterweisung, damit man die Taufe empfangen kann, oder *folgt* das Bildungs- dem Taufhandeln? Soll zu einer willentlichen, durch die Belehrung vorbereiteten Entscheidung des Menschen zum Glauben und zur Zugehörigkeit zur Gemeinde der Glaubenden angeleitet werden – oder wird zuerst geglaubt, daraufhin getauft und dann für die nötige Belehrung gesorgt? Und wer ist befähigt und befugt, anderen christliche Bildung zu vermitteln – und bedarf es dazu des Erwerbs nichtchristlicher Bildungsgüter?

Wenn die Frage nach der Lern- und Lehrbarkeit von Religion als eine Kernfrage christlichen Glaubens- und Lebensvollzugs gelten darf, kommt der Bildungsthematik eine erhebliche Erschließungskraft für das Selbstverständnis von Kirche und Religion zu einem konkreten Zeitpunkt zu. Sie entbirgt ein Spannungsfeld zwischen von Gott geschenktem Glauben und von Menschen durchgeführter Katechese. Hinzu tritt ein zweites Spannungsfeld zwischen elitärem und allgemeinem Christsein, das auch mit der richtigen Bildung zu tun hat: Entweder sind die wahren Christen in besonderer Weise auch weltlich-philosophisch gebildet (dies ließe sich an der frühchristlichen Gnosis exemplifizieren) oder nach säkularen Maßstäben ganz ungebildet, in christlicher Sicht dafür das Maß der Dinge, da »gottgelehrt« (so die Eremiten in der ägyptischen Wüste). Obwohl sich Reformatoren, Pietisten und christliche Aufklärer für allgemeine und religiöse

Bildung *aller* Menschen engagiert haben, gab es auch hier religiöse »Virtuosen« – und sei es der Pfarrer als einziger Universitätsabsolvent in seinem Dorf, der in der Frühen Neuzeit und Aufklärungszeit eben auch Tradent nichtreligiöser Bildung war.

Bildung ist nicht zuletzt deshalb ein Thema der Theologie, weil sich das Christentum – wie das Judentum und der Islam – auf ein Corpus autoritativer Schriften stützt, das der Auslegung bedarf, also einer Kunst, die lehrbar und nachvollziehbar sein muss. Hier tut sich ein drittes Spannungsfeld zwischen der fach- und kunstgerechten Exegese und Hermeneutik und dem erschließenden Wirken des Heiligen Geistes auf, das epochen- und konfessionsspezifisch zu entfalten wäre. Doch auch dafür gilt: Die explizite hermeneutische Reflexion mag fehlen; aber aus der Logik der Schriftbasiertheit des christlichen Glaubens ergibt sich die Notwendigkeit einer Auslegungstätigkeit. Damit kommt stets die Weltlichkeit des Glaubens in den Blick, und das erklärt auch die oft heftigen Auseinandersetzungen über die Rezipierbarkeit von nichtchristlichen Bildungsgütern.

Diese Spannungsfelder lassen sich durch die Geschichte des Christentums hindurch verfolgen, auch wenn die konkrete Ausformung völlig unterschiedlich aussehen konnte. Bezeichnend (und noch zu wenig epochenübergreifend untersucht) ist, dass auf Krisensituationen oft mit verstärktem Bildungshandeln reagiert wurde, auf die rapide Christianisierung des römischen Reiches in der Spätantike, die Desintegration des *Corpus christianum* in der Reformationszeit oder die Konkurrenz mit anderen Religionen und Konfessionen wie etwa unter muslimischer Herrschaft seit dem 7. Jahrhundert oder im Zeichen konfessionell gemischter Territorien in der frühen Neuzeit. Die Konzentration auf Bildung war niemals die einzige Lösung (Liturgie, Frömmigkeit und Ethik des Alltags sind hier ebenso zu nennen), aber die explosionsartige Vermehrung der Katechismen im konfessionellen Zeitalter spricht eine deutliche Sprache. Es mag am Bewusstsein des Neuaufbruchs (bei aller Betonung der Treue zur Tradition) und am Fehlen einer zentralen identitätsstiftenden Instanz wie dem Papsttum gelegen haben, dass gerade im Protestantismus Glaube und Bildung eine so dynamische Verbindung eingingen, dass sich die evangelische Christenheit einen nachhaltigen »Bildungsvorsprung« (Nipperdey 1983: 17) vor anderen Konfessionen verschaffte. Wenn generell »der christliche Glaube eine den Menschen, die je eigene Person, *bildende Religion*« ist, dann muss der Protestantismus in besonderer Weise als »Bildungsreligion« gelten (Preul 2003: 32) – jedenfalls im Blick auf seine Anfänge in der Reformationszeit. Ob und warum dieser Bildungsvorsprung zwischenzeitlich geschmolzen ist, ist eine andere Frage.

Der Blick auf andere Konfessionen lehrt, dass man bezüglich der Bildung zwar in mancher Hinsicht von unterschiedlichen Inhalten, aber durchaus von gemeinsamen Medien, Verfahren und literarischen Gattungen sprechen muss. Insofern ist Bildung auch in konfessionskundlicher und ökumenischer Perspektive ein grundlegendes Thema der Theologie. Historische Bildungsforschung sollte entsprechend nicht allein Thema der Religionspädagogik sein, und sie sollte sich auch nicht nur denjenigen Epochen zuwenden, in denen ausdrücklich von »Bildung« die Rede ist. Die Kirchengeschichte kann hierzu mehr als nur die Vor-Geschichte bieten, denn die genannten Spannungsfelder besitzen eine historische Tiefenschärfe, die theologisch höchst bedeutsam, ja im Wortsinn grundlegend ist.

Quellen- und Literaturverzeichnis

1. Quellen

BSKORK: Wilhelm Niesel (Hg.): Bekenntnisschriften und Kirchenordnungen der nach Gottes Wort reformierten Kirche, Zürich 1938 (ND 1985).

BSELK: Die Bekenntnisschriften der evangelisch-lutherischen Kirche. Vollständige Neuedition, hg. von Irene Dingel im Auftrag der Evangelisch-Lutherischen Kirche in Deutschland, Göttingen 2014.

MSA: Robert Stupperich (Hg.): Philipp Melanchthons Werke in Auswahl. Studienausgabe, 7 Bde., Gütersloh 1951–1975.

WA: D. Martin Luthers Werke. Kritische Gesamtausgabe, Weimar 1883 ff.

Admonitio generalis: Die Admonitio generalis Karls des Großen, hg. von Hubert Mordek u. a. (MGH.F 16), Hannover 2012.

Apophthegmata Patrum, in: PG 65, 71–440; *Apophthegmata Patrum*, übers. und komm. von Erich Schweitzer, Bd. I: Das Alphabetikon – Die alphabetisch-anonyme Reihe (Weisungen der Väter 14), Beuron 2012.

Alkuin: *Epistolae*, hg. von Ernst Dümmler (MGH.Epp. IV), Berlin 1895.

Anselm von Canterbury: *Epistola de incarnatione Verbi*, in: Sancti Anselmi Cantuariensis Archiepiscopi Opera Omnia, hg. von Franziskus Salesius Schmitt, Bd. II, Stuttgart/Bad Cannstatt ²1984, 1–35.

Arnold, Gottfried: *Wahre Abbildung des inwendigen Christentums*, Frankfurt a. M. 1709.

Athanasius: *Vita Antonii*, übers. von Peter Gemeinhardt (FC 69), Freiburg u. a. 2018.

Augustin: *De catechizandis rudibus*, hg. von Johannes Baptist Bauer (CChr.SL 46), Turnhout 1969, 121–178; Vom ersten katechetischen Unterricht, übers. von Werner Steinmann, bearb. von Otto Wermelinger (Schriften der Kirchenväter 7), München 1985.

Augustin: *De disciplina christiana*, hg. von Roel vander Plaetse (CChr.SL 46), Turnhout 1969, 207–224.

Augustin: *De doctrina christiana*, hg. von Joseph Martin (CChr.SL 32), Turnhout 1962, 1–167; Die christliche Bildung, übers. von Karla Pollmann, Stuttgart ²2013.

Augustin: *Sermo* 52, hg. von Pierre-Patrick Verbraken u. a. (CChr.SL 41 Aa), Turnhout 2008, 58–81.

Augustin: *Soliloquia. De immortalitate animae* – Selbstgespräche. Von der Unsterblichkeit der Seele, hg. und übers. von Hanspeter Müller, München/Zürich 1986.

Basilius von Caesarea: *Ad adolescentes*: Basile de Césarée, Aux jeunes gens sur la manière de tirer profit des lettres helléniques, hg. von Fernand Boulenger, Paris 1965.

Berengar von Tours: *Rescriptum contra Lanfrannum*, hg. von R. B. C. Huygens (CChr.CM 84), Turnhout 1988.

Caesarius von Arles: *Sermones*, hg. von Germain Morin (CChr.SL 103/104), Turnhout ²1953.

Calvin, Johannes: *Institutio christianae religionis. Unterricht in der christlichen Religion*, übers. von Otto Weber, Neukirchen-Vluyn ⁵1988.

Calvin, Johannes: Les Ordonnances Ecclésiastiques de l'Église de Genève (1561), in: BSKORK 42–66.

Cassiodor: *Institutiones divinarum et saecularium litterarum. Einführung in die geistlichen und weltlichen Wissenschaften*, hg. von Wolfgang Bürsgens (FC 39/1–2), Freiburg u. a. 2003.

Comenius, Johann Amos: *Große Didaktik* (1657), hg. von Andreas Flitner, Stuttgart ¹⁰2007.

Dieterich, Konrad: *Institutiones catecheticae*, Gießen 1613.

Epistola de litteris colendis, hg. von Alfred Boretius (MGH.Cap. I), Hannover 1883, 78 f.

Erasmus von Rotterdam: *De pueris statim ac liberaliter instituendis*, hg. von Jean-Claude Margolin, in: Desiderii Erasmi Roterodami Opera omnia, Bd. I/2, Amsterdam 1971, 23–78.

Francke, August Hermann: *Kurzer und einfältiger Unterricht, wie die Kinder zur wahren Gottseligkeit und christlichen Klugheit anzuleiten sind* (1702), in: ders., Pädagogische Schriften, hg. von Hermann Lorenzen, Paderborn ²1964, 13–65.

Francke, August Hermann: *Schrift über eine Reform des Erziehungs- und Bildungswesens als Ausgangspunkt einer geistlichen und sozialen Neuordnung der Evangelischen Kirchen des 18. Jahrhunderts: Der große Aufsatz* (1704), hg. von Otto Podczeck, Berlin 1962.

Aulus Gellius: *Noctes atticae*, hg. von Peter K. Marshall, 2 Bde. (OCT), Oxford 1968.

Gregor I.: *Dialogorum libri IV*, hg. von Adalbert de Vogüé/Paul Antin, 3 Bde. (SC 251; 260; 265), Paris 1978–1980.

Gregor I.: *Registrum epistularum*/Briefregister, hg. von Dag Norberg (CChr.SL 140/140A), Turnhout 1982.

Gregor von Nazianz: *Orationes*/Discours 4–5: Contre Julien, hg. von Jean Bernardi (SC 309), Paris 1983.

Gregor von Tours: *Libri I–IV de virtutibus s. Martini episcopi,* hg. von Bruno Krusch (MGH.SRM I/2), Hannover 1885, 584–661.

Gregor Thaumaturgus: *Oratio prosphonetica ac panegyrica in Origenem. Dankrede an Origenes,* hg. von Peter Guyot/Richard Klein (FC 24), Freiburg u. a. 1996.

Herder, Johann Gottfried: *Journal meiner Reise im Jahr 1769. Einzelne Blätter zum »Journal der Reise«,* in: Herders Sämmtliche Werke, hg. von Bernhard Suphan, Bd. IV, Berlin 1878, 343–486.

Q. Horatius Flaccus: *Opera,* hg. von David R. Shackleton Bailey, Stuttgart 1985; Werke in einem Band, übers. von Manfred Simon, Berlin/Weimar 1972 (= 1990).

Hieronymus: *Apologia contra Rufinum,* hg. von Pierre Lardet (CChr.SL 79), Turnhout 1982, 1–72.

Hieronymus: *Epistulae,* hg. von Isidor Hilberg, Bd. I (CSEL 54), Wien/Leipzig 1910 (^{2}1996).

Hrabanus Maurus: *De institutione clericorum. Über die Unterweisung der Geistlichen,* hg. von Detlev Zimpel (FC 61/1–2), Turnhout 2006.

Isidor von Sevilla: *Etymologiae* sive *Origines,* hg. von W. Lindsay, Oxford 1911.

Johannes Chrysostomus: *Catecheses baptismales. Taufkatechesen,* hg. von Rainer Kaczynski (FC 6/1–2), Freiburg u. a. 1992.

Johannes Chrysostomus: *Homiliae in Johannem,* in: PG 59, 23–482.

Jonas von Orléans: *De institutione laicali,* hg. von Odile Dubreucq (SC 549/550), Paris 2012/2013.

Julianus Imperator: *Epistulae, leges, poemata, fragmenta varia,* hg. von Joseph Bidez/ Franz Cumont, Paris 1922; Briefe, übers. von Bertold K. Weis, München 1973.

Kyrill von Jerusalem: *Catecheses baptismales,* hg. von Karl Reischl/Joseph Rupp, 2 Bde., München 1848/1860; Katechesen, übers. von Philipp Haeuser (BKV 41), München/Kempten 1922.

Lanfranc von Bec: *De corpore et sanguine Domini contra Berengarium Turonensem,* in: PL 150, 407–442.

Luther, Martin: *Zweite Psalmenvorlesung* (1519/21), in: WA 5, 19–673.

Luther, Martin: *Sermon von den guten Werken* (1520), in: WA 6, 202–276.

Luther, Martin: *An den christlichen Adel deutscher Nation von des christlichen Standes Besserung* (1520), in: WA 6, 404–469.

Luther, Martin: *An die Ratsherren aller Städte deutschen Landes, daß sie christliche Schulen aufrichten und halten sollen* (1524), in: WA 15, 27–53.

Luther, Martin: *De servo arbitrio* (1525), in: WA 18, 600–787.

Luther, Martin: *Dass man Kinder zur Schulen halten solle* (1530), in: WA 30/2, 517–588.

Luther, Martin: *Von den Konziliis und Kirchen* (1539), in: WA 50, 509–653.

Luther, Martin: *Kleiner und Großer Katechismus,* in: BSELK, 841–1162.

Macrobius, *Saturnalia,* hg. von James Willis, 2 Bde., Leipzig ^{2}1970.

Martianus Capella: *De nuptiis Philologiae et Mercurii,* hg. von James Willis, Leipzig 1983.

Melanchthon, Philipp: *De corrigendis adolescentiae studiis* (1518), in: MSA III, 30–42.

Melanchthon, Philipp: *Encomium Eloquentiae* (1523), in: MSA III, 44–62.

Melanchthon, Philipp: *Unterricht der Visitatorn an die Pfarhern ym Kurfurstenthum zu Sachssen* (1528), in: MSA I, 216–271.

Melanchthon, Philipp: *De philosophia oratio* (1536), in: MSA III, 88–95.

Melanchthon, Philipp: *De autoritate verbi Dei et de ecclesia* (1539), in: MSA I, 323–386.

Melanchthon, Philipp: *Loci communes* (1559), in: MSA II/1, 164–352; MSA II/2, 353–780.

Melanchthon, Philipp: *Philosophiae moralis epitomes libri duo* (1546), in: MSA III, 152–301.

Melanchthon, Philipp: *Liber de anima* (1553), in: MSA III, 307–372.

Mogila, Petr: *Orthodoxa Confessio Catholicae atque Apostolicae Ecclesiae Orientalis* [1642], Quam Cum Interpretatione Latina primum edit Laurentius Normannus, Leipzig 1695.

Origenes: *De principiis. Vier Bücher von den Prinzipien*, hgg. von Herwig Görgemanns/Heinrich Karpp (TzF 24), Darmstadt ³1992.

Petrus Damiani: *Die Briefe des Petrus Damiani*, Bd. III, hg. von Kurt Reindel (MGH.B IV/3), Hannover 1989.

Rambach, Johann Jakob: *Der wohl-unterrichtete Catechet, das ist Deutlicher Unterricht Wie man der Jugend Auf die allerleichteste Art Den Grund der Christlichen Lehre beybringen könne, darin Die wichtigsten Vortheile die bey dem Catechisieren in acht zu nehmen sind, treulich entdecket werden*, Jena 1722.

Regula Benedicti, hg. von Rudolf Hanslik (CSEL 75), Wien 1977.

Regula Magistri. La règle du maître, hg. von Adalbert de Vogüé, 3 Bde. (SC 104–106), Paris 1964/65.

Regula Pachomii, übers. von Heinrich Bacht, Das Vermächtnis des Ursprungs. Studien zum frühen Mönchtum, Bd. II: Pachomius – Der Mann und sein Werk (Studien zur Theologie des geistlichen Lebens 8), Würzburg 1983, 82–114.

Sidonius Apollinaris: *Epistulae*/Lettres, hg. von André Loyen, 3 Bde., Paris 1960–1970.

Spener, Philipp Jakob: *Pia desideria*, hg. von Kurt Aland (KlT 70), Berlin ⁴1964.

Sturm, Johannes: *De literarum ludis recte aperiendis liber*, in: Bernd Schröder (Hg.), Johannes Sturm (1507–1589): Pädagoge der Reformation. Zwei seiner Schulschriften aus Anlass seines 500. Geburtstages. Lateinisch-deutsche Lese-Ausgabe, übers. von Ernst Eckel/Hans-Christoph Schröter (AHRp 7), Jena 2009, 75–229.

Tertullian: *De idololatria*, hg. und übers. von Jan-Hendrik Waszink/J.C.M. van Winden (SVigChr 1), Leiden u. a. 1987.

Traditio apostolica, hg. von Wilhelm Geerlings (FC 1), Freiburg u. a. 1991, 212–313.

Vinzenz von Beauvais: *De eruditione filiorum nobilium*, hg. von Arpad Steiner, Cambridge MA 1938 (ND New York 1970).

2. Sekundärliteratur

Asheim 1961: Asheim, Ivar: Glaube und Erziehung bei Luther. Ein Beitrag zur Geschichte des Verhältnisses von Theologie und Pädagogik (PF 17), Heidelberg 1961.

Asheim 1980: Asheim, Ivar: Art. Bildung V. Reformationszeit, in: TRE 6 (1980) 611–623.

Bizer 1988: Bizer, Christoph: Art. Katechetik, in: TRE 17 (1988), 686–710.

Ehrenpreis 2008: Ehrenpreis, Stefan, Bildung und Pädagogik, in: Selderhuis, Herman J. (Hg.): Calvin Handbuch, Tübingen 2008, 422–431.

Erlinghagen 1972: Erlinghagen, Karl: Katholische Bildung im Barock, Hannover 1972.

Fauth 1994: Fauth, Dieter: Lernen in der »Schule Gottes« dargestellt vor allem an Quellen von Martin Luther und dem protestantischen Dissidentismus, in: PH 30 (1994), 477–504.

Fuhrer 2010: Fuhrer, Therese: ›Usus iustus‹ – ›usus Christianus‹: Augustinus zum ›rechten‹ Umgang mit paganem Bildungswissen, in: Mayer, Cornelius u.a. (Hgg.), Augustinus. Bildung – Wissen – Weisheit (Res et signa 8), Würzburg 2010, 49–68.

Gemeinhardt 2007: Gemeinhardt, Peter: Das lateinische Christentum und die antike pagane Bildung (STAC 41), Tübingen 2007.

Gemeinhardt 2008a: Gemeinhardt, Peter: Dürfen Christen Lehrer sein? Anspruch und Wirklichkeit im christlichen Bildungsdiskurs der Spätantike, in: JbAC 51 (2008), 25–43.

Gemeinhardt 2008b: Gemeinhardt, Peter: Traditionsbindung und Traditionskritik bei Melanchthon, in: ders./Oberdorfer, Bernd (Hgg.): Gebundene Freiheit? Bekenntnistradition und theologische Lehre im Luthertum (LKGG 25), Gütersloh 2008, 31–61.

Gemeinhardt 2013: Gemeinhardt, Peter: *Non vitae sed scholae?* Pagane und christliche Ansichten über Schule, Lehrer und das Leben, in: ders./Günther, Sebastian (Hgg.): Von Rom nach Bagdad. Bildung und Religion von der römischen Kaiserzeit bis zum klassischen Islam, Tübingen 2013, 1–27.

Gemeinhardt 2015: Gemeinhardt, Peter: Das Erbe der Antike als Fundament des Aufbruchs: Theologie und Bildung von Alkuin bis Anselm von Canterbury, in: ders./Georges, Tobias (Hgg.), Theologie und Bildung im Mittelalter (Archa Verbi. Subsidia 13), Münster 2015, 13–44.

Gemeinhardt 2019: Gemeinhardt, Peter: Bildung in der Vormoderne – zwischen Norm und Praxis, in: ders. (Hg.), Was ist Bildung in der Vormoderne? (SERAPHIM 4), Tübingen 2019, 3–38.

Georges 2014: Georges, Tobias: » … herrlichste Früchte echtester Philosophie …« – Schulen bei Justin und Origenes, im frühen Christentum sowie bei den zeitgenössischen Philosophen, in: Millennium. Jahrbuch zu Kultur und Geschichte des ersten Jahrtausends n. Chr. 11 (2014), 23–38.

Gnilka 1984: Gnilka, Christian: Chrêsis. Die Methode der Kirchenväter im Umgang mit der antiken Kultur, Bd. I: Der Begriff des »rechten Gebrauchs«, Basel/Stuttgart 1984.

Hammerstein 1996: Hammerstein, Notker (Hg.): Handbuch der deutschen Bildungsgeschichte, Bd. I: 15.–17. Jahrhundert, München 1996.

Hauptmann 1971: Hauptmann, Peter: Die Katechismen der russisch-orthodoxen Kirche. Entstehungsgeschichte und Lehrgehalt (KO 9), Göttingen 1971.

Hauptmann 1988: Hauptmann, Peter: Art. Katechismus III. Orthodoxe Kirche, in: TRE 17 (1988), 736–738.

Hedtke 1969: Hedtke, Reinhold: Erziehung durch Kirche bei Calvin. Der Unterweisungs- und Erziehungsauftrag der Kirche und seine anthropologischen und theologischen Grundlagen (PF 39), Heidelberg 1969.

Holopainen 1996: Holopainen, Toivo: Dialectic and Theology in the Eleventh Century (STGMA 54), Leiden/Boston 1996.

Jaeger 1963: Jaeger, Werner: Das frühe Christentum und die griechische Bildung, Berlin 1963.

Kühlmann 1996: Kühlmann, Wilhelm: Pädagogische Konzeptionen, in: Hammerstein 1996, 153–196.

Lachmann 2007: Lachmann, Rainer: Vom Westfälischen Frieden bis zur Napoleonischen Ära, in: Lachmann/Schröder 2007, 78–127.

Lachmann/Schröder 2007: Lachmann, Rainer/Schröder, Bernd (Hgg.): Geschichte des evangelischen Religionsunterrichts in Deutschland. Ein Studienbuch, Neukirchen-Vluyn 2007.

Laudage 2009: Laudage, Johannes: Die karolingische Renaissance und Bildungsreform, in: Kann, Christoph (Hg.): Isti moderni. Erneuerungskonzepte und Erneuerungskonflikte in Mittelalter und Renaissance (StH 43), Düsseldorf 2009, 29–71.

Lauer 2007: Lauer, Gerhard: Die Bildung des Menschen. Zur Ideengeschichte eines unwahrscheinlichen Begriffs, in: Lemmermöhle, Doris/Hasselhorn, Marcus (Hgg.): Bildung – Lernen. Humanistische Ideale, gesellschaftliche Notwendigkeiten, wissenschaftliche Erkenntnisse, Göttingen 2007, 59–78.

Leinsle 1995: Leinsle, Ulrich G.: Einführung in die scholastische Theologie, Paderborn 1995.

Lennert 1980: Lennert, Rudolf: Art. Bildung I. Zur Begriffs- und Geistesgeschichte, in: TRE 6 (1980), 569–582.

Lindgren 1992: Lindgren, Uta: Die Artes liberales in Antike und Mittelalter. Bildungs- und wissenschaftsgeschichtliche Entwicklungslinien (Algorismus 8), München 1992.

Markschies 2007: Markschies, Christoph: Kaiserzeitliche christliche Theologie und ihre Institutionen. Prolegomena zu einer Geschichte der antiken christlichen Theologie, Tübingen 2007.

Markschies 2012: Markschies, Christoph: Hellenisierung des Christentums. Sinn und Unsinn einer historischen Deutungskategorie (ThLZ.F 25), Leipzig 2012.

Marrou 1977: Marrou, Henri-Irénée: Geschichte der Erziehung im klassischen Altertum, München 1977.

Metzger 2004: Metzger, Marcel u. a.: Art. Katechumenat, in: RAC 20 (2004), 497–574.

Metzler 2007: Metzler, Karin: Pagane Bildung im christlichen Byzanz: Basileios von Kaisareia, Michael Psellos und Theodoros Metochites, in: Grünbart, Michael (Hg.), Theatron. Rhetorische Kultur in Spätantike und Mittelalter (Millennium-Studien 13), Berlin/New York 2007, 377–408.

Mühlenberg 2008: Mühlenberg, Ekkehard: Humanistisches Bildungsideal und reformatorische Lehre beim jungen Melanchthon, in: ders., Gott in der Geschichte. Ausgewählte Aufsätze zur Kirchengeschichte, hgg. von Ute Mennecke / Stefanie Frost (AKG 110), Berlin/New York 2008, 350–364.

Nipperdey 1983: Nipperdey, Thomas: Luther und die Bildung der Deutschen, in: Löwe, Hartmut/Röpke, Claus-Jürgen (Hgg.): Luther und die Folgen. Beiträge zur sozialgeschichtlichen Bedeutung der lutherischen Reformation, München 1983, 13–27.

Nonn 2012: Nonn, Ulrich: Mönche, Schreiber und Gelehrte. Bildung und Wissenschaft im Mittelalter, Darmstadt 2012.

Paul 1993/1995: Paul, Eugen: Geschichte der christlichen Erziehung, Bd. I: Antike und Mittelalter, Freiburg i.Br. u. a. 1993; Bd. II: Barock und Aufklärung, Freiburg i.Br. u. a. 1995.

Peters 1991–1995: Peters, Albrecht: Kommentar zu Luthers Katechismen, hg. von Gottfried Seebaß, 5 Bde., Göttingen 1991–1995.

Pitkin 2001: Pitkin, Barbara: »The Heritage of the Lord«. Children in the Theology of John Calvin, in: Bunge, Marcia J. (Hg.), The Child in Christian Thought, Grand Rapids MI 2001, 160–193.

Podskalsky 1988: Podskalsky, Gerhard: Griechische Theologie in der Zeit der Türkenherrschaft (1453–1821). Die Orthodoxie im Spannungsfeld der nachreformatorischen Konfessionen des Westens, München 1988.

Preul 2003: Preul, Reiner: Bildung und Erziehung nach Gesichtspunkten Luthers, in: LuJ 70 (2003), 11–32.

Rexroth 2018: Rexroth, Frank: Fröhliche Scholastik. Die Wissenschaftsrevolution des Mittelalters, München 2018.

Riché 1962: Riché, Pierre: Education et culture dans l'occident barbare: VIe – VIIIe siècles (PatSor 4), Paris 1962.

Schatz 2001: Schatz, Klaus: Art. Jesuiten, Societas Jesu (SJ), in: RGG⁴ 4 (2001), 458–462.

Scheible 1996: Scheible, Heinz: Melanchthons Bildungsprogramm, in: ders., Melanchthon und die Reformation (VIEG.B 41), Mainz 1996, 99–114.

Schluß 2011: Schluß, Henning: Reformation und Bildung. Ein Beitrag zur Dekonstruktion des protestantischen Bildungsmythos in der Auseinandersetzung mit der Ratsherrenschrift Luthers, in: ders./Koerrenz, Ralf: Reformatorische Ausgangspunkte protestantischer Bildung. Orientierungen an Martin Luther (Pädagogische Reform 14), Jena 2011, 7–30.

Scholten 1995: Scholten, Clemens: Die alexandrinische Katechetenschule, in: JbAC 38 (1995), 16–37.

Schröder 2007: Schröder, Bernd: Von der Reformation bis zum Dreißigjährigen Krieg, in: Lachmann/Schröder 2007, 35–77.

Schröder 2010: Schröder, Bernd: Johannes Calvin – religionspädagogisch gelesen, oder: Historische Religionspädagogik als Erforschung der Wirkungsgeschichte des Unterrichts in christlicher Religion, in: ZThK 107 (2010), 348–371.

Schröder 2012: Schröder, Bernd: Religionspädagogik (NThG), Tübingen 2012.

Schwarz 1990: Schwarz, Reinhard: Luther als Erzieher des Volkes. Die Institutionalisierung der Verkündigung, in: LuJ 57 (1990), 114–127.

Seifert 1996: Seifert, Arnold: Das höhere Schulwesen. Universitäten und Gymnasien, in: Hammerstein 1996, 197–374.

Sparn 2005: Sparn, Walter: Religiöse und theologische Aspekte der Bildungsgeschichte im Zeitalter der Aufklärung, in: Hammerstein, Notker/Herrmann, Ulrich (Hgg.): Handbuch der deutschen Bildungsgeschichte, Bd. II: 18. Jahrhundert, München 2005, 134–168.

Taylor 1938: Taylor, Irmgard: Kultur, Aufklärung, Bildung, Humanität und verwandte Begriffe bei Herder (Gießener Beiträge zur deutschen Philologie 62), Gießen 1938.

Vierhaus 1972: Vierhaus, Rudolf: Art. Bildung, in: GGB 1 (1972) 508–551.

Walter 2017: Walter, Denis: Michael Psellos: Christliche Philosophie in Byzanz.

Mittelalterliche Philosophie im Verhältnis zu Antike und Spätantike (Quellen und Studien zur Philosophie 132), Berlin/Boston 2017.

Wriedt 2014: Wriedt, Markus: Art. Bildung, in: Leppin, Volker/Schneider-Ludorff, Gury (Hgg.): Das Luther-Lexikon, Regensburg 2014, 115–117.

3. Literaturhinweise zum vertiefenden Studium

Gemeinhardt, Peter: Wozu Bildungsgeschichte in der Theologie? Gesprächsimpulse aus kirchengeschichtlicher Perspektive, in: Pfister, Stefanie/Wermke, Michael (Hgg.): Religiöse Bildung als Gegenstand historischer Forschung (Religiöse Bildung im Diskurs 2), Leipzig 2013, 89–124.

Gemeinhardt, Peter: Ist das Christentum eine Bildungsreligion? Beobachtungen zu Bildungsprozessen und -zielen in der frühchristlichen Apologetik und Katechetik, in: Müller, Christof/Förster, Guntram (Hgg.): Augustinus als Pädagoge und Sprachtheoretiker (Cassiciacum 39,16 = Res et Signa 16), Würzburg 2020, 17–51.

Kintzinger, Martin: Wissen wird Macht. Bildung im Mittelalter, Ostfildern 2003.

Sautermeister, Jochen/Zwick, Elisabeth (Hgg.): Religion und Bildung: Antipoden oder Weggefährten? Diskurse aus historischer, systematischer und praktischer Sicht, Paderborn 2019.

Vössing, Konrad: Die Geschichte der römischen Schule – ein Abriß vor dem Hintergrund der neueren Forschung, in: Gymnasium. Zeitschrift für Kultur der Antike und humanistische Bildung 110 (2003), 455–497.

Wriedt, Markus: Die theologische Begründung der Bildungsreform bei Luther und Melanchthon, in: Beyer, Michael/Wartenberg, Günter (Hgg.): Humanismus und Wittenberger Reformation, Leipzig 1996, 155–184.

Systematische Theologie

Dorothee Schlenke

Kategoriale Bildung als konstruktiv-kritische Aufgabe systematischer Theologie

1. Einleitung

Bildung ist kein einschlägiger Topos systematischer Theologie, gleichwohl der Sache nach ihr genuines Thema wie das genuine Thema protestantischer Theologie im Ganzen, und dies aus mehreren Gründen: Bereits der theologische Ursprung des Bildungsbegriffes in der mittelalterlichen Mystik (Meister Eckhart) als Bezeichnung des Gebildetwerdens des Menschen zur Gottebenbildlichkeit in Christus durch den Glauben verweist auf den »theologischen Grundsinn von Bildung« (Deuser 2001: 72). Mit dem Verständnis des Glaubens als sich bildender Gewissheit und der Betonung der Unvertretbarkeit des gebildeten Individuums im Glauben ist zweitens insbesondere protestantischer Theologie eine enge Verbindung zur Bildungsthematik eingeschrieben, die sich auch in der Frequenz und dem programmatischen Charakter kirchlicher Stellungnahmen zur Sache zeigt (vgl. EKD 2003, 2009, 2020a und 2020b). Schließlich wächst drittens systematisch-theologischer Reflexion die Beschäftigung mit Bildung schon aus ihrem konstitutiven Gegenwartsbezug zu, insofern sich die anhaltende Konjunktur des Bildungsbegriffes nicht nur internen Konstitutionsfragen der Pädagogik bzw. Erziehungswissenschaft verdankt, sondern auch wesentliche Integrationsprobleme und Orientierungsbedürfnisse der ausdifferenzierten, spätmodernen Industriegesellschaft anzeigt, wie sie sich durch die einschlägigen Stichworte Enttraditionalisierung, Pluralisierung, Individualisierung und Säkularisierung einschließlich der damit verbundenen Gegenläufigkeiten wie massiver Zukunftsängste, ökonomischer und medialer Vereinheitlichungsmechanismen, neuer Kollektivismen und einer vielgestaltigen religiösen Differenzierung sowie Fundamentalisierung charakterisieren lassen (vgl. Schwöbel 1998: 171–175 und Korsch 1997: 1–5.127–135). Durch fortgesetzte Akzeleration und Komplexitätssteigerung intensivieren sich die daraus resultierenden Prozesse politisch-gesellschaftlicher Desintegration und Entfremdung (vgl. Rosa 2016); erhöhte Anforderungen an Deutungskompetenz, Handlungsorientierung und Identitätsvergewisserung aller Gesellschaftsglieder ergeben sich stetig, denen durch Bildung begegnet werden soll.

Diese fundamentalanthropologische Dimension des Bildungsbegriffs begründet seinen Verweisungszusammenhang mit christlicher, insbesondere protestantischer Selbst- und Weltdeutung, und stellt den sachlichen Grund für die verstärkte Beschäftigung mit dem Bildungsbegriff in der gegenwärtigen systematischen Theologie dar. In reformatorischer Perspektive ist christlicher Glaube zu verstehen als die fortgehende, menschlichem Wollen letztlich entzogene und insofern primär passive Bildung des Menschen zu derjenigen daseinserschließenden und handlungsorientierenden Gewissheit, die sich als unbedingtes Vertrauen auf das geistgewirkte Wahr-Sein der Christusbotschaft vollzieht. In diesem existential umfassenden Ausgriff trifft sich theologische Bildungstheorie – trotz entgegengesetzter Begründungsstrukturen – mit aktueller »Philosophie einer humanen Bildung« (Nida-Rümelin 2013). Solche *kategoriale Bildung* ist genuines Thema systematisch-theologischer Reflexion und in Anbetracht des integralen Charakters christlicher Glaubensgewissheit (»daseinserschließend« und »handlungsorientierend«) sowohl in dogmatischer (2.) als auch in ethischer Perspektive (3.) zu entfalten. Mitlaufend zu unterscheiden sind von diesem kategorialen Bildungsverständnis all diejenigen bildungstheoretischen, -praktischen und -politischen Vollzüge, die sich auf die Gewährleistung der notwendigen lebensweltlichen Rahmenbedingungen kategorialer Bildung beziehen. Für solche Vollzüge hat ein kategorialer Bildungsbegriff nicht nur grundlegende, sondern auch kritische Funktionen, in deren Wahrnehmung sich aus theologischer Perspektive das Verhältnis religiöser zu allgemeiner Bildung artikuliert.

2. Christliche Lebensdeutung: Bildung in dogmatischer Perspektive

2.1 Glaube und Bildung: Reformatorische Grundorientierungen

Die wirkungsgeschichtlich ausgewiesene Charakterisierung des Protestantismus als »Bildungsmacht« (Graf 2017: 63–109) wird zurückgeführt auf die reformatorische Grundorientierung am Eigenrecht frommer Individualität, welche in innengeleiteter, von kirchlichen Deutungsansprüchen grundsätzlich emanzipierter Lebensführung und aktiver Weltgestaltung bildungspraktisch »religionskulturelle Prägekraft« gewinnt. Das dafür maßgebliche, im Kern bildungstheoretische Verständnis des Glaubens als Gewissheit (2.1.1) ist von Luther nicht zufällig in einem seiner bildungspraktischen Texte, dem *Großen Catechismus* (1529), entfaltet worden. Es impliziert zugleich bestimmende Einsichten bezüglich der anthropologischen Grundlagen und Ziele (2.1.2) sowie der Vollzugsbestimmungen und ethisch orientierenden Kraft (2.1.3) der damit verbundenen Bildungsprozesse.

2.1.1 Glaube als Gewissheit

Die überkommene metaphysische Frage nach dem Wesen Gottes an sich selbst (»Was ist Gott?«) überführt Luther gleich zu Beginn seiner Auslegung des 1. Gebotes (Luther, *Der Große Catechismus;* BSLK 2014, 930,10–946,21) programmatisch in die moderne, dem subjektiven Wahrheitszugang verpflichtete Frage danach, was es denn »heist ein[en] Gott [zu] haben«, nämlich, »i[h]m von hertzen trauen und gleuben [...]. Denn die zwey gehören zu hauffe, Glaube und Gott. Worauff du nu (sage ich) dein hertz hengest und verlessest, das ist eigentlich dein Gott.« (ebd., 930,13–16 und 932,1–3) Der Glaube erscheint so als der besondere Fall menschliches Leben im Allgemeinen auszeichnender, existentiell orientierender Gewissheiten, gleichwohl in emphatisch gesteigerter Weise, denn es geht im Glauben um das »gantze hertze«, also um das Bestimmtsein des Menschen in seinem Personzentrum und darum, »alle zuversicht auff Gott allein« zu richten (ebd., 934,16). Erst in solchem bedingungslosen Sich-Verlassen auf Gott, entsteht die Gewissheit, »das Gott [...] alleine der ist, von dem man alles Guts empfehet und alles unglücks los wird« (ebd., 938,12 f.). Diese Gewissheit des Glaubens bezüglich der Einheit von Inhalt und Grund seiner selbst, anders gesagt: bezüglich der Einheit von Selbst-, Welt- und Gottesgewissheit, bestimmt und orientiert das gesamte Leben des Menschen. Sie weiß sich – wie alle existentiellen Gewissheiten – primär passiv konstituiert, in theologischer Perspektive als durch den Heiligen Geist qua Wort und Sakrament gewirktes Wahrsein der Christusbotschaft, wie Luther in seiner Auslegung des Dritten Artikels grundlegend darstellt (vgl. ebd., 1058,10–1070,5 und Herms 1987). Die so verstandene Bildung des Glaubens als Gewissheit erstreckt sich über die gesamte individuelle Lebensgeschichte, in eschatologischer Perspektive über die gesamte Menschheitsgeschichte und setzt ihrerseits vielfältige Bildungsprozesse frei: »Denn wir haben doch teglich, so lang wir hie leben, daran zu predigen und zu lernen.« (Luther, *Der Große Catechismus;* BSLK 2014, 1070,4 f.)

2.1.2 *Gottebenbildlichkeit und Sünde*

Die motivgeschichtliche Verbindung der Lehre von der *imago Dei* (»Gottebenbildlichkeit«) mit dem Bildungsbegriff ist von der mittelalterlichen Mystik bis in die Gegenwart hinreichend belegt (vgl. Schilling 1961; Biehl 2003). Der Ursprung der Bild-Metaphorik liegt in den ätiologischen, d. h. grundsätzlich deutenden Texten der *alttestamentlichen Urgeschichte* (Gen 1–11) als anthropologischer Grundgeschichte, welche die Gottebenbildlichkeit als *Bestimmung des Menschen* exponiert, wobei sich die Übertragung der Bildvorstellung aus der altorientalischen Königsideologie einer »funktionalen Entsprechung« verdankt (Crüsemann 2001: 83): So wie der König die Herrschaft Gottes über die Welt stellvertretend in der Welt wahrnimmt und dies in seinem aufgestellten Bild als Herrschaftszeichen symbolisiert, so repräsentiert der Mensch den souveränen Schöpfergott in der Schöpfung, indem er an der Stelle Gottes die Schöpfung verantwortlich »bebaut und bewahrt« (Gen 2,15). In der weiteren Bestimmung der Gottebenbildlichkeit (Gen 1,26–28) kommt daher der *relationale Grundzug biblischer Anthropologie* zum Ausdruck, demzufolge der Mensch wesentlich aus seinen Beziehungen zu verstehen ist: der grundlegenden Relation zu Gott (Geschöpf), die ihrerseits ein entsprechendes Selbstverhältnis (Geschöpflichkeit, Endlichkeit) als auch ein Weltverhältnis sowohl zum Mitmenschen (Sozialität, Generativität) wie zur äußeren Natur (Verantwortung) begründet mit der Pointe, dass die Grundrelation zu Gott analog zum Bilderverbot (Ex 20,4) auch den prinzipiellen Schutz, die letztliche Unverfügbarkeit der Person gegenüber vereinnahmenden »Bildern« bedeutet. Als geschichtliche Bestimmung des Menschen ist die Gottebenbildlichkeit in grundsätzlicher Weise unverlierbar; in ihrer konkreten

Realisierung kann sie gleichwohl korrumpiert, verfehlt werden durch die *Sünde*.

Im *Neuen Testament* gilt daher Jesus Christus exklusiv als *das* Ebenbild Gottes (2 Kor 4,4); allein in der glaubenden Lebensgemeinschaft mit Christus kann der Mensch in das Bild Gottes in Christus im Sinne einer »Neuschöpfung« (2 Kor 5,17) wieder verwandelt werden (2 Kor 3,18). Dieses Geschehen wird von Paulus und seinen Schülern der Sache nach als ein Bildungsprozess verstanden, als ein Wachsen und Zunehmen, als Mündigwerden der Christen und als effektive, alltagsethisch umzusetzende innere Wandlung der Glaubenden in der Nachfolge (vgl. Kittel/Schrage 2001 und den Beitrag von Tor Vegge in diesem Band).

Dieses biblische Verständnis der *imago Dei* ist mitzubedenken, wenn Luther in seiner *Disputatio de homine* (1536) in 40 Thesen durch differenzierende Abgrenzung zur philosophischen Anthropologie (These 1–19) das theologische Verständnis des Menschen im Horizont seiner Bestimmung zur Gottebenbildlichkeit (These 1–19) entfaltet (vgl. Luther, *Disputatio D. Martini Lutheri: De homine* 15–24) Mit der Kategorie der *Bestimmung* wird die spannungsvolle anthropologische Leitdifferenz von Sein und Sollen, Dasein und Wesen des Menschen mit einem entsprechenden Aufforderungs- und Verpflichtungscharakter zum Zuge gebracht und so menschliches Leben in seiner Bestimmungsbedürftigkeit und Bestimmbarkeit und d. h. in seiner Angewiesenheit auf Bildungsprozesse exponiert. In Aufnahme des biblischen Befundes entfaltet Luther die Gottebenbildlichkeit in ihrer dreifachen Relation als Gottes-, Selbst- und Weltverhältnis unter besonderer Betonung der ganzheitlichen leiblich-seelischen Verfasstheit des Menschen, die ihrer ideellen Bestimmung nach »ohne Sünde« und ewig ist (These 21; ebd., 19). Gleichwohl gilt »in diesem Leben« (These 38; ebd., 23) die Realität der *Sünde* (These 22; ebd., 19 f.), die als Negation der Gottebenbildlichkeit und damit der essentiellen Beziehungshaftigkeit des Menschen in die Beziehungslosigkeit, in ihrer Totalität in den »Tod« führt. Der beziehungslose Mensch ist der *homo incurvatus in se ipse* (»der in sich selbst verkrümmte Mensch«), der *sich* nicht mehr verlassen kann auf Gott und insofern der exemplarisch Ungläubige ist. Damit wird die Sünde von Luther entschieden entmoralisiert; sie bleibt dennoch strikt die je eigene Sünde, die zur Tat wird, als Wesensverkehrung durch das je eigene Handeln jedoch gerade nicht überwunden werden kann und so als überindividuelle »Macht« zum Zuge kommt. Anders gesagt:

Die Sünde sistiert alle auf Relation beruhenden Bildungsprozesse der Person, sie kann daher ihrerseits nur von außerhalb der Person sistiert werden durch Umkehr, Neubildung, Neubestimmung der Person im Sinne einer Befreiung zum bestimmungsgemäßen Sein in Beziehung: *Rechtfertigung* und *Freiheit*.

2.1.3 Rechtfertigung und Freiheit

Hominem iustificari fide – »dass der Mensch durch Glauben gerechtfertigt wird« (Luther, *Disputatio D. Martini Lutheri: De homine* These 32, 22), so fasst Luther unter Rekurs auf Paulus (Röm 3,28) die menschliche »Grundsituation« (vgl. Ebeling 1989: 405–408) in der Spannung zwischen aufgegebener Bestimmung (Gottebenbildlichkeit) und gebrochener Realisierung (Sünde) zusammen. *Rechtfertigung* bezeichnet dann denjenigen Prozess, in welchem sich dem darin unvertretbaren Individuum die Wahrheit seiner Lebenssituation unverfügbar und eben so im Modus passiv konstituierter Gewissheit erschließt, d.i. allein als Glaube (*sola fide*) daran, dass sich allein durch die im kommunizierten Wort des Evangeliums (*solo verbo*) bezeugte, durch Tod und Auferstehung Jesu Christi (*solus Christus*) neu eröffnete Lebensgemeinschaft mit Gott in und trotz erfahrener und bleibender Entfremdung (Sünde) die Bestimmung des eigenen Lebens unverdienterweise und deshalb allein durch Gnade (*sola gratia*) zu realisieren vermag. In der glaubenden Bezogenheit auf Christus und auf Gott ist der Mensch so gerechtfertigt, außerhalb dieser Beziehung, in der Ausschließlichkeit der Selbstbezogenheit, d.i. im Unglauben, bleibt der Mensch ein Sünder, so dass er in seiner Grundsituation *simul iustus et peccator* (»ein Gerechter und ein Sünder zugleich«) ist.

Luther beschreibt die Rechtfertigung der Sache nach als einen Prozess passiven Gebildetwerdens, in welchem der Mensch *pura materia Dei* (»reiner Stoff Gottes«) für die zukünftige Wiederherstellung seiner Gottebenbildlichkeit ist (Luther, *Disputatio D. Martini Lutheri: De homine* These 38, 23). Auch der Glaube als Rechtfertigungs- und insofern Heilsgewissheit ist kein Werk des Menschen, sondern verdankt sich der kontingenten, durch den Heiligen Geist bewirkten Erschließung der Wahrheit des Evangeliums. Gleichwohl wird der Glaube als ein personaler Akt vollzogen: Im geistgewirkten, unbedingten Sich-Verlassen auf Gott erfährt sich der Glaubende in seinem allem Denken und Handeln vorgegebenen und so extern begründeten Personsein; er empfängt sich in dem Sich-Gegebensein als Person gleichsam neu, daher gilt: *Fides facit personam* – »Der Glaube macht die Person.«

(Luther, *Die Zirkulardisputation de veste nuptiali*; WA 39/I, 283,1) Dieser konstitutive Externitätsbezug des Personseins findet in der Figur der *Anerkennung* seinen Ausdruck, da Anerkennung nie in den Besitz des Anerkannten übergeht, sondern stets eine Funktion des Verhältnisses zwischen Anerkennendem (Gott) und Anerkanntem (Mensch) bleibt.

Als solchermaßen »unwiderruflich anerkannte Person« (Jüngel 2011[6]: 213) ist der Glaubende in der Unverfügbarkeit seines Personseins kategorial unterschieden von seinem Tun, seinen Werken, und insofern befreit in dem präzisen Sinne eines Zur-Freiheit-Befreitseins: Von allen innerweltlichen Anerkennungszwängen befreit, ist der Christenmensch einerseits als »innerer Mensch« ein »freier Herr« und andererseits als »äußerer Mensch« ein »dienstbarer Knecht aller Dinge«, befreit zum wirklichen Tun des Guten in der Welt und so frei im Glauben, dienstbar jedoch in der Liebe (vgl. Luther, *Von der Freiheit eines Christenmenschen*; WA 7,20). Der Gerechtfertigte, so Luthers Überzeugung, handelt verantwortlich nicht im Sinne äußerer Gesetzlichkeit, sondern sua sponte, in effektiver Entsprechung zum inneren Impuls seiner Rechtfertigungsgewissheit, denn die sich extern begründet wissende Freiheit kann auch in ihrem Vollzug ganz beim Anderen sein, beim jeweils personalen Nächsten wie in der Arbeit für das Gemeinwohl. Für den solchermaßen gebildeten Freiheitsgebrauch ist von einem »doppelten Entsprechungsverhältnis« (Jüngel 1991[3]: 103) auszugehen: Der äußere Mensch soll sich zum inneren Menschen verhalten wie der innere Mensch zu Gott. Beide Entsprechungsverhältnisse werden von Luther als Bildungsprozesse verstanden mit der charakteristischen Differenz, dass der innere Mensch im Verhältnis zu Gott rein empfangend ist, während der äußere Mensch zwar analog bestimmt ist durch die Rechtfertigungsgewissheit, im Handlungsvollzug als solchem jedoch gleichwohl aktiv und willentlich agiert. Beide Verhältnisse sind nach Luther im Duktus der Rechtfertigung christologisch bestimmt; im Innenverhältnis wirkt Christus ohne Zutun des Menschen als *sacramentum*, im Außenverhältnis als *exemplum* durch dessen inhaltliche Qualifizierung als Nachfolge.

2.2 Reflexive Selbst- und Weltdeutung: Protestantisches Bildungsverständnis in der Moderne

Luthers Verständnis des Glaubens als daseinserschließende (Rechtfertigung) und handlungsorientierende (Freiheit) Selbstgewissheit des

Menschen im Verhältnis zu Gott und die damit verbundene, antischolastische Fokussierung der Theologie auf das Gottesverhältnis des Menschen hat über die mit objektiv-normativem Anspruch versehenen Lehrsysteme des Protestantismus des 16./17. Jahrhunderts (Altprotestantismus) hinweg insbesondere in der sich an die Aufklärung anschließenden Theologie (Neuprotestantismus) theologisch und bildungstheoretisch bis in die Gegenwart hinein prägend gewirkt und so die innere Affinität des neuzeitlichen Protestantismus zur Bildungsthematik begründet.

2.2.1 Frömmigkeit als gebildetes Selbstbewusstsein: Friedrich Daniel Ernst Schleiermacher

In entschiedener Wendung gegen aufklärerische Engführungen des Religionsbegriffs (natürliche Religion, moralische Funktionalisierung) und des Bildungsbegriffs (systematisch gesteuerte und kontrollierte Erziehung zu gesellschaftlicher Brauchbarkeit) einerseits und im Anschluss an den zeitgenössischen philosophischen Diskurs über Begründungsfragen des Selbstbewusstseins andererseits hat Friedrich Schleiermacher die reformatorische Grundorientierung einschließlich ihrer bildungstheoretischen Tiefendimension wieder aufgenommen und programmatisch geweitet: *Bildung* ist für Schleiermacher der anthropologische und philosophische Leitbegriff seines Wirklichkeitsverständnisses und insofern *kategorial* bestimmt. Alles Leben vollzieht sich, so Schleiermacher, in dynamischen, korrelativen und in sich jeweils zielstrebigen Prozessen passiven Gebildetwerdens und aktiven Bildens (vgl. Herms 2001: 151–166) unter der Vermittlung grundsätzlicher Polaritäten des Lebens wie Rezeptivität und Spontaneität, Insichbleiben und Aussichheraustreten, Natur und Vernunft, Individuum und Menschheit, Freiheit und Abhängigkeit (vgl. Schleiermacher, *Über die Religion* 1799; KGA I/2, 191,10–192,28). Auch menschliches Leben ist als fortwährender Bildungsprozess in eben diesem Sinne zu verstehen mit der Pointe, dass der Mensch als selbstbewusstes, geistiges und verantwortungsfähiges Wesen, d.i. als Subjekt, in diesem Bildungszusammenhang einen Prozess innerer Selbstbildung, d.i. individuell personaler Bildung vollzieht, der sich an einer bestimmenden Einsicht in Ursprung, Ziel und Verfassung des allgemeinen Bildungszusammenhangs aufbaut und für den religiöses Bewusstsein ebenso konstitutive wie formative Bedeutung hat.

Auf dem Wege der Selbstanschauung individueller, vernünftig-natürlicher Individualität entfaltet Schleiermacher in seiner philosophischen Ethik eine Gesamtanschauung menschlich-geschichtlichen Lebens als universalen, kulturbildenden sittlichen Interaktionsprozess aller vernünftigen Individuen, der sich in strukturierten, aufeinander bezogenen und zielstrebigen Prozessen des Gebildetwerdens und Bildens vollzieht. Diese Bildungsprozesse formieren sich entsprechend der jeweils zugrundeliegenden sittlichen Handlungsweise zu sittlichen Gemeinschaftsformen, d.i. zu einem »sittlichen Bildungsgebiet« (Schleiermacher, *Entwürfe zu einem System der Sittenlehre*). Als solche selbständigen sittlichen Gemeinschaftsformen bzw. ethischen Güter versteht Schleiermacher Geselligkeit (in aktueller Perspektive: Wirtschaft), Staat, Wissen (Akademie, Schule, Universität) und Kirche (mit angebildetem Kunstsystem); ihr realisierter Inbegriff als höchstes Gut, d.h. als sittliche Gesamtwirksamkeit vernünftigen Handelns in der Natur, ist die Zielbestimmung des ethischen Prozesses; in ihr »offenbart sich die menschliche Natur« (Schleiermacher, *Entwürfe zu einem System der Sittenlehre* 1812/13, § 262, 371).

Im Rahmen dieser ethischen Zielbestimmung muss der für die Bildung personalen geistigen Lebens in den sittlichen Gemeinschaftsformen notwendige Wechselwirkungszusammenhang von Gebildetwerden und Bilden über den Generationenzusammenhang hinweg erhalten werden und zwar durch gezielt einwirkendes Handeln: Erziehung. Die Theorie dieses erzieherischen Handelns ist die *Pädagogik*, als deren Begründer im Sinne einer akademisch etablierten Wissenschaft Schleiermacher neben Johann Friedrich Herbart durchaus kanonischen Rang hat (vgl. Brachmann 2001).

Insofern individuelle Selbstbildung des Menschen im Blick auf seine Gattungsnatur stets angewiesen bleibt auf Prozesse der Gemeinschaftsbildung in Sinne einer kritisch-produktiven Vermittlung von Individuellem und Allgemeinem (vgl. Schleiermacher, *Pädagogik Vorlesungen 1826*, 7–72) ergeben sich nach Schleiermacher im Kontinuum der drei Erziehungsperioden (1. Häusliche Erziehung: Familie; 2. Öffentliche Erziehung: Schule; 3. Übergang ins Berufsleben) zwei Grundausrichtungen erzieherischen Handelns: 1. die Bildung und Förderung der »persönlichen Eigentümlichkeit« (individueller Aspekt) und 2. die Hineinbildung des Einzelnen in die sittlichen Gemeinschaftsformen im Sinne einer Befähigung zu persönlich verantworteter Lebensführung, welche sowohl die Erhaltung der Gemeinschaftsformen als auch ihre produktive Fortbildung zur Beförderung des ethischen Gesamtzieles einschließt (universeller Aspekt). Der sachliche Schwerpunkt von Schleiermachers Pädagogik liegt dabei auf der freien *individuellen*

Selbstbildung im Leitsinne des »Menschen in seiner persönlichen Vollkommenheit« (ebd., 37), der bildender Teil sittlicher Intersubjektivität ist und sich gleichwohl von derselben gebildet weiß. In dieser Bezogenheit auf das rezeptiv-spontane, leiblich-seelische Individuum grenzt sich Schleiermacher sowohl von Konzepten schlechthinniger Bildungsbedürftigkeit des Menschen (»Allmacht« der Erziehung) als auch schlechthinniger Bildungsunfähigkeit des Menschen (»Ohnmacht« der Erziehung) entschieden ab. Das Eigenrecht lebendiger Individualität ist ihm vielmehr maßgebliches Kriterium gelingender Erziehung, indem es als gleichermaßen widerständiges Moment gegen drohende Dominanzen des Allgemeinen, egalisierende Gleichheitspostulate und die Funktionalisierung gegenwärtiger Lebensmomente des Individuums für zukünftige Bildungsziele fungiert (vgl. ebd., 39–57).

Diese Vorordnung individueller Selbstbildung führt Schleiermacher zu einer dezidierten Vorordnung der »allgemeinen Bildung« als *selbstzwecklicher* »Bildung zum Menschen« (Schleiermacher, *Pädagogik Vorlesungen 1813/14,* 236) vor jeder beruflichen Spezialisierung. Zweitens zeigt sich der Vorrang individueller Selbstbildung in der für die Gesamtkonzeption von Schleiermachers Pädagogik in allen Gemeinschaftsformen und Erziehungsperioden bedeutsamen *Gesinnungsbildung,* der jeweils feldbezogene Kenntnisse und Fertigkeiten zugeordnet werden. Als bestimmende Grundausrichtungen des Wollens und so die einzelnen Willensakte freisetzende »innere konstante Lebenstätigkeit« des Subjekts bilden sich *Gesinnungen* durch »freie Wechselwirkung« auf dem »Gebiete des freien Lebens«; sie können pädagogisch nicht operationalisiert, sondern bestenfalls – kontingent – »geweckt werden durch unterstützende Tätigkeit« (Schleiermacher, *Pädagogik Vorlesungen 1826,* 113–115). Anschaulich werden die Gesinnungen für das betreffende Subjekt wie für andere nur in den einzelnen Willensakten und deren Beziehung aufeinander, wie sie den »Gemeingeist« eines Lebensbereiches ausmachen, so als bürgerlichpolitische Gesinnungen im Bereich des Staates, als kosmopolitische Offenheit in der freien Geselligkeit, als freiheitliche Gesinnung in der Wissenschaft und als christliche Gesinnung in der Kirche. Der Familie als sittlicher Keimgemeinschaft kommt eine prägende Bedeutung für alle Gesinnungen zu, insbesondere für die ethischen (Liebe) und religiösen Gewissheiten.

Das Verhältnis dieser ausdifferenzierten Gesinnungsbildungen zueinander ist nun – unbeschadet der Nicht-Reduzierbarkeit der damit verbundenen Gemeinschaftsformen – nicht paritätisch zu denken; die religiöse resp. christliche Gesinnung wird von Schleiermacher als bestimmende Grundgewissheit exponiert und in dreifacher Weise begründet: 1. Religiöse Gesinnung ermöglicht aufgeklärten Freiheitsgebrauch; sie ist »Fundament [...] zu einem Handeln in allen Fällen« (ebd., 171). 2. Die christliche Kirche ist die exemplarische sittliche und insofern auch pädagogisch wirksame Gemeinschaftsform im Blick auf die gelungene Vermittlung von Individuum und Gemeinschaft (vgl. ebd., 171f). 3. Das religiöse bzw. christliche Bewusstsein ist als individuelles Selbstbewusstsein zugleich auf Totalität bezogen, in ihm kann sich daher die für die sittliche Zielbestimmung pädagogischen Handelns erforderliche Gesamtanschauung des ethischen Bildungszusammenhangs ineins mit der Rücksichtnahme auf die lebendige Individualität des Edukanden vollziehen (Schleiermacher, *Pädagogik Vorlesungen 1813/14*, 263f.). Die von Schleiermacher religiös verstandene »Bestimmung des Menschen [...], die Welt in sich aufzunehmen und sich in der Welt darzustellen« (ebd., 235), stellt letztlich die Leitperspektive pädagogischen Handelns dar.

Das *Verhältnis von religiöser und allgemeiner Bildung* wird von Schleiermacher so *kategorial* gewendet: Die in Familie und Kirche sich bildende christliche Gesinnung gewinnt durch ihren integrierenden und letztorientierenden Charakter öffentliche bildungspraktische Bedeutung für die Bildungsvorgänge in allen gesellschaftlichen Feldern. Indem zweitens allen Bildungsprozessen durch ihr Ausgerichtetsein auf individuelle Selbstbildung eine mitlaufende Selbstdeutung innewohnt, beinhalten alle Bildungsvorgänge stets auch eine implizite, wenn nicht immer explizite Auseinandersetzung mit religiöser Selbst- und Weltdeutung. In der Bestimmung des Verhältnisses von religiöser zu allgemeiner Bildung geht es damit weniger um die Frage der Platzierung religiöser Themen auf der Inhaltsebene von Bildungsvorgängen noch um die Strukturanalogien zwischen religiösen und allgemeinen Bildungsvorgängen (Unverfügbarkeit, Unabschließbarkeit etc.), sondern es geht um die *kategoriale Frage*, ob der bildungstheoretisch grundlegende Bezug des Menschen auf anderes, auf die Welt (natürlich und sozial), ohne den Rekurs auf Religion auskommt. So gesehen, hätte sich nicht das religiöse Bewusstsein bildungstheoretisch zu rechtfertigen, sondern umgekehrt ist zu fragen, ob ein gebildetes Selbstverständnis nicht unvollständig bleibt ohne Bezugnahme auf fromme Selbstauslegung. Es ist diese Frage, die Schleiermacher in grundsätzlicher Kontinuität zu der bildungstheoretischen Intention

seiner frühen Reden über die Religion »an die Gebildeten unter ihren
Verächtern« (1799) in der reifsten Fassung seiner subjektivitätstheoretischen Rekonstruktion des religiösen bzw. christlichen Bewusstseins in der Einleitung seiner »Glaubenslehre« (vgl. Schleiermacher,
*Der christliche Glaube nach den Grundsätzen der evangelischen Kirche
im Zusammenhange dargestellt* 1830/31²; KGA I/13.1, §§ 3–6, 19–59)
zu beantworten sucht. Die entsprechenden Grundgedanken sollen
hier in der gebotenen Kürze im Blick auf sein Bildungsverständnis
rekapituliert werden.

Unter Voraussetzung des lebensweltlichen Gegebenseins von Frömmigkeit besteht Schleiermachers systematische Intention darin, die
subjektivitätstheoretischen Bedingungen des religiösen Aktes und
damit die religiöse Begriffsbildung selbst kritisch zu rekonstruieren
(vgl. Schlenke 1999: 136–183): Indem Gottes- und Weltbewusstsein
als unter identischen erkenntnistheoretischen Bedingungen (Selbstreflexion endlicher Subjektivität) entstehend konstatiert werden, soll
deutlich werden, dass nicht nur der bereits Fromme die dargelegte
Bewusstseinsanalyse teilen kann, sondern dass jeder, »der einiger
Selbstbeobachtung fähig ist […] Interesse an dem eigentlichen Gegenstand unserer Untersuchungen finden kann« (ebd., § 4.1; 34,23–25).
Schleiermachers Analyse setzt ein bei der Konstatierung einer *ir-
reduziblen Duplizität* empirischer Subjektivität von Rezeptivität und
Spontaneität, Abhängigkeit und Freiheit, Gebildetwerden und Bilden,
welche den Lebensprozess des Subjekts im Zusammensein mit anderem kennzeichnet. Im Bewusstsein dieser Duplizität wird dem Subjekt
zugleich die Relativität und Endlichkeit seiner Freiheit bewusst und
damit die Einsicht thematisch, dass endliche Freiheit nicht ihr eigener
Grund sein kann, »weil unser ganzes Dasein uns nicht als aus unserer
Selbstthätigkeit hervorgegangen zum Bewußtsein kommt« (ebd., § 4.3;
38,7–9). Das Sichgegebensein des eigenen Daseins ineins mit dem
Gegebensein der Gesamtheit dessen, was jemals Bezugspunkt seiner
empfänglichen und selbsttätigen Lebensbewegungen sein kann (Welt),
wird dem Subjekt als *schlechthinnige Abhängigkeit* bewusst, d. h. als
Abhängigkeit von etwas außerhalb der Wechselwirkung, bildungstheoretisch gesprochen: als schlechthinniges Gebildetwordensein, das
allem aktiven Bilden und Sichbilden vorausliegt. Als diese schlechthinnige Abhängigkeit kann sie nur rezeptiv, als präreflexive Bestimmtheit
des Selbstbewusstseins, d. i. als *Gefühl*, gegenwärtig werden. Sich des
Grundes der eigenen Selbstgewissheit als des zugleich alle Wirklichkeit
begründenden und insofern transzendenten Grundes innezuwerden,

ist nach Schleiermacher die im religiösen Akt vollzogene Bildung des *Gottesbegriffs*. Die Frömmigkeit, so Schleiermachers berühmte Definition, ist folglich zu verstehen als »eine Bestimmtheit des Gefühls oder des unmittelbaren Selbstbewußtseins« (ebd., § 3 Leitsatz; 20,1–3), dass »wir uns unserer selbst als schlechthin abhängig, oder, was dasselbe sagen will, als in Beziehung mit Gott bewußt sind« (ebd., § 4 Leitsatz; 32,13–15).

Demzufolge gilt dann ein Lebensmoment als fromm, wenn an der momentanen sinnlichen, durch Weltbezug generierten Bestimmtheit des Selbstbewusstseins das unmittelbare Bewusstsein schlechthinniger Abhängigkeit aufbricht und den Moment als konkret bestimmten Moment dominiert. Diese dominante Beziehung des Gottesbewusstseins auf das sinnlich bestimmte Selbstbewusstsein beschreibt Schleiermacher, auch entwicklungs- und religionsgeschichtlich gewendet, als einen zielgerichteten Bildungsprozess im Sinne einer kontinuierlichen »Folge frommer Erregungen als Forderung« (ebd., § 5.5; 50,22), deren konkrete einzelne Manifestation gleichwohl unableitbar (Offenbarung) im Kommunikationszusammenhang der frommen Vergemeinschaftung (Kirche) geschieht. Seine inhaltliche Bestimmtheit gewinnt das irreduzibel individuelle fromme Bewusstsein im Kontext der jeweiligen positiven Religion, bezogen auf das Christentum, durch qua Heiligem Geist vermittelte, im kirchlichen Gesamtleben wirksame Erlösung als Befreiung zur Dominanz des Gottesbewusstseins über das sinnlich bestimmte Selbstbewusstsein durch die vollkommene, urbildliche Frömmigkeit Jesu.

Frömmigkeit wird so verstanden als ein essentiell *gebildetes Selbstbewusstsein* in einem dreifachen Sinne: *schlechthinnig passiv* gebildet (Gottesbewusstsein), gebildet als steter *Prozess* des Gebildetwerdens und Bildens (Weltbewusstsein) und gebildet im *Zielsinne* als ein sich selbst erfassendes Selbstverhältnis, d.i. *reflexiv*. Als dieses gebildete, über sich selbst aufgeklärte Selbstbewusstsein ist Frömmigkeit und christliche Frömmigkeit insbesondere eine wesentliche Dimension der Bildung des Menschen, in der konstitutiven Verwiesenheit auf das Weltbewusstsein eine motivierende Kraft zu stetem Bildungshandeln in der Welt, wie sich auch an Schleiermachers vielfältiger bildungspraktischer Tätigkeit nachverfolgen ließe.

Luthers Verständnis des Glaubens als gewissheitsorientierter Bildungsprozess wird so von Schleiermacher subjektivitätstheoretisch eingeholt und bildungstheoretisch kategorial zu einer umfassenden Wirklichkeitsanschauung gewendet. Wirkungsgeschichtlich prägend wurde auch seine programmatische Grundlegung der Theologie als wissenschaftlich gebildete Selbstreflexion des christlich frommen Bewusstseins im konstitutiven Rekurs auf seine lebensweltlich stets vorausgesetzte vorwissenschaftliche Selbstdeutung. Damit ist in bildungstheoretischer Hinsicht das Eigenrecht gelebter Religion affirmiert und der Theologie eine auch bildungspraktisch bedeutsame Positionalität ebenso wie Kontextualität eingeschrieben. Diese Dimensionen realisieren sich in Schleiermachers Programm einer »Umbildung« (ebd.; KGA I/13.2, § 172.2, 530,12), die sich der Gegenwart verpflichtet weiß und insofern kritisch, jedoch die Grundintention bewahrend, mit den Bildungsgehalten der christlichen Tradition umgeht.

2.2.2 Protestantisches Bildungsverständnis und allgemeiner Bildungsbegriff

»Bildung als Umbildung« – Mit dieser Formel hat Trutz Rendtorff (Rendtorff 1998: 32) die enge Verbindung zwischen neuzeitlichem Bildungsverständnis und der spezifischen Problemstellung protestantischer Theologie beschrieben: Bildung »ist im Sinne ihres neuzeitlichen Bedeutungsgehaltes aus der Umbildung dogmatisch festgeschriebener Gehalte des Christentums in Ansprüche an die individuelle Lebensführung hervorgegangen« (ebd., 32). Wie sich an der Theologiegeschichte des 19. und frühen 20. Jahrhunderts (vgl. Albrecht 2003: 31–45) nachweisen lässt, beinhaltete *Umbildung* nicht nur die innertheologische Vermittlungsleistung zwischen Tradition und Gegenwart, sondern fungierte auch als Schlüsselbegriff theologischer Kulturdeutung unter der Leitidee der Vervollkommnung idealer Individualität (vgl. von Harnack, *Die sittliche und soziale Bedeutung des modernen Bildungsstrebens*) sowie als geschichtliche Strukturkategorie protestantischer Selbstdeutung (vgl. Troeltsch, *Protestantisches Christentum und Kirche in der Neuzeit*).

Diese Signaturen eines spezifisch protestantischen Verständnisses von Bildung als Umbildung finden sich, wie die vorangegangenen Ausführungen zeigen, exemplarisch bereits in Schleiermachers Bildungsbegriff, durch dessen frömmigkeitstheoretische Grundlegung der umfassende Charakter und die anthropologische Tiefendimension ebenso wie die motivationale Kraft alles bildenden Handelns argumentativ eingeholt werden. Bildung im Sinne Schleiermachers (vgl. Herms 2001: 160–176) kann in keiner Weise partikularisiert oder sektoralisiert werden; sie ist ein lebenslanger bzw. menschheitsgeschichtlicher Prozess, der den ganzen Menschen und die soziale Ordnung betrifft, wobei

Schleiermacher von einer produktiven Vermittlung von Öffentlichkeit und Privatheit, Individuum und Allgemeinheit in der Verschränkung von Gebildetwerden und Selbstbildung auf der Grundlage eines elastischen Institutionenverständnisses ausging. *Individuelle Selbstbildung* als Bildungsprozess eines reflektierten Individualitätsbewusstseins auf der Grundlage (christlich) frommer Selbst-, Welt- und Gottesgewissheit zielt auf eine entsprechend innengeleitete Lebensführung, die sich im rechten Freiheitsgebrauch und der mündigen Partizipation in allen gesellschaftlichen Bereichen und nicht zuletzt auch im eigenständigen Bildungshandeln geltend macht: *Bildung* als Entfaltung des Humanum im Horizont religiöser Gewissheit.

Kritische Anfragen an Schleiermachers Bildungsverständnis beziehen sich vor allem darauf, dass seine Vorstellung individueller und sozialer Bildung von einer allzu harmonischen Vermittelbarkeit der ausdifferenzierten gesellschaftlichen Bereiche ausging einschließlich aller damit gegebenen Differenzen und Widerstände, die von ihm selbst nur als Entwicklungshemmungen, nicht jedoch als reale und ggf. perennierende Gegensätze begriffen wurden. So setzte Schleiermacher auch die funktionierende, öffentlichkeitswirksame gesinnungsbildende Zusammenarbeit von Familie und Kirche voraus, verbunden mit einer grundlegenden Skepsis gegenüber dem öffentlichen Religionsunterricht (vgl. Schleiermacher, *Pädagogik Vorlesungen 1826*, 372), eine Einschätzung, die angesichts der raschen Säkularisierung des Bildungsbegriffes schon damals als unrealistisch betrachtet werden muss. Auch im Blick auf das Individuum müsste ein protestantisches Bildungsverständnis, deutlicher als bei Schleiermacher, der in der reformatorischen Rechtfertigungslehre herausgestellten Gebrochenheit und Fragilität menschlicher Existenz Rechnung tragen.

Der religiöse Ursprung des Bildungsbegriffes, seine Finalität in der Bestimmung des Menschen, deren religiös geprägte Metaphorik (Gottebenbildlichkeit) auch sprachlich präsent blieb und von Schleiermacher subjektivitätstheoretisch-kategorial gewendet wurde, dieses dem Bildungsbegriff inhärierende Überschussmoment machte ihn in der Folgezeit zu einem selbstregulativen Begriff. Die bis heute prägende Vorlage dafür lieferte das durch *Wilhelm von Humboldt* begründete *klassisch-neuhumanistische Verständnis von Bildung* als selbstzweckliche »Menschenbildung« im Sinne einer proportioniert-harmonischen, freien Entfaltung der Individualität in tätiger Auseinandersetzung mit der natürlichen und geschichtlichen Welt mit dem Ziel vernünftiger Selbstbestimmung (vgl. von Humboldt, *Theorie der Bildung des Menschen*). In der Idealität dieser Zielsetzung wirkte die religiöse Grundierung des Bildungsbegriffes nach (vgl. Koselleck 1990: 17); folglich wurde und wird immer dann, wenn gesellschaftliche Tendenzen der Entfremdung, Totalisierung, Vergleichgültigung oder Standardisierung die freie Entfaltung von Individualität bedrohen, der Bildungsbegriff in seinem zumeist implizit bleibenden »religiösen Überhang« (ebd., 26) aufgeboten (Beispiele bei Albrecht 2003: 28 f.). Augenscheinlich hat die Berufung auf »Bildung« dann Konjunktur, wenn es um die konstruktive Bearbeitung von Differenzen, Spannungen und Ambivalenzen im Weltverhältnis des Subjekts geht. Möchte man hier von einem »inneren Consensus« sprechen, so handelt es sich um einen Begriff von Bildung »als einen durch Personalität, Bewusstseinserhellung und soziale Verantwortung ausgezeichneten Modus des menschlichen In-der-Welt-Seins« (Lichtenstein 1971: 937).

Theologische Bildungskritik tritt folglich immer dann auf den Plan, wenn die religiöse Grundierung solch reflexiv gebildeten Weltverhältnisses nicht mehr gewusst wird bzw. in säkulare Selbsterlösung gekippt ist, anders gesagt: Wenn das »Sich-Bilden« nicht im Horizont eines primären »Gebildetwerdens« gesehen wird. So hat *Karl Barth* 1938 seinem viel beachteten Vortrag mit dem programmatischen Titel »Evangelium und Bildung« ein fundamentalanthropologisches und an neuzeitliche Bildungstheorien anschlussfähig erscheinendes Verständnis von Bildung als »die Aufgabe der inneren und äußeren Gestaltung der menschlichen Existenz im Blick auf deren ursprüngliche, letzte und eigentliche Bestimmung und Möglichkeit« (Barth, *Evangelium und Bildung*, 3) zugrunde gelegt, das »Subjekt« solcher Bildung und die »Lösung« aller damit verbundenen konkreten Aufgaben aber »ausschließlich« *christologisch* bestimmt. Das bestimmende theologische Interesse Barths an der unbedingten Souveränität und Selbstbestimmung Gottes, welches die dialektische Entgegensetzung von theologischem und allem kulturell-historisch vermittelten Selbstverstehen des Menschen impliziert, führt auch hier zu einer »notwendige[n] Entgegensetzung« von Evangelium und menschlichem Bildungsstreben. Im Evangelium als »Botschaft von Gott im strengsten Sinn« (ebd., 9) ist »alle Bildung des Menschen enthalten, vorgebildet und schon vollzogen« (ebd., 11).

Problematisch sind Barths Äußerungen nicht im Blick auf ihren dezidiert theologischen bzw. christologischen Charakter, sondern in ihrer offenbarungstheologisch begründeten Unvermitteltheit mit menschlichem Bildungsstreben und so in der Abständigkeit zu einem formal-allgemeinen Bildungsverständnis (vgl. Preul 2001: 146; anders Biehl 2003: 31–36). Ihre kritische Berechtigung haben Barths Äußerungen dort, wo sie aus dezidiert theologischer Perspektive falsche Verabsolutierungen und Egalisierungen in Bildungsvorgängen kritisieren und so an die Kontingenz des Gelingens und an die Unabschließbarkeit aller Bildungsprozesse erinnern, vor allem im Blick auf ihre Tiefendimension als personaler Bildung zu letztorientierender Selbstgewissheit.

Diese theologische Bildungskritik im Kontext der Dialektischen Theologie hat aufgrund ihrer antithetischen Stellung zur zeitgenössischen Bildungstheorie in der Folge zu einem weitgehenden Abbruch des Gesprächs zwischen Theologie und Pädagogik bis in die 60er Jahre hinein geführt, prolongiert durch die sog. »empirische Wende« der sich dann als Erziehungswissenschaft neu konstituierenden Pädagogik (vgl. Fraas 2000: 84–96).

Von systematisch-theologischer Seite hat *Wolfhart Pannenberg* bereits 1977 und damit noch vor der Renaissance des Bildungsbegriffs in den 1990er Jahren »für eine Erneuerung des Bildungsgedankens aus dem christlichen Verständnis der Gottebenbildlichkeit des Menschen« (Pannenberg 1977: 219) plädiert. Unter Rekurs auf Johann Gottfried Herder versteht Pannenberg Gottebenbildlichkeit als geschichtliche Bestimmung des Menschen und damit als Eröffnung eines letztlich universalgeschichtlich zu denkenden »Bildungsprozesses zu wahrer Menschlichkeit« (ebd., 219). Diese explizit theologische Sicht von Bildung verweise, so Pannenberg, auf eine implizite religiöse Dimension aller Bildung: Insofern die Lebenssituation des modernen Menschen durch vielfältige Entfremdungen und eine korrespondierende Sinnleere gekennzeichnet sei, greife der Mensch in seiner Identitätssuche und den damit verbundenen Bildungsvorgängen notwendig auf Totalität aus, auf das Ganze seiner Lebensgeschichte und auf das Ganze der sein Wissen um sich selbst vermittelnden Welterfahrung (»Lebenswelt«). In dieser Bewegung »berühren« sich allgemeine Bildung im Weltverhältnis und Religion, denn: »Bei der Welt im ganzen wie bei der Frage nach der Ganzheit des individuellen Lebens geht es zumindest implizit immer schon um die die endliche Wirklichkeit im ganzen konstituierende Wirklichkeit Gottes.« (ebd., 224) Pannenberg hat damit die Verbindung von religiöser und allgemeiner Bildung gegen Barth erneuert und zugleich wichtige Stichworte der gegenwärtigen systematisch-theologischen Diskussion um den Bildungsbegriff benannt: Identität, Entfremdung bzw. Differenz, Leben und Lebenswelt.

2.2.3 *Religion als Lebensdeutung und Differenzkompetenz*

Religion als Lebensdeutung (vgl. Lauster 2005) wendet Schleiermachers subjektivitätstheoretische Rekonstruktion des Frömmigkeitsvollzuges *hermeneutisch*. Religion wird verstanden als eine besondere Form des Selbst- und Weltverstehens: »Sie deutet das Leben im Horizont einer ihr in der Wirklichkeitserfahrung sich eröffnenden göttlichen Transzendenz und erschließt die daraus hervorgehenden Möglichkeiten des Lebens.« (Lauster 2005: 30) *Glaube* ist dann jene Deutungsgewissheit, die sich in der individuellen Unvertretbarkeit religiöser Deutungsvollzüge mit Widerfahrnis-Charakter und in kontingenter Erfahrung einstellt. Gleichwohl bleiben die zugrundeliegenden Deutungsakte konstruktive Vollzüge des deutenden Subjekts, so dass auch das »passive Bestimmtsein« religiöser Erfahrung *als* »ein Bestimmtwerden von woandersher in einem Deutungsakt durchsichtig werden [muss]« (ebd., 26). *Theologie* als die wissenschaftlich-kritische Reflexion von Religion bzw. religiöser Erfahrung ist folglich, so Lauster, genauer zu bestimmen als eine besondere »Gestalt der Erfahrungsverarbeitung, die durch begriffliche Fassung einen diskursiven Austausch über die Lebensdeutungsoptionen des Christentums ermöglicht« (ebd., 190). Es ist dann die präzise Aufgabe *theologischer Hermeneutik*, den Richtungssinn der je eigenen Überlieferung in der religiösen Lebensdeutung zur Geltung zu bringen, im Falle der christlichen Theologie die exemplarischen Deutungsmuster der biblischen Texte sowie ihre Tradierung in der christlichen Überlieferungsgeschichte und kulturellen Erinnerung (vgl. ebd., 31–141).

Mit der deutungstheoretischen Entfaltung von Religion als einem eigenständigen Wirklichkeitszugang neben anderen, z. B. moralischen oder ästhetischen Weisen der Wirklichkeitserfassung ist *Religion bildungstheoretisch legitimiert*. Religiöser Bildung als integraler Teil allgemeiner Bildung käme dann die Aufgabe zu, »unter der Bedingung, dass Religion in der Bildungsperspektive immer eine selbstgewählte Lebensform ist, die Voraussetzungen dafür zu schaffen, dass auch unter modernen Bedingungen die bewusste Entscheidung für eine religiöse Lebensform möglich bleibt« (Dressler 2006: 133). Sodann müsste religiöse Bildung, um ihrem Gegenstand allererst gerecht zu werden, auch »selbst als Deutevorgang gestaltet [werden]« (ebd., 136).

Religion als Lebensdeutung hat nicht nur bildungstheoretische Relevanz und bildungspraktische Konsequenzen, sondern sie ist auch selbst als ein Bildungsvorgang, als Selbstbildung des deutenden Subjekts, zu verstehen. Denn im Prozess des Deutens stellt sich eine dem Deuten eigentümliche *Differenz* ein, indem das Gedeutete (Erfahrung, Welt) dem deutenden Subjekt »gegenüber« tritt und doch zugleich als die je eigene Deutung »zu eigen« bleibt (vgl. Korsch 2003: 274). Dies entspricht der in jedem Bildungsvorgang vorausgesetzten Selbstunterscheidung der sich bildenden Person von den Bildungsgehalten (vgl. Korsch 1997: 143 f.) und dem sich an dieser Unterscheidung aufbauenden Vorgang der Selbstbildung. Das damit gegebene unterschiedene Ineinander von Selbst- und Weltverhältnis verweist auf eine »ursprüngliche [...] Duplizität im Selbstbewusstsein« (ebd., 148) im Zugleichsein von ursprünglicher reiner Selbstbezüglichkeit und reflexionsvermittelter Selbstbeziehung. Das solchermaßen komplexe, letztlich ungesicherte Zugleichsein von Selbstvertrautheit und Selbstdistanz, Beisichsein und Sichentzogensein im deutenden, bildenden Weltverhältnis des Subjekts ist seinerseits vergewisserungsbedürftig, und dies stellt den Entdeckungszusammenhang für religiöses Sichverstehen dar. Denn die in allen Bildungsvorgängen immer schon vorausgesetzte Beziehbarkeit von Selbst(bewusstsein) und Welt(bewusstsein) bzw. der in allen Deutungsvorgängen immer schon vorausgesetzte Grund des Zusammenhangs der Differenzen des Lebens wird im religiösen Bewusstsein als Gott gewiss. Glaube als das in dieser Gewissheit gebildete Selbst- und Weltverhältnis ermöglicht Bildung und Deutung als »Differenzkompetenz des eigenen Lebens« (Korsch 2003: 276) und als Fähigkeit zu »Unterscheidungen« (vgl. Dressler 2006). So bleibt auch gegenwärtige protestantische Bildungstheorie den Grundlinien der Frömmigkeitstheorie Schleiermachers verbunden, gleichwohl und zu Recht – durchaus im Sinne der modernen Konnotationen des allgemeinen Bildungsbegriffs – stärker auf die Ambivalenzen und Differenzen der Lebenssituation in der Moderne ausgerichtet.

2.3 Der bildungstheoretische Sinn der Dogmatik

Die frühneuzeitlich einsetzende gesellschaftliche Ausdifferenzierung führte in der Aufklärung auch zu der bereits angesprochenen »Umbildung« protestantischer Theologie, von der die Dogmatik im Blick auf ihre methodische Grundlegung wie hinsichtlich ihres Geltungsanspruchs in besonderer Weise betroffen war (vgl. Danz 2010: 19–24). Dies ist im Wesentlichen auf drei Faktoren zurückzuführen: auf das Aufkommen historischer Kritik, auf die Unterscheidung der gelebten Religion von der darauf bezogenen wissenschaftlichen Theologie und auf die Destruktion der natürlichen Gotteserkenntnis und des metaphysischen Begründungrahmens der Dogmatik durch die Erkenntniskritik Kants. In der Konsequenz erhält die Dogmatik *bildungstheoretischen Sinn*; ihre überkommene heilsgeschichtliche Konzeption wird »umgebildet« zur reflexiven Beschreibung des Glaubensgeschehens als dem fundamentalen Bildungsvorgang des »unableitbaren Geschehen[s] des Sich-Verstehens des Menschen« (ebd., 23) im Rahmen der Kirche als exemplarischer Bildungsgemeinschaft.

Diese Weichenstellung ist mit *Schleiermachers Dogmatik als »Glaubenslehre«* programmatisch vollzogen, indem das in seiner lebensweltlichen Faktizität und vorwissenschaftlichen Selbstauslegung vorausgesetzte und in der Einleitung zur Glaubenslehre entfaltete, christlich fromme Selbstbewusstsein das Strukturprinzip der dogmatisch-begrifflichen Rekonstruktion darstellt. Das gesamte materialdogmatische Verfahren beantwortet so die Grundfrage religiöser Existenz, nämlich, dass und wie das individuelle fromme Subjekt der transzendenten Begründung seiner selbst wie der gesamten Wirklichkeit im Rahmen eines christlichen Bildungszusammenhangs gewiss werden kann und diese Gewissheit auch in die lebensweltliche Stetigkeit positiver Frömmigkeit zu überführen vermag. Im Sinne analytischer Unterscheidungen bildet die diachrone Verlaufsgliederung der »Glaubenslehre« den Prozess der Formation des christlichen Bewusstseins als Erlösungsbewusstsein ab: Die *Schöpfungs- und Urstandslehre* (§§ 32–61) entfaltet die transzendentalen Bedingungen, d.i. die grundsätzliche Beziehbarkeit von Gottes- und Weltbewusstsein, die *Sündenlehre* (§§ 62–85) die erlösungsbedürftige Gebundenheit, d.i. die faktisch immer vorkommende Nicht-Dominanz des Gottes- über das Weltbewusstsein und schließlich als sachlicher und umfangmäßiger Schwerpunkt die *Gnadenlehre* (§§ 86–169) mit der Beschreibung der positiven Konstitution christlicher Frömmigkeit als erlöster Dominanz des Gottes- über das Weltbewusstsein durch die im kirchlichen Kommunikationszusammenhang pneumatologisch vermittelte Wirkung des »urbildlichen« Gottesbewusstseins Jesu. Alle Teile der »Glaubenslehre« sind ferner in sich noch einmal triplizitär gegliedert, denn da Selbst-, Welt- und Gottesbewusstsein im realen frommen Selbstbewusstsein stets ineinanderliegen, lassen sich alle dogmatischen Gehalte auch beschreiben als deutende Aussagen über menschliche Lebenszustände, über Beschaffenheiten der Welt und über den alle Wirklichkeit begründenden Grund: Gott.

Der bildungstheoretische Sinn solcher dogmatischen »Umbildung« zeigt sich auch in gegenwärtigen Dogmatiken auf der Grundlage eines deutungstheoretischen Religionsverständnisses. So hat Dietrich Korsch in seiner 2000 erschienenen »Dogmatik im Grundriss« – durchaus in den Bahnen Schleiermachers – im Ausgang und auf der Grundlage der im gelebten christlichen Glauben beschlossenen Lebensdeutungen eine elementare, an den Texten und Themen des »Kleinen Katechismus« Luthers orientierte Bestimmung des Christlichen unternommen. Unter Glauben versteht Korsch dabei die je individuelle, das gesamte Leben begleitende und deutende »Gewissheit, dass aufgrund meines Daseins im Gottesverhältnis ein unverbrüchliches Ineinander von Selbstverhältnis und Weltverhältnis besteht und dass ich als Mensch mein Leben in genau diesem Zusammenhang der drei Verhältnisse unter elementarer Grundlegung des Gottesverhältnisses gut und richtig führen kann« (Korsch 2000: 18). Aus der sprachlichen Verfasstheit des Glaubens entwickelt Korsch eine »anthropologische Tiefendimension«, die »Sprachhandlungen« als »Vollzugsformen« des Aufbaus von Subjektivität verstehbar macht (vgl. ebd., 35). In der Struktur der Dogmatik kommt dies durch die wechselseitige Erläuterung von Sprachhandlung bzw. damit verbundener Lebensbewegung und Katechismustexten bzw. -themen zum Ausdruck, wobei sich entsprechen: Handeln und Dekalog, Denken und Glaubensbekenntnis, Bitten und Vaterunser, Empfangen und Sakramente. In dieser deutenden Lebensbewegung im letztorientierenden »Horizont der Verknüpfung von Selbstdeutung und Weltdeutung« (ebd., 273) ermöglicht christlicher Glaube allererst kulturelles Verstehen und ist insofern auch selbst »grundsätzlich Gegenstand *kultureller Bildung*« (ebd., 275).

2.4 Bildung und Theologie

»Umbildung setzt Bildung voraus.« (Rendtorff 1998: 34): kategoriale, historische und gegenwartsbezogene Bildung ebenso wie theologisch-disziplinäre und über die Theologie ausgreifende interdisziplinäre Bildung. *Theologische Enzyklopädik* als Frage nach der einheitlichen Aufgabe und dem integralen Zusammenhang der Theologie in der unterschiedenen Vielfalt ihrer Disziplinen ist der wissenschaftssystematische Ort innertheologischer Verständigung über gesamttheologische Bildungsaufgaben. Auch hier hat Schleiermachers enzyklopädische Konzeption (1810/1830²) wirkungsgeschichtlich maßgebliche Bedeutung bis in die Gegenwart, indem sie einerseits eine »Kurze Darstellung des theologischen Studiums«, also ein professionsbezogenes Bildungskonzept bietet und andererseits »zum Behuf einleitender Vorlesungen«, so die zweite Titelhälfte, auf die akademische Lehre und Forschung der Theologie als einer selbstreflexiven Wissenschaft zielt. Im Blick auf die gesellschaftlichen Prozesse funktionaler Ausdifferenzierung seiner Zeit hat Schleiermacher in wissenschaftstheoretischer Hinsicht die Theologie bekanntlich als »positive Wissenschaft« auf die »Lösung einer praktischen Aufgabe« bezogen, auf die *Kirchenleitung,* diese jedoch in grundsätzlichem, bildungstheoretischen Ausgriff verstanden als »zusammenhaltend[e] und anbildend[e]« Förderung gelebter christlicher Frömmigkeit (vgl. Schleiermacher, *Kurze Darstellung des theologischen Studiums zum Behuf einleitender Vorlesungen* 1830, § 1, 326 bzw. § 25, 335). Bildungstheoretisch ausgerichtet ist auch der kritisch abgestufte Fundierungszusammenhang der theologischen Einzeldisziplinen der »Kurzen Darstellung«; er spiegelt den akademischen Bildungsgang des professionellen Theologen von der philosophischen Theologie als kategorialer Grunddisziplin über die Entfaltung des historischen Materials in der historischen Theologie (Exegese, Kirchengeschichte) bis zur Gegenwart (Dogmatik) und schließlich zur Praktischen Theologie als technischer Disziplin und Theorie der Praxis. In der verantwortlichen Wahl von gegenwartsbezogenen Praxisoptionen im Rahmen der bildungstheoretisch bestimmten Gesamtaufgabe der Theologie kommt diese akademische Bildung nun dadurch zum Zuge, dass jeder Theologe notwendig »im Bilden einer eignen Überzeugung begriffen sei über alle eigentlichen Örter des Lehrbegriffs, nicht nur so, wie sie sich aus den Prinzipien der Reformation [...] entwickelt haben, sondern auch, sofern sich Neues gestaltet hat, dessen für den Moment wenigstens geschichtliche Bedeutung nicht zu übersehen ist« (ebd., § 219, 403). Jede umbildende Vermittlung theologischer Tradition mit den Bildungsherausforderungen jeweiliger Gegenwart verlangt, so Schleiermacher, einen freien synthetisierenden Akt des gebildeten Theologen, bei welchem in der Struktur von »Kunstregeln« (vgl. ebd., § 132, 375) die konkrete »Anwendung« aus einer »allgemeinen Regel« allererst erschlossen werden muss.

Wie sich auch an neueren Entwürfen zeigen lässt (vgl. Nüssel 2006: 79–88), wird theologische Enzyklopädik notwendig im Blick auf die Bildungsanforderungen ihrer Zeit konzipiert; auch die mit einem deutungstheoretischen Verständnis von Religion verbundene theologische Hermeneutik (vgl. 2.2.3) wird dezidiert als integrale Aufgabe aller theologischen Disziplinen verstanden (vgl. Lauster 2005: 190–195). Als gegenwärtig besonders drängende Herausforderungen sind die mit forcierter gesellschaftlicher und lebensweltlicher Ausdifferenzierung einhergehende Überlagerung und Vernetzung von Perspektiven, Rationalitäten und Verfahrenslogiken, die Marginalisierung der Geisteswissenschaften bzw. ihre Überführung in Kulturwissenschaften sowie der Prozess der »Europäisierung von Bildung« als Bologna-, Lissabon- und Kopenhagen-Prozess (vgl. Schreiner 2012) anzusehen. Ingolf U. Dalferth hat vor diesem Hintergrund die Theologie im Zusammenhang ihrer Disziplinen als kritisch-reflexive »multidisziplinäre Interpretationspraxis« im Dienste der auf die gesamte christliche Glaubenspraxis bezogenen »Kommunikationspraxis des Evangeliums« rekonstruiert (vgl. Dalferth 2004) mit dem Ziel einer Schärfung sowohl des protestantischen wie des theologischen Profils im Blick auf menschliche Lebensdeutung und -orientierung unter gegenwärtigen Bedingungen. Zu solcher gegenwartsorientierten Verständigung gehört zentral die Verständigung über drängende ethische Fragen und damit die Frage ethischer Bildung in theologischer Perspektive.

3. Christliche Lebensführung: Bildung in ethischer Perspektive

3.1 Bildung und Handeln

Reiner Preul hat in Konsequenz der reformatorischen Grundorientierungen und in Auseinandersetzung mit klassischen Bildungstheorien ein existentiales Bildungsverständnis als »Realisierung der Bestimmung des Menschen am Ort des Individuums« zu einem kategorialen, am Handlungsbegriff als Integral menschlicher Wirklichkeitserfahrung ausgerichteten Bildungsbegriff als »gesteigerte und über sich aufgeklärte Handlungsfähigkeit« entwickelt (vgl. Preul 2013: 74–89). Der Kritik aktionistischer Engführung sucht Preul dadurch zu begegnen, dass er einen weiten Handlungsbegriff verwendet, der auch das Sich-Verhalten und die selbst allerdings nicht mehr handlungstheoretisch einholbaren Voraussetzungen von Handlungsfähigkeit berücksichtigt. Dennoch bleibt die kritische Anfrage, ob nicht gerade mit der integralen Ansetzung des Handlungsbegriffs die Gefahr verbunden ist, dass die Eigenart religiöser Bildung und damit verbundener religiöser Praxis von anderen bildungsbezogenen Handlungsvollzügen nicht immer zureichend unterschieden werden kann. Denn ein gebildetes bzw. religiös gebildetes Selbstverhältnis bleibt auch dann existentiell relevant, wenn nicht oder nicht mehr »gehandelt« werden kann (vgl. Dressler 2006: 95 f.); Nicht-Handeln kann nicht nur zuweilen die aufgeklärtere Option sein, es ist als Schutz vor Unmittelbarkeit auch eine elementare Form von Freiheit. Unter dieser Einschränkung erweisen sich die Überlegungen Preuls für das Verständnis ethischer Bildung jedoch als außerordentlich fruchtbar. Die folgenden Ausführungen thematisieren in diesem Sinne die kategoriale Dimension von Bildung in ethischer Perspektive, also *ethische Bildung* und nicht diejenigen Themenfelder, die in unterschiedlicher Intensität in der gegenwärtigen Diskussion mit dem Thema »Bildung« in Verbindung gebracht werden, so bspw. Fragen der Wissenschaftsethik, Diakonie und Bildung, Mission und Bildung sowie verstärkt die Frage nach »Bildungsgerechtigkeit«.

3.2 Die Notwendigkeit ethischer Bildung

Aus der Notwendigkeit des Menschen zu handeln, ergibt sich die Notwendigkeit ethischer Bildung. Durch seine relative Instinktfreiheit und Triebungebundenheit ist der Mensch das »weltoffene« Wesen (vgl. Pannenberg 1983: 32–39), dem in relativer Distanz zu seiner Umwelt der Möglichkeitsraum eigener Freiheit entsteht, der aber so zugleich genötigt ist, seine Umwelt durch fortgehende, freie und verantwortliche Wahlakte zur »Welt« zu gestalten. In diesem Wahlhandeln bleibt der Mensch auf die Orientierung an Zielen und Gründen seines Handelns angewiesen, denen letztlich eine ethische Leitperspektive (Idee des Guten, Vorstellung eines gelungenen Lebens, Bestimmung des Menschen) zugrunde liegt, welche sich in Form einer letztorientierenden Gewissheit manifestiert. Vor dem Hintergrund dieser elementaren *ethischen Bildungsbedürftigkeit des Individuums* ist im Blick auf die Selbstbewusstseinsbegabung, Freiheits- und Verantwortungsfähigkeit des Menschen auch von seiner grundsätzlichen Bildungsfähigkeit auszugehen (vgl. Härle 2018: 34–49).

Nicht nur das Individuum, auch eine Gemeinschaft bzw. Gesellschaft ist hinsichtlich ihrer internen Interaktionsregelungen, ihres Verhältnisses zu anderen Gemeinschaften bzw. Gesellschaften und für die Sicherung ihres Fortbestehens auf Ethos und Ethik angewiesen. Diese *ethische Bildungsbedürftigkeit einer Gesellschaft,* durchaus auch im Sinne einer zumeist implizit bleibenden integrierenden Leitperspektive, besteht unbeschadet der Geltung jeweiligen Rechts, denn auch dieses setzt Ethos und ethische Reflexion voraus und ist im Übrigen notwendig nur auf einen Teil der gesellschaftlichen Interaktion bezogen (vgl. Härle 2018: 27–31). Inwieweit eine Gesellschaft sich tatsächlich – nicht nur im ethischen Sinne – als bildungsfähig erweist, hängt maßgeblich davon ab, inwieweit – wesentlich auch in Bildungszusammenhängen – ein Diskurs über gesellschaftliche Leitperspektiven stattfindet und welche auch bildungspraktischen Wirkungen dieser Diskurs über politische Strukturen und Verfahrensregelungen entfalten kann. Die Bildungsbedürftigkeit von Individuum und Gesellschaft verweist so auf die weltanschaulichen Voraussetzungen allen ethischen Handelns, deren Aufklärung und Bewusstmachung eine wesentliche Dimension ethischer Bildung darstellt.

3.3 Dimensionen ethischer Bildung

Es gibt kein weltanschaulich freies Ethos und folglich ist auch jede Reflexion desselben (Ethik) von *weltanschaulichen Voraussetzungen* geleitet, denn jede normative Handlungsorientierung verweist auf eine letztorientierende Sicht von Selbst und Welt (»Bestimmung des Menschen«) und damit auf eine Anschauung von Ursprung, Sinn und Ziel des Lebens im Ganzen (vgl. Härle 2007b). Dieser Sachverhalt tritt in der öffentlichen Diskussion bioethischer Fragen augenfällig zutage, deren Intensität und Leidenschaftlichkeit darin begründet liegen, dass mit der Verschiebung von Handlungsgrenzen – markiert durch das sog. »Dammbruch«-Argument – immer auch weltanschauliche Grundlinien individuellen und gesellschaftlichen Selbstverständnisses berührt sind. Solche Grundlinien manifestieren sich für das handelnde Subjekt in Form von Gewissheiten, deren Entstehung wie auch handlungsorientierende Wirkung sich in der Struktur von Bildungsprozessen vollzieht, die als Prozesse personaler Bildung in gesteigertem Maße der Unableitbarkeit, Unabschließbarkeit und kontingenten Erfahrungsvermitteltheit unterstehen.

Der Glaube ist in dogmatischer Perspektive als ein solcher Bildungsvorgang entfaltet worden (vgl. 2.); seine inhaltlichen Bestimmungen, also auch die materialen dogmatischen Gehalte, an denen sich religiöses Selbst-Verstehen des Menschen in seiner daseinserschließenden Bedeutung aufbaut, haben daher für das religiöse Bewusstsein auch handlungsbestimmende Funktion. Ethische Bildung in theologischer

Perspektive würde dann heißen, ein »aufgeklärtes« Bewusstsein davon zu haben, dass und wie christlicher Glaube als bestimmende Gewissheit (vgl. 2.1.1) im eigenen Handeln notwendig Gestalt gewinnt und als solchermaßen »gesteigerte Handlungsfähigkeit« im christlichen Profil der eigenen Lebensführung ebenso wie in gesellschaftlicher Lebensgestaltung deutlich wird. So wäre zu entfalten, dass und wie in der Orientierung an der biblisch-theologischen Vorstellung von der *Gottebenbildlichkeit* des Menschen (vgl. 2.1.2) ein verantwortlich bewahrender Umgang mit Selbst und Welt konkret werden kann. Im Blick auf den Zusammenhang von *Rechtfertigung und Freiheit* (vgl. 2.1.3) wäre zu fragen, wie sich das Wissen um die Gebrochenheit und Fragilität menschlichen Daseins in der Spannung von Anerkennung und Schuld, Gelingen und Verfehlung in ethischem Handeln geltend macht und wie ein darauf bezogener rechter Gebrauch endlicher Freiheit das exemplum Christi zum Zuge bringt. Der bildungstheoretische Sinn der Dogmatik (vgl. 2.3) wäre ethisch-bildungspraktisch einzulösen und so bspw. zu fragen, welches ethische Handeln der mit dem *Schöpfungsgedanken* formulierten Überzeugung vom Gabe- und Sinncharakter des Lebens entspricht. Die *Gnadenlehre* ist nicht nur im Blick auf die christologischen Implikationen für ethisches Handelns geltend zu machen, sondern auch dahingehend, dass durch sie, insbesondere durch die Pneumatologie, christlichem Handeln ein stetes aufgeklärtes Bewusstsein seiner operationablen Grenzen eingeschrieben ist im Blick auf die Bildung und Unverfügbarkeit der Person. Dogmatische *Ekklesiologie* wäre auf dieser Linie unter der Leitbegrifflichkeit der *Kirche als Bildungsinstitution* zu entfalten (vgl. Preul 2013: 298–311). Das Ausgerichtetsein des christlichen Glaubens auf *eschatologische Vollendung* wäre einerseits in seiner motivationalen Kraft für ethisches und bildungspraktisches Handeln darzustellen und andererseits in seiner Entlastung desselben von unangemessenen Vervollkommnungsansprüchen, so dass durch diesen eschatologischen Vorbehalt christliches Handeln insgesamt zu einer realistisch differenzierten Einschätzung jeweiliger Gegenwartsherausforderungen fähig wird. Deutlich ist dabei, dass die materialen Interpretamente christlichen Wirklichkeitsverständnisses konkrete ethische Handlungsoptionen nicht unmittelbar aus sich entlassen, sondern vielmehr als Horizontbegriffe fungieren, innerhalb derer christliches Handeln und christliche Lebensführung, bezogen auf die jeweilige Lebenssituation und unter der Bedingung individueller Aneignung, sich allererst vollziehen können.

Ethische Bildung in diesem präzisen Sinne wird konkret im Vollzug *ethischer Urteilsbildung*. Im Zusammenhang der hier verfolgten Fragestellung sind nun nicht die entsprechenden moralpädagogischen Aufbaumomente Thema, sondern dasjenige Vollzugsmoment ethischer Urteilsbildung, für welches ein gebildeter Umgang mit den weltanschaulichen Voraussetzungen ethischen Handelns zentral relevant ist. Geht man von den grundsätzlichen Schritten ethischer Urteilsbildung aus (vgl. Härle 2018: 206–214), dann erhellt, dass nach Situations- bzw. Problemanalyse (1) der Prüfung des Problems (2) die zentrale Bedeutung vor der in sich differenzierten Entscheidungsfindung (3) zukommt. Denn die Problemprüfung erfolgt nicht nur im Blick auf die Ziele, Mittel und Folgen der betreffenden Handlung, sondern wesentlich hinsichtlich ihrer Verantwortbarkeit, deren Kriterium das vorausgesetzte Wirklichkeitsverständnis einschließlich der damit verbundenen Normen darstellt. Dass und wie an diesem Punkt ethischer Urteilsbildung Situations- bzw. Problemanalyse und normativ orientiertes Selbst- und Weltverständnis im Modus von Gewissheit zu einer konkreten Handlungsentscheidung zusammenfließen, bleibt ein freier synthetisierender Akt des Subjekts, der mit Schleiermacher (vgl. 2.4) durchaus im Muster von »Kunstregeln« begriffen werden kann, in jedem Fall ein hohes Maß an aufgeklärter Handlungsfähigkeit und damit ethischer Bildung voraussetzt.

Für alle Schritte ethischer Urteilsbildung sind die in der dogmatischen Reflexion des Bildungsbegriffes bereits angesprochenen Dimensionen in ihrer ethischen Bedeutsamkeit zu würdigen, so die grundlegende *Fähigkeit zu Unterscheidungen*, das Verständnis von Bildung als *Differenzkompetenz* und die damit verbundene Fähigkeit zum *Perspektivenwechsel*, deren ethische Relevanz in der differenzierten Wahrnehmung der Komplexität der jeweiligen Handlungssituation und im konstruktiven Umgang mit den gegebenen interpersonalen Verflechtungen und der Überlagerung unterschiedlicher Wertsphären und Handlungslogiken liegt. Für diese differenzorientierten Dimensionen ethischer Bildung ist in erheblichem Maße auch eine entsprechende *personale Bildung* im Sinne kultivierbarer »Fähigkeiten der Aufmerksamkeit, der Einfühlung und Imagination«, d.i. der »Herzensbildung« wie auch der »Charakterbildung«, u.a. als Fähigkeit des Umgangs mit ethoshinderlichen Faktoren (vgl. Preul 2013: 184–191), wichtig. Von zentraler Bedeutung in diesem Zusammenhang ist die Gewissensbildung.

Das *Gewissen* selbst ist nicht als normative Instanz anzusehen, sondern als ein handlungsbegleitendes Selbstbewusstsein, welches ethische Handlungen eines Subjekts auf ihre Übereinstimmung mit dessen ethischen Überzeugungen prüft (vgl. Härle 2018[2]: 105–109). Als ein solches Mit-Wissen (conscientia) ist das Gewissen ein Ort ethischer Selbsterfahrung des Subjekts, dessen Vollzugsmodus sowohl einen diskursiven, »objektiven« Aspekt (Situationserfassung) als auch einen diskursiv eher entzogenen, »subjektiven« Aspekt (unverfügbar-intuitive, »dezisionistische« ethische Selbsterfassung) enthält (vgl. Pfleiderer 2009: 110–112). Das Zusammenspiel beider Aspekte im Gewissensvollzug ermöglicht dem ethisch handelnden Individuum, sich in und trotz der Überkomplexität ethischer Handlungssituationen (geschichtlicher Ort des Subjekts, Unübersichtlichkeit der Lebensverhältnisse, Kontingenz) *als* »verantwortliches Subjekt seiner Lebensführung« (ebd., 114) zu erfahren. Luthers transmoralische Konzeption des Gewissensbegriffs als Ort der Rechtfertigungsgewissheit (vgl. Honecker 1990: 133–136) kann in diesem Sinne als Ausdruck des Verweisungszusammenhangs von Religion und Moral bzw. von religiöser und ethischer Bildung gelesen werden: Der sich im Glauben als gerechtfertigt erfahrende Mensch weiß sich in und trotz der grundsätzlichen Gebrochenheit seiner Lebenssituation, die auch alle ethischen Handlungssituationen mitbestimmt, zum rechten Gebrauch seiner Freiheit und damit zum Tun des Guten befreit; der Glaube als daseinserschließende Gewissheit macht sich im Gewissen als handlungsermöglichende Kraft geltend.

4. Protestantisches Bildungsverständnis und sein kritischer Sinn

Protestantische Theologie versteht den Glauben selbst als fundamentalen personalen Bildungsprozess, der andere Bildungsvorgänge aus sich freisetzt, sie ermöglicht und inhaltlich prägt (vgl. Herms 2017). In dieser reformatorischen Sicht des Glaubens als daseinserschließender (Rechtfertigung) und handlungsorientierender (Freiheit) Gewissheit des Menschen im unbedingten Vertrauen auf Gott durch Christus, Wort und Gnade kommt der theologische Ursprung des Bildungsbegriffes überhaupt zum Ausdruck. Schleiermacher hat in diesem Sinne die Bedeutung religiöser Selbstauslegung für das gebildete Sich-Verstehen endlicher Subjektivität rekonstruiert und durch den Aufweis steter Verschränkung von Selbst-, Welt- und Gottesbewusstsein religiöse und allgemeine Bildung konstitutiv aufeinander bezogen. Bildung avancierte so zu einer fundamentalanthropologischen Kategorie und zum bestimmenden Leitbegriff der Wirklichkeitsdeutung. Gegenwärtige protestantische Bildungstheorie hat auf dieser Linie an der Bedeutung von Religion für die Struktur von Bildungsprozessen angeknüpft und diese insbesondere im Blick auf den deutenden Umgang mit den Differenzen des Lebens und der geforderten Fähigkeit zu Unterscheidungen geltend gemacht. Das spezifisch dynamisch-kritische Moment protestantischer Bildung als »Umbildung« der theologischen Tradition relativ zu den Bildungsherausforderungen jeweiliger Gegenwart zeigt sich im gewandelten bzw. sich wandelnden Selbstverständnis der Dogmatik und dem jeweiligen wissenschaftstheoretischen Selbstverständnis der Theologie im Ganzen.

Doch nicht nur für innertheologische Verständigungsprozesse ist protestantisches Bildungsverständnis bedeutsam, es entfaltet auch nach außen gewendet in mehrfacher Hinsicht kritischen Sinn: So wendet es sich grundsätzlich gegen jede Form der Partikularisierung oder Sektoralisierung von Bildung; Bildung betrifft unterschiedslos den ganzen Menschen in seiner gesamten Lebensgeschichte ebenso wie das soziale Leben. Jedes Bildungsverständnis zehrt von anthropologischen und weltanschaulichen Grundannahmen, die sich auch nicht-religiös als bestimmende Gewissheiten manifestieren. Insofern der Theologie dieser Sachverhalt schon im Rahmen ihres dogmatischen Themenbestandes (Anthropologie, Schöpfungslehre) einschlägig ist, hat sie zweitens im wissenschaftlichen und öffentlichen Bildungsdiskurs daran zu erinnern. Dies verhilft zur Aufklärung der hinter bildungstheoretischen und -politischen Dissonanzen stehenden, religiös-weltanschaulichen Pluralisierung, die im Blick auf die Gewissheitsorientierung aller Beteiligten einen »positionellen Pluralismus« (Härle 2007a: 68) fordert und sich zugleich gegen jeden Anspruch auf weltanschauliche Abschließung wendet. Protestantisch-theologisches Bildungsverständnis bewahrt und schützt drittens die personale Dimension aller Bildungsprozesse in ihrem irreduzibel individuellen, selbstzwecklichen, freien und unverfügbaren Charakter gegen Egalisierungen, Standardisierungen und Zwänge des Allgemeinen. Dies bedeutet ein konsequentes Eintreten für die Prävalenz allgemeiner, kategorialer Bildung, auf deren Grundlage allererst individuelle Orientierung im Blick auf die komplexen und wechselnden Anforderungen gegenwärtiger Lebensverhältnisse möglich wird (vgl. Härle 2004: 72 f.). Viertens geht protestantisches Bildungsverständnis von einer produktiven Bezogenheit von Individualität und Intersubjektivität aus; personale Bildung verlangt nach interpersonaler Kommunikation sowie den entsprechenden bildungspraktischen Strukturen. Der »Bildung der Bildenden« (Korsch 1997: 155) kommt daher im Blick auf den Religionsunterricht und gemeindliche Bildungsvollzüge eine herausragende Bedeutung zu und nicht nur dort.

Angesichts einer zunehmenden Entkirchlichung einerseits und der wachsenden religiös-weltanschaulichen Pluralisierung andererseits hat protestantisches Bildungsverständnis seine bildungspraktische Gestaltungsmacht und kulturelle Prägekraft in erheblichem Maße eingebüßt; theologisch-kirchliches Bildungshandeln sieht sich unausweichlich mit der »Spannung zwischen Identität und Relevanz« (EKD 2009: 14–17) konfrontiert. Jürgen Habermas hat in diesem Zusammenhang wiederholt bekräftigt, dass das religiöse Bewusstsein *als* religiöses Bewusstsein im öffentlichen politischen Diskurs einen legitimen Artikulationsanspruch besitzt, insofern im Kontext forcierter Modernisierung die Persistenz von Religion moralitätsfördernd und sinnstiftend auf »das Unabgegoltene in den religiösen Menschheitsüberlieferungen« (Habermas 2008: 29) verweise. Die dafür erforderliche »Übersetzung« religiöser Gehalte in eine allgemein zugängliche, säkulare Sprache sei ein »komplementäre[r] Lernprozess« (ebd., 33) von religiösem und säkularem Bewusstsein. Es ist im präzisen, hier beschriebenen Sinne ein *Bildungsprozess*, der die bildende Kraft protestantischen Bildungsverständnisses erhält.

Quellen- und Literaturverzeichnis

1. Quellen

Barth, Karl: *Evangelium und Bildung* (1938), Theologische Studien. Heft 2, Zürich ²1947.

Harnack, Adolf von: *Die sittliche und soziale Bedeutung des modernen Bildungsstrebens* (1902), in: ders.: Reden und Aufsätze. Zweiter Bd., Gießen 1904, 77–106.

Humboldt, Wilhelm von: *Theorie der Bildung des Menschen* (1793), in: ders.: Schriften zur Anthropologie und Geschichte. Werke in fünf Bänden, hgg. von Flitner, Andreas/Giel, Klaus, Bd. 1, Berlin 1960, 234–240.

Luther, Martin: *Der Große Catechismus Deutsch Doctoris Martini Lutheri* (1529), in: Die Bekenntnisschriften der Evangelisch-Lutherischen Kirche. Vollständige Neuedition, hg. von Irene Dingel, Göttingen 2014, 912–1162 [zit. BSLK 2014].

Luther, Martin: *Disputatio D. Martini Lutheri: De homine* (1536), in: Ebeling, Gerhard: Disputatio de homine. Erster Teil: Text und Traditionshintergrund (Lutherstudien II.1), Tübingen 1977, 15–24.

Luther, Martin: *Von der Freiheit eines Christenmenschen* (1520), in: WA 7, 12–38.

Luther, Martin: *Die Zirkulardisputation de veste nuptiali* (1537): Die Zirkulardisputation über das hochzeitliche Kleid, in: WA 39/I, 264–333.

Schleiermacher, Friedrich Daniel Ernst: *Kurze Darstellung des theologischen Studiums zum Behuf einleitender Vorlesungen.* Zweite umgearbeitete Ausgabe (1830): Friedrich Daniel Ernst Schleiermacher. Kritische Gesamtausgabe [KGA] I/6, hg. von Dirk Schmid, Berlin/New York 1998, 317–446.

Schleiermacher, Friedrich Daniel Ernst: *Entwürfe zu einem System der Sittenlehre*: Nach den Handschriften Schleiermachers neu hg. und eingel. von O. Braun, Auswahl II, (Leipzig 1927^2) Neudruck Aalen 1967.

Schleiermacher, Friedrich Daniel Ernst: *Der christliche Glaube nach den Grundsätzen der evangelischen Kirche im Zusammenhange dargestellt* (1830/31^2): Friedrich Daniel Ernst Schleiermacher. Kritische Gesamtausgabe [KGA] 13/1 und 2, hg. von Rolf Schäfer, Berlin/New York 2003.

Schleiermacher, Friedrich Daniel Ernst: *Pädagogik. Vorlesungen 1813/14*: Friedrich Schleiermacher: Texte zur Pädagogik. Kommentierte Studienausgabe Bd. 1, hgg. von Winkler, Michael/Brachmann, Jens, Frankfurt a. M. 2000, 211–272.

Schleiermacher, Friedrich Daniel Ernst: *Pädagogik. Vorlesungen 1826*: Friedrich Schleiermacher: Texte zur Pädagogik. Kommentierte Studienausgabe Bd. 2, hgg. von Winkler, Michael/Brachmann, Jens, Frankfurt a. M. 2000, 7–404.

Schleiermacher, Friedrich Daniel Ernst: *Über die Religion* (1799): Friedrich Daniel Ernst Schleiermacher. Kritische Gesamtausgabe [KGA] I/2: Schriften aus der Berliner Zeit, hg. von Günter Meckenstock, Berlin/New York 1984, 85–326.

Troeltsch, Ernst: *Protestantisches Christentum und Kirche in der Neuzeit* (1906/1909/1922): Ernst Troeltsch. Kritische Gesamtausgabe Bd. 7, hg. von Volker Drehsen, Berlin/New York 2004, 81–504.

2. Sekundärliteratur

Albrecht 2003: Albrecht, Christian: Bildung in der praktischen Theologie, Tübingen 2003.

Biehl 2003: Biehl, Peter: Die Gottebenbildlichkeit des Menschen und das Problem der Bildung – Zur Neufassung des Bildungsbegriffs in religionspädagogischer Perspektive, in: ders./Nipkow, Karl-Ernst (Hgg.): Bildung und Bildungspolitik in theologischer Perspektive (Schriften aus dem Comenius-Institut 7), Münster 2003, 9–102.

Brachmann 2001: Brachmann, Jens: »Tradition [...] ist nur Anregung« [?] – Anmerkungen zu Schleiermachers Kanonisierung in der pädagogischen Theoriegeschichte, in: Hopfner, Johanna (Hg.): Schleiermacher in der Pädagogik (Erziehung – Schule – Gesellschaft 24), Würzburg 2001, 97–109.

Crüsemann 2001: Crüsemann, Frank: Die Bildung des Menschengeschlechts, in: Ochel, Joachim (Hg.): Bildung in evangelischer Verantwortung auf dem Hintergrund des Bildungsverständnisses von F. D. E. Schleiermacher. Eine Studie des Theologischen Ausschusses der Evangelischen Kirche der Union, Göttingen 2001, 79–100.

Dalferth 2004: Dalferth, Ingolf U.: Evangelische Theologie als Interpretationspraxis. Eine systematische Orientierung, Leipzig 2004.

Danz 2010: Danz, Christian: Einführung in die evangelische Dogmatik, Darmstadt 2010.

Dressler 2006: Dressler, Bernhard: Unterscheidungen. Religion und Bildung, Leipzig 2006.

Deuser 2001: Deuser, Hermann: Protestantismus und Bildung, in: Witte, Markus (Hg.): Religionskultur – zur Beziehung von Religion und Kultur in der Gesellschaft: Beiträge des Fachbereichs Evangelische Theologie an der Universität Frankfurt am Main, Würzburg 2001, 67–82.

Ebeling 1989: Ebeling, Gerhard: Disputatio de homine. Dritter Teil: Die theologische Definition des Menschen. Kommentar zu These 20–40 (Lutherstudien II.3), Tübingen 1989.

EKD 2003: Kirchenamt der EKD (Hg.): Maße des Menschlichen. Evangelische Perspektiven zur Bildung in der Wissens- und Lerngesellschaft. Eine Denkschrift des Rates der Evangelischen Kirche in Deutschland, Gütersloh 2003.

EKD 2009: Kirchenamt der EKD (Hg.): Kirche und Bildung. Herausforderungen, Grundsätze und Perspektiven evangelischer Bildungsverantwortung und kirchlichen Bildungshandelns. Eine Orientierungshilfe des Rates der Evangelischen Kirche in Deutschland, Gütersloh 2009.

EKD 2020a: Kirchenamt der EKD (Hg.): Religiöse Bildung angesichts von Konfessionslosigkeit. Aufgaben und Chancen. Ein Grundlagentext der Kammer der EKD für Bildung und Erziehung, Kinder und Jugend, Leipzig 2020.

EKD 2020b: Kirchenamt der EKD (Hg.): Demokratie, Bildung und Religion. Gesellschaftliche Veränderungen in Freiheit mitgestalten. Impulse für die demokratiebezogene Bildungsarbeit in kirchlichen Handlungsfeldern (EKD-Texte 134), Hannover 2020.

Fraas 2000: Fraas, Hans-Jürgen: Bildung und Menschenbild in theologischer Perspektive, Göttingen 2000.

Graf 2017: Graf, Friedrich Wilhelm: Der Protestantismus. Geschichte und Gegenwart, München 2017[4].

Habermas 2008: Habermas, Jürgen: Ein Bewusstsein von dem, was fehlt, in: Reder, Michael/Schmidt, Josef (Hgg.): Ein Bewusstsein von dem, was fehlt. Eine Diskussion mit Jürgen Habermas, Frankfurt a. M. 2008, 26–32.

Härle 2004: Härle, Wilfried: Zeitgemäße Bildung auf der Grundlage des christlichen Menschenbildes, in: Nipkow, Karl Ernst u. a. (Hgg.): Verantwortung für Schule und Kirche in geschichtlichen Umbrüchen. Festschrift für Karl Heinz Potthast zum 80. Geburtstag, Münster 2004, 69–81.

Härle 2007a: Härle, Wilfried: Rechtfertigung als Leitperspektive für Bildung, in: ders.: Christlicher Glaube in unserer Lebenswelt. Studien zur Ekklesiologie und Ethik, Leipzig 2007, 64–68.

Härle 2007b: Härle, Wilfried: Die weltanschaulichen Voraussetzungen jeder normativen Ethik, in: ders.: Christlicher Glaube in unserer Lebenswelt. Studien zur Ekklesiologie und Ethik, Leipzig 2007, 210–237.

Härle 2018: Härle, Wilfried: Ethik, Berlin – New York 2018[2].

Herms 1987: Herms, Eilert: Luthers Auslegung des Dritten Artikels, Tübingen 1987.

Herms 2001: Herms, Eilert: Schleiermachers Bildungsbegriff und seine Gegenwartsrelevanz, in: Ochel, Joachim (Hg.): Bildung in evangelischer Verantwortung auf dem Hintergrund des Bildungsverständnisses von F. D. E. Schleiermacher. Eine

Studie des Theologischen Ausschusses der Evangelischen Kirche der Union, Göttingen 2001, 151–176.

Herms 2017: Herms, Eilert: Systematische Theologie. Das Wesen des Christentums: In Wahrheit und aus Gnade leben, 3 Bde., Tübingen 2017.

Honecker 1990: Honecker, Martin: Einführung in die theologische Ethik. Grundlagen und Grundbegriffe, Berlin/New York 1990.

Jüngel 1991: Jüngel, Eberhard: Zur Freiheit eines Christenmenschen. Eine Erinnerung an Luthers Schrift (Kaiser Traktate 30), München 1991³.

Jüngel 2011: Jüngel, Eberhard: Das Evangelium von der Rechtfertigung des Gottlosen als Zentrum des christlichen Glaubens, Tübingen 2011⁶.

Kittel/Schrage 2001: Kittel, Gisela/Schrage, Wolfgang: Bildung als Verwandeltwerden in das Bild Christi, in: Ochel, Joachim (Hg.): Bildung in evangelischer Verantwortung auf dem Hintergrund des Bildungsverständnisses von F. D. E. Schleiermacher. Eine Studie des Theologischen Ausschusses der Evangelischen Kirche der Union, Göttingen 2001, 123–127.

Korsch 1997: Korsch, Dietrich: Bildung und Glaube, in: ders.: Religion mit Stil. Protestantismus in der Kulturwende, Tübingen 1997, 127–156.

Korsch 2000: Korsch, Dietrich: Dogmatik im Grundriss, Tübingen 2000.

Korsch 2003: Korsch, Dietrich: Religion – Identität – Differenz. Ein Beitrag zur Bildungskompetenz des Religionsunterrichts, in: EvTh 63 (2003), 271–279.

Koselleck 1990: Koselleck, Reinhart: Einleitung – Zur anthropologischen und semantischen Struktur der Bildung, in: ders. (Hg.): Bildungsbürgertum im 19. Jahrhundert. Teil II (Industrielle Welt 41), Stuttgart 1990, 11–46.

Lauster 2005: Lauster, Jörg: Religion als Lebensdeutung. Theologische Hermeneutik heute, Darmstadt 2005.

Lichtenstein 1971: Lichtenstein, Ernst: Art. Bildung, in: HWP 1 (1971), 921–938.

Nida-Rümelin 2013: Nida-Rümelin, Julian: Philosophie einer humanen Bildung, Hamburg 2013.

Nüssel 2006: Nüssel, Friederike: Die Aufgabe der Dogmatik im Zusammenhang der Theologie, in: Dalferth, Ingolf U. (Hg.): Eine Wissenschaft oder viele? Die Einheit evangelischer Theologie in der Sicht ihrer Disziplinen, Leipzig 2006, 77–98.

Pannenberg 1977: Pannenberg, Wolfhart: Gottebenbildlichkeit und Bildung des Menschen, in: ders.: Grundfragen systematischer Theologie. Gesammelte Aufsätze Bd. 2, Göttingen 1980, 207–225.

Pannenberg 1983: Pannenberg, Wolfhart: Anthropologie in theologischer Perspektive, Göttingen 1983.

Pfleiderer 2009: Pfleiderer, Georg: Von der Un-Verzichtbarkeit des Gewissensbegriffs. Überlegungen in protestantisch-theologischer Perspektive, in: Nüssel, Friederike (Hg.): Theologische Ethik der Gegenwart. Ein Überblick über zentrale Ansätze und Themen, Tübingen 2009, 101–116.

Preul 2001: Preul, Reiner: Anthropologische Fundamente des christlichen Erziehungs- und Bildungsverständnisses, in: Herms, Eilert (Hg.): Menschenbild und Menschenwürde (Veröffentlichungen der Wissenschaftlichen Gesellschaft für Theologie 17), Gütersloh 2001, 138–155.

Preul 2013: Preul, Reiner: Evangelische Bildungstheorie, Leipzig 2013.

Rendtorff 1998: Rendtorff, Trutz: Die permanente Revolution. Protestantismus als neuzeitliches Bildungsprogramm, in: Evangelische Kommentare 1 (1998), 31–34.

Rosa 2016: Rosa, Hartmut: Beschleunigung. Die Veränderung der Zeitstrukturen in der Moderne, Frankfurt a. M. 2016[11].

Schilling 1961: Schilling, Hans: Bildung als Gottebenbildlichkeit. Eine motivgeschichtliche Studie zum Bildungsbegriff (Grundfragen der Pädagogik Heft 15), Freiburg 1961.

Schlenke 1999: Schlenke, Dorothee: »Geist und Gemeinschaft«. Die systematische Bedeutung der Pneumatologie für Friedrich Schleiermachers Theorie der christlichen Frömmigkeit (Theologische Bibliothek Töpelmann 86), Berlin/New York 1999.

Schreiner 2012: Schreiner, Peter: Religion im Kontext einer Europäisierung von Bildung. Eine Rekonstruktion europäischer Diskurse und Entwicklungen aus protestantischer Perspektive (Religious Diversity and Education in Europe 22), Münster 2012.

Schwöbel 1998: Schwöbel, Christoph: Glaube im Bildungsprozess, in: ZPT 50 (1998), 169–187.

3. Literaturhinweise zum vertiefenden Studium

Bauer, Daniel Tobias: Das Bildungsverständnis des Theologen Friedrich Schleiermacher (Praktische Theologie in Geschichte und Gegenwart 16), Tübingen 2015.

Gräb-Schmidt, Elisabeth: Bildung als Emanzipation. Neuere Bildungstheorien im Anschluss an Friedrich Schleiermacher, in: Streib, Heinz u. a. (Hg.): Lived Religion. Conceptual, Empirical and Practical-theological Approaches. Essays in Honor of Hans-Günter Heimbrock, Leiden/Boston 2008, 259–276.

Herms, Eilert: Bildung und Ausbildung als Thema der Theologie und Aufgabe der Kirche, in: ders.: Erfahrbare Kirche. Beiträge zur Ekklesiologie, Tübingen 1990, 209–221.

Koerrenz, Ralf (Hg.): Bildung als protestantisches Modell (Kultur und Bildung 3), Paderborn 2013.

Schweitzer, Friedrich (Hg.): Der Bildungsauftrag des Protestantismus (Veröffentlichungen der Wissenschaftlichen Gesellschaft für Theologie 20), Gütersloh 2002.

Schwöbel, Christoph: Stoff des zukünftigen Lebens. Der Mensch und seine Bildung aus der Sicht der Systematischen Theologie, in: Schlag, Thomas/Simojoki, Henrik (Hgg.): Mensch – Religion – Bildung. Religionspädagogik in anthropologischen Spannungsfeldern, Gütersloh 2014, 73–82.

Pädagogik

Volker Ladenthin

Bildung als zentrales Regulativ gesellschaftlich relevanter Geltungsansprüche. Ein pädagogischer Grundriss

1. Wort, Terminus und Begriff

Das althochdeutsche Verb *biliden* entspricht dem Wortgebrauch von *vormachen, als Gleichnis erzählen*, das Substantiv *bilidi* demjenigen von *Bild, Darstellung, Vorstellung, Vorbild* (vgl. Otfrids *Evangelienbuch* 12.29 f.) und wird u. a. als Übersetzung für *Schöpfung* in Genesis 1, 26 f. genutzt (Lichtenstein 1966: 5). Im Mittelhochdeutschen findet sich dann die bis heute gebräuchliche Substantivierung des Tätigkeitsverbs *bilden* zu *bildunge* sowohl in Fach- wie Umgangssprachen mit den Konnotationen des *Gestaltens, Bebilderns, Nachbildens.* Wie bei anderen Substantivierungen auf -ung (Formung, Gestaltung, Entwicklung) werden ein Prozess und zugleich ein Ergebnis beschrieben (Eggers 1965: 210 f.).

Der *Terminus* erfährt zwei Phasen der besonderen Ausdeutung. Die erste ist jene der deutschen Mystik, z. B. bei Meister Eckhart (ca. 1260–1328) und bezeichnet dort den Prozess des Menschen, dem Bilde Gottes ähnlich zu werden, um die Bestimmung des Menschseins zu erfüllen. Die zweite Phase der Ausdeutung erfolgt in der deutschen Aufklärung: 1784 bemerkt Moses Mendelssohn (1728–1786), dass die »Worte Aufklärung, Kultur, Bildung [...] in unserer Sprache noch neue Ankömmlinge (sind). Sie gehören vor der Hand bloß zur Büchersprache. Der gemeine Haufe versteht sie kaum. Sollte dies ein Beweis sein, dass auch die Sache bei uns noch neu sei? Ich glaube nicht. [...] Bildung, Kultur und Aufklärung sind Modificationen des geselligen Lebens, Wirkungen des Fleißes und der Bemühungen der Menschen, ihren geselligen Zustand zu verbessern. [...] Bildung zerfällt in Kultur und Aufklärung.« (Mendelssohn 1784: 3–5) Mendelssohn unterscheidet zwischen Wort und Sache und hat eine Paraphrase be-

reit, die auf den *universalen* Charakter des Begriffs hinweist. Im 18.
und 19. Jahrhundert werden Terminus wie Begriff zum Anlass der kulturellen Selbstversicherung: Johann Gottfried von Herder publiziert
1774 sein Traktat *Auch eine Philosophie der Geschichte zur Bildung
der Menschheit*, Gotthold Ephraim Lessing 1780 *Die Erziehung des
Menschengeschlechts*, Friedrich Schiller ab 1795 *Ueber die ästhetische
Erziehung des Menschen, in einer Reihe von Briefen*. Johann Wolfgang
von Goethe (1749–1832) veröffentlicht ab 1795 mit *Wilhelm Meisters
Lehrjahre* einen bis heute zum Muster gewordenen Bildungsroman, in
dem er in »einem Wort« als Bildungsziel (in Anspielung an Ex 3) zu-
sammenfasst: »mich selbst, *ganz* wie ich da bin, auszubilden« (Goethe
1962: 44).

2. Der theologische Kontext: Der Mensch als Abbild Gottes

Auf die Frage danach, was der Mensch sei, findet sich im Alten Testament die Erzählung davon, wie die Menschen nicht nur *von Gott
geschaffen*, sondern zudem *nach seinem Bilde* geschaffen wurden:
»Und Gott sprach: Lasst uns Menschen machen als unser Bild, uns
ähnlich.« (Gen 1,26 f.). Im Neuen Testament überlieferte Briefe (1 Kor
11,7 und 15,49; 2 Kor 3,18; Kol 3,10; Jak 3,9 und 2 Petr 1,4) nehmen
diese Vorstellung auf und formulieren den Gedanken der Gottesebenbildlichkeit normativ um: Die »imago dei«-Theorie (Groß/Ernst
1995) will *Herkunft* und damit *Würde* des Menschen erklären, seinem
Leben ein *Ziel* geben und dem Handelnden eine *Aufgabe*. Der Mensch
ist (1) *Werk* Gottes und *soll* (2) Gottes *Abbild werden*; dazu muss er
sich (3) *bemühen*. Damit sind drei für die Bildungstheorie bis heute
gültige Aspekte benannt: (1) Die Eingebundenheit des Menschen in
eine für den Menschen *sinnhaft* zu erfahrende oder gestaltende *Welt*,
(2) die Formulierung eines *Ziels* des menschlichen Handelns und
(3) der Hinweis darauf, dass dieses Ziel nur durch *Bemühen* erreicht
werden kann. Mit dieser neutestamentlichen Auffassung entsteht nun
aber ein Problem, das zum Grundproblem aller Bildungstheorie (und
ihrer zahllosen Surrogate) werden wird: Denn im Alten Testament
ist im Zusammenhang der 10 Gebote auch die Rede davon, dass die
Menschen sich von Gott kein Bild machen dürften, da Gott nur mit
sich selbst identisch sei (Ex 3,15). Im Sinne eines Schöpfungsmythos
mag diese Antwort problemlos sein; sie wird aber ein die Menschheitsgeschichte gestaltendes Problem, wenn man sie mit der imago-

dei-Theorie verbindet: Denn wie kann zum Vor-*Bild* werden, was nicht Bild sein darf?

Diesem Problem widmete sich u. a. Meister Eckhart (ca. 1260–1328). In seinen Predigten und Traktaten fragte er nach dem Ziel eines Gott gefälligen Lebens. Er verweist auf die Antwort des Neuen Testaments, dass die Menschen insofern Kinder Gottes seien, als sie »*ein* Wesen haben mit ihm« (Meister Eckhart, *Mystische Schriften* 41). Darunter sei zu verstehen, dass »Gott macht, daß wir ihn selbst erkennen, und sein Wesen ist sein Erkennen, und es ist dasselbe, *daß er mich erkennend macht*, und daß ich erkenne, und darum ist sein Erkennen mein« (ebd.). Gott sei Vorbild und Lehrer, der Mensch sein Abbild und Schüler, aber beide sind *in einem* verbunden, »wie das, was der Meister lehrt und der Schüler gelehrt wird, ein und dasselbe ist.« (ebd.) Die Möglichkeit des auf Wahrheit zielenden Erkennens und damit die Verbindlichkeit eines Lehrgegenstandes werden vorausgesetzt.

Nun wäre zu vermuten, dass Meister Eckhart in der Heiligen Schrift jene Gehalte findet, die der Mensch zu lernen habe, so dass die Erzählungen vom *Verhältnis der Menschen zu ihrem Gott* als Lehrbuch für das *Verhältnis der Menschen zueinander und zur Welt* gelesen werden können. Genau diesen Kategorienfehler begeht Eckhart nicht; es geht ihm nicht um die lebensweltliche Applikation der Heiligen Schrift; er ist vielmehr durch die Lektüre der Heiligen Texte zu der Auffassung gekommen, dass die Heilige Schrift den Zugang zu Gott zum Problem werden lässt: »Du sollst auch nichts verstehen unter Gott, denn Gott ist über allem Verstehen.« (Meister Eckhart *Mystische Schriften* 103) Obwohl also Gott (1) der *Grund* allen Daseins und (2) *Ziel* allen (3) *Bemühens* sei, sei er der menschlichen Erkenntnis unzugänglich, »von ihm kann niemand etwas sprechen oder verstehen«, denn »Gott ist namenlos« (Meister Eckhart 1991: 102). Menschen können nur die geschichtlichen Bedingtheiten erkennen, sie haben zeithafte Bedürfnisse, Interessen und Ziele, aber diese seien nicht göttlich, sondern blieben – wie auch immer gestaltet – menschlich. Folglich müsse eine *Bildung zu Gott* darin bestehen, sich zuerst von allen zeithaften Mitteln, von allen menschlichen Zwecken und letztlich von der Leiblichkeit zu befreien und »hinauszuwerfen, was in mir ist« (Meister Eckhart *Mystische Schriften* 42). *Bildung zu Gott* meint also gerade nicht die religiöse Ausbildung mit Relevanz für die Gestaltung der Verhältnisse der Menschen untereinander, sondern die Befreiung von den irdischen Interessen. Gott ist kein Geschäftsmodell. In diesem Zusammenhang fällt dann der Terminus »Bildung«: »Bliebe irgendein Bild in dir oder irgendein Gleichnis, so würdest du nimmer eins mit Gott. Damit du also mit Gott eins seist, darf nichts in dir *eingebildet* oder *ausgebildet* sein, das heißt, alles was in dir verborgen ist, muss offen und hinausgeworfen werden.« (Meister Eckhart *Mystische Schriften* 43) *Bildung zu Gott* bedeutet die Loslösung, die *Entbildung* von all dem, was den Menschen in seinem alltäglichen Leben bestimmt. Den Bezugspunkt für die Bildung der Menschen können die Menschen nur erfahren, wenn sie allem Menschlichen entsagen und völlig »leer« werden, zu einer *tabula rasa* (Meister Eckhart *Mystische Schriften* 146), die dann neu beschriftet werden kann. Bildung im Sinne Meister Eckharts verlangt zuerst die Ablösung von den Zwecken der Welt, um dann das zu schauen, was zwischen Meister und Lehrer, Gott und Mensch gleich ist.

Bildung wird bei Eckhart zu einem Vierschritt: 1. die Befreiung von allen unmittelbaren Bedürfnissen und Zwecken (»entbilden«) 2. die Erkenntnis einer in sich schlüssigen, aber mit der Welt und ihren Interessen nicht verbundenen Idee (»hineinbilden«), 3. die Reflexion über den Zustand (»überbilden«) und 4. der Bezug auf ein Ideal, das nicht darstellbar ist (Soudek 1973: 40 f.).

Diese rationale Mystik der Bildung zu Gott ist keinesfalls eine nur für den deutschen Sprachbereich typische Denkform. Einer ihrer direkten Vordenker war der in Flandern und Paris lebende Hugo von St. Victor (1097–1141), der – wie sein Schüler Richard von St. Victor (1110–1173) – den Dreischritt der *cogitatio* (Wahrnehmung der Welt), *meditatio* (rationale Durchdringung) und *contemplatio* (Gesamtschau des Wesens der Dinge) als Weg zur Schau Gottes formuliert hatte und eine der ersten Theorien für die zweckfreie Rezeption autonomer Kunst entwickelt hatte. Die Auffassung eines »interesselosen Interesses« in der Gestaltung der bildenden Aneignung der Welt wurde bedeutsam auch für die Pädagogik (Johann Fr. Herbart *Über die ästhetische Darstellung der Welt als das Hauptgeschäft der Erziehung*, 1804/1997).

3. Welche Frage ist es, die die Bildungstheorie beantworten will?

3.1 Unbildsamkeit im Mythos

Um die Fragen zu rekonstruieren, auf die die Bildungstheorie Eckharts eine Antwort gibt, ist es hilfreich, auf jene Antworten zu verweisen, die Bildung überflüssig erscheinen lassen. In der griechischen

Frühgeschichte ist dies an dem großen Mythos von *Odysseus* und den kleineren von *Narziss, Echo* und *Pygmalion* zu reflektieren.

Als Inbegriff einer Bildung durch Erfahrung in der Welt könnte der als »listig« bezeichnete *Odysseus* verstanden werden, der nach den grausamen Kämpfen um Troja zu sich selbst zu kommen sucht, in die Welt verschlagen wird und schließlich an seinen Herkunftsort zurückkehrt (Ranke-Graves 1960, Bd. II: 345–359). In der Tat wenden sich Odysseus und seine Gefährten mit Verstand gegen die *Natur*, aber nur dadurch, dass sie sie ignorieren und sich beim verführerischen Gesang der Sirenen die Ohren verstopfen oder an den Mast binden lassen (Adorno/Horkheimer, *Dialektik der Aufklärung* 61–99). Zwar lernen sie andere *Völker* kennen und verwandeln sich sogar (z.B. in Schweine), aber die Erfahrung verändert (entbildet) sie nicht. Alle Erfahrung der Welt führt Odysseus nur zurück zum vorbestimmten Ausgangspunkt. Er hat die Totalität der Welt und ihr längst vorhandenes Telos auf seiner Reise durch die Welt als sein Schicksal angenommen.

Ganz in dieser Deutung liegen drei kleinere Mythen, die das der Welt und anderen gegenüber *hermetisch abgeschlossene Ich* thematisieren: *Narziss*, der sich in sein eigenes Spiegelbild verliebt (Ranke-Graves 1960, Bd. I: 259–261); *Pygmalion*, der sich in das von ihm selbst aus Marmor geformte Wesen Galatea verliebt (Ranke-Graves 1960, Bd. I: 189 f.); und die Nymphe *Echo*, die keine eigene Sprachkraft besitzt, sondern nur wiedergibt, was sie hört (Ranke-Graves 1960, Bd. I: 259–261). Das Ich begegnet in allen drei Mythen nur sich selbst – sei es als Abbild seiner selbst, sei es als vom ihm geschaffenes Bildnis (das nichts anderes enthält als das, was es an ihm bewirkt wurde), sei es ohne eigenen Willen als leeres Echo eines anderen. Im mythischen Weltbild gibt es keine Vernunft, die sich selbst fremd wird, um sich dadurch zu erkennen. Es sind monologische Mythen.

3.2 Bildung als Umgang mit dem Verlust der (mythischen) Identität mit sich und der Welt

Die mythische Vernunft lässt keinen Dialog zu (und damit keine pädagogische Interaktion), denn die »identifikatorische Macht des Mythos ist nicht diskutierbar« (Lyotard 1983: 252). Freilich verstößt die *Rekonstruktion* von Mythen gerade gegen das, was sie zu sichern sucht, nämlich die *fraglose* Identität des Menschen mit sich selbst, mit seinem vorgezeichneten Schicksal und mit der Welt. Indem die Mythen (fiktional/künstlich) nachahmt werden, um die Identität zu *fordern*, verweisen die nachahmenden Werke darauf, dass die Identität von Welt und Mensch gerade nicht mehr fraglos oder faktisch gegeben ist. Sie gemahnen an ein Sollen – und werden damit zu Dokumenten des Identitätsbruchs der Menschen mit sich selbst, zu anderen und zur Welt insgesamt. Nur im Paradies des goldenen Zeitalters war die Identität von Mensch und Welt zu denken, konnten die Wünsche des Einzelnen den Notwendigkeiten des (Über-)Lebens in einer vorgefundenen Welt entsprechen, konnte der individuelle Wille mit dem schlechthin Guten in eins gesetzt werden. In der Zeitalterlehre Hesiods oder den Erzählungen über die Vertreibung aus dem Paradies wurde der Bruch zwischen Welt und Mensch als künftig unhintergehbare Lebensbedingung des Menschen im »eisernen Zeitalter« »jenseits von Eden« (Gen 3) ausgewiesen – die nunmehr das *Nachdenken* über die Möglichkeit der *Hoffnung* auf eine solche Identität (Theologie) oder des nie zu einem Ende kommenden praktischen *Bemühens* um das richtige Leben (Pädagogik) notwendig machte (Lichtenstein 1970).

Dieser Bruch lässt sich historisch fixieren und z. B. mit Äußerungen Demokrits (ca. 5. Jahrhundert v. Chr.) in sechs bis heute gültigen Problemstellungen beschreiben:

(1) Der Bruch zwischen Mensch und Natur: Zwar ist der Mensch ein Naturwesen und weiterhin als Werk der Natur zu verstehen; aber anders als die Tiere kann er ihr nicht folgen, sondern muss sich zu ihr verhalten. (Demokrit, *Fragmente* 198/Cap. 263: »Das Tier weiß, wieviel es bedarf, der Mensch nicht.«).

(2) Der Bruch zwischen Individuum und Gesellschaft: Zwar ist der Mensch Werk seiner sozialen Umwelt; aber genau dies ist das Problem, denn auch die »Anlage zur Schlechtigkeit wird durch ständigen Verkehr mit Schlechten gesteigert.« (Demokrit, *Fragmente* 184/Cap. 254). Angesichts der Vielfalt unterschiedlicher Sitten muss jeder Mensch sich entscheiden, welcher Sitte er folgen wird: *Grund* der Sittlichkeit kann demnach nicht die vorherrschende Sitte sein, sondern die Entscheidung für die richtige.

(3) Der Bruch zwischen Wahrnehmen/Meinen und Wissen: Die Unmöglichkeit, sich auf natürliche Instinkte verlassen zu können, und die Vielzahl der Meinungen und Ansichten in der Welt nötigen den Menschen dazu, zwischen Meinung und Wahrheit zu unterscheiden: »Gut und wahr ist für alle Menschen dasselbe; angenehm dagegen ist dem einen dies, dem andern das« (Demokrit, *Fragmente* 69/Cap. 183).

(4) Der Bruch zwischen Theorie (Einsicht) und Praxis (Handlung): Aus dem Erkennen folgten keine sittlichen Maxime (Demokrit, *Frag-

mente 207/Cap. 166: »Nicht jede Lust darf man wählen, sondern nur die am Guten und Schönen«. Daraus folgt:

(5) Der Bruch zwischen zweckhafter Tätigkeit und sinnvoller Handlung: Es stellt sich angesichts von Wahrheit und Sittlichkeit die Frage nach den *Zwecken* und schließlich nach dem *Zweck* aller *Zwecke*, nach dem Sinn allen Handelns – und des Lebens.

(6) Der Hiatus zwischen dem Lehrenden und dem Lernenden, dergestalt, dass der Edukandus weder ohne Lehrer auskäme (wie Narziss), noch Werk seines Lehrers ist (wie Galatea). Diese Beschreibung wird fortan unter dem Begriff des *Pädagogischen Paradox* thematisiert und gehört zum Kernstück von Bildungstheorien.

Mit dieser Umschreibung sind Bereiche der *Bildsamkeit* des Menschen und die aus ihr resultierenden Aufgaben benannt: Da der Mensch weder von der Natur noch von der Gesellschaft völlig festgelegt ist, kann er sich zu beidem verhalten. Da die Regeln des Handelns nicht aus dem Bereich stammen können, dessen Bewertung erst noch gefunden werden soll, muss es regulative Ideen geben, die unter Geltungsanspruch stehen und das Verhältnis *zur* Natur und Gesellschaft bestimmen: Damit sind die Geltungsansprüche von Wahrheit und Sittlichkeit gestellt. Jeder Mensch muss sich diesen Ansprüchen stellen, und zwar mittels Verfahren, die für alle Menschen gültig sind. Denn Wahrheit wäre die Übereinstimmung einer Sache mit sich selbst – so dass sie für jeden gleich sein muss. Sittlichkeit hat erst dann Sinn, wenn sie für alle gilt, für Opfer wie Täter.

Die Bestimmung des Sinns der Zwecke enthält allerdings eine Paradoxie: Wird ein Lebenssinn (wie im Mythos) als bereits gegeben vorausgesetzt, dann widerspricht diese Voraussetzung der Freiheit und Selbstaufklärung des Menschen. Wird indes der Lebenssinn vom Subjekt selbst bestimmt (wie in der Aufklärung), so fragt sich bis zu einem Regress ins Unendliche, welcher Lebenssinn dieses Subjekt veranlasse, den Lebenssinn zu bestimmen. Beide Lösungen, die Übernahme eines fremden Sinnes wie der autonome Selbstentwurf von Sinn, geraten in Widerspruch zu der Auffassung des Menschen als eines Wesens, dessen einziger natürlicher Zweck es ist, sich selbst zu bestimmen. Die Frage nach dem Sinn setzt nämlich bereits voraus, dass es sinnvoll ist, sie zu stellen. Aus der Wesensbestimmung des Menschen, bereits Geschöpf zu sein, bevor er sich erschafft, scheint es keine nachmetaphysischen Alternative zu geben.

Die Geschichte der Bildungstheorien ist als nie abzuschließender Versuch zu verstehen, diese Grundprobleme einer Lösung zuzuführen:

Was muss ein Mensch wie über die Welt lernen, um sittlich in ihr handeln zu können, damit das Leben sinnvoll gelingt? Es gibt keine schriftlich überlieferte Gesellschaftsordnung, die diese Frage nicht ausgewiesen hätte: Bildsamkeit und Bildung sind damit *universale* Ideen – unabhängig von sprachlichen Formulierungen und kulturellen Traditionen.

4. Die pädagogische Auslegung der »imago dei«-Theorie als Bildungstheorie

4.1 Pädagogik als angewandte Theologie: Jan Amos Comenius

In einem für die Moderne provozierenden Sinn hatte der in tschechischer und lateinischer Sprache publizierende und in ganz Europa wirksame Jan Amos Comenius (1592–1670) den mystischen Bildungsbegriff nicht nur beerbt, sondern pädagogisch und schließlich schulpraktisch ausgelegt. Seine *Große Didaktik* (ab 1627) reflektiert nicht nur den Selbstgestaltungsprozess des Ichs, sondern fragt zudem danach, wie dieser Prozess angesichts der gesellschaftlichen Verhältnisse gültig gestaltet werden könnte. Comenius begründet *Bildung* aus einem religiösen Telos, auf das hin Gesellschaft sich zu orientieren habe. Schließlich gehe es um die Verbesserung der Gesellschaft, nicht um die Perpetuierung der Gegenwart: »Denn was befindet sich bei uns und dem Unsrigen eigentlich in Ordnung und an seinem gehörigen Platze? Nichts, gar nichts.« Comenius kritisiert den Zustand der erfahrbaren Welt, in der die Idee der *Wahrheit* durch »Dummheit«, die Idee der *Sittlichkeit* durch »Unterdrückung« und die Idee eines demütigen *Sinnes* durch »Stolz« ersetzt wurden (Comenius, *Große Didaktik* 18). Dabei gewährt die geschichtliche Erfahrung in der Welt keine Lösung für ihre Probleme, denn »da ist keiner, der Gutes tut, nicht ein einziger.« (ebd.) Das Ganze der Erfahrung ist also das Falsche im Hinblick auf das mögliche Denken des Gelingens, so dass Regeln für richtiges Handeln nicht durch Rückgriff auf die Geschichte gefunden werden können, sondern nur durch die Transzendierung der Wirklichkeit. Bildung könnte nur funktional gestaltet werden, wenn vorausgesetzt wird, dass das System, in dem sie funktioniert, schon *an sich* gut (paradiesisch) ist. Genau das aber widerlege – nach Comenius – die Erfahrung. Wenn daher die sich geschichtlich zeigende Entfremdung des Menschen von sich selbst und seiner Gottesebenbildlichkeit überwunden werden soll, dann nur dadurch, dass der künftige Mensch aus der Abfolge immer wiederkehrender Reproduktion der Kultur herausspringt und die herrschende Kultur von einem anderen Gesichtspunkt betrachtet, von einem nicht-verzweckten Gesichtspunkt aus. Denn allein dieser vermag es, das Handeln des Menschen abgelöst von den Interessen der Welt zu betrachten und Regeln für die Veränderung zu finden.

Bildung kann also nicht in der Aneignung von Kultur bestehen, sondern bedarf einer Perspektive des ganz Anderen auf diese Kultur. Eine solche Bildungsidee betrachtet die Kultur unter der Frage, was an ihr *gültig* ist oder wie sie *gültig werde*. Nicht die Anpassung an die Kultur (Sozialisation), auch nicht die Ignoranz von Kultur (der Solipsismus des Mythos) können Leitidee von Bildung sein, sondern allein das Ins-Verhältnis-setzen-Können zur Kultur aus der Perspektive des ganz Anderen. So greift Comenius in der Wortwahl den mystischen Bildungsbegriff auf: Der »*Mensch* ward erschaffen nach dem Bilde dessen, der vom Anfang an, von aller Ewigkeit her aufgegangen war« (Comenius, *Große Didaktik* 15). An diesem Bild *soll* sich der Mensch als Geschöpf Gottes bilden. Comenius legt das mystische Motiv von der Unerkennbarkeit Gottes sozialethisch aus: »Zunächst sind alle als Menschen Geborenen zu dem Hauptzwecke geboren, Mensch zu sein, d. h. vernünftiges Geschöpf, Herr der (anderen) Geschöpfe und genaues Abbild seines Schöpfers. Darum sind alle so zu fördern und in Wissenschaft, Sittlichkeit und Religion recht einzuführen, daß sie das gegenwärtige Leben nützlich zubringen und sich auf das künftige angemessen vorbereiten können. Daß bei Gott kein Ansehen der Person gilt, hat er selbst oft kundgetan. Wenn wir also zu solcher Wartung des Geistes nur einige zulassen, andere aber ausschließen, sind wir ungerecht nicht nur gegen die, welche an der gleichen Natur wie wir teilhaben, sondern gegen Gott selbst, der von allen, denen er sein Bild aufgeprägt hat, erkannt, geliebt und gepriesen sein will. [...] Zudem wissen wir nicht, zu welchem Nutzen die göttliche Vorsehung diesen oder jenen bestimmt hat« (Comenius, *Große Didaktik* 56).

Die Imago-dei-Theorie ist die Grundlage dafür, nunmehr Bildung als etwas zu fordern, was *für alle* gelten solle, *alles* beinhalte und so gestaltet werde, dass auch jeder sie *versteht*. *Alle sollen alles allseitig* lernen – lautet die kurze Formel (Comenius, *Große Didaktik* 58). Die Hinführung zur Bildung ist der pädagogische Versuch, allen Menschen gleichermaßen dabei zu helfen, nützlich zu handeln und sinnvoll zu leben und dadurch ihre einzige Bestimmung zu erfüllen, nämlich Gottes

Ebenbild zu werden. Da Comenius Gott ganz im Sinne des alttestamentlichen und mystischen Bilderverbots als präsent voraussetzt, aber als gleichwohl verhüllt ansieht, entwickelt er die Idee einer *Bildung als interesseloses Interesse am Göttlichen des Menschen*, also als Streben nach Wahrheit, Sittlichkeit und Sinn. Nicht ein innerweltlicher Zweck, sondern Bildung soll das Ziel des Lernens sein. Bildung ist ein Schutz vor sozialen Verzweckungen angesichts göttlicher Zweckfreiheit. Erst die Zweckfreiheit der Bildung ermöglicht es dem Einzelnen, sachangemessen und verantwortlich zu handeln und damit, Gott gefällig zu leben.

Das Ziel von Bildung ist es nicht, möglichst *viel* zu lernen, sondern das *Ganze*. Zwar mögen die Menschen in der Gesellschaft bestimmte Funktionen erfüllen und dazu bestimmte Kenntnisse und Fähigkeiten erwerben müssen; zwar mag die Arbeitsteilung die Tätigkeiten voneinander scheiden, so dass »das Ganze« nicht mehr im Verhalten des Einzelnen sichtbar ist. Aber *jeder* müsse immer richtig und sittlich handeln. Und weil die einzelnen *Tätigkeiten* keinen Sinn mehr in sich haben, müssten sie durch Reflexion auf einen letzten *Sinn* bezogen werden, um von zweckbestimmten *Tätigkeiten* zu sinnvollen *Handlungen* werden zu können. Nicht die (auch pragmatisch nie einzulösende) Vorstellung, dass »wir von allen die Kenntnisse aller Wissenschaften und Künste« verlangen, sei daher zielführend, sondern als Grundgedanke habe zu gelten, dass alle über »*Grundlagen, Ursachen* und *Zwecke* der wichtigsten Tatsachen und Ereignisse« belehrt werden müssen, damit sie nicht »nur als Zuschauer, sondern auch als künftig Handelnde in die Welt eintreten« (Comenius, *Große Didaktik* 59).

Grundlagen, Ursachen und Zwecke: Jedes Wissen lässt sich unter dieser dreifachen Perspektive betrachten – und erst wenn es unter dieser Perspektive betrachtet wird, kann sich an ihm ein bildender Lernvorgang vollziehen.

4.2 Die Säkularisierung des Bildungsbegriffs

Den Prozess der fortschreitenden Säkularisierung des Bildungsgedankens reflektiert Rousseau, dessen zentrale These lautet: »Das Ziel der Erziehung? Es ist das Ziel der Natur selber [...]. Auf diese ursprünglichen Anlagen also ist alles zurückzuführen« (Rousseau, *Emile* 110). Damit ist keineswegs die Erziehung zu einem material gedachten Naturzustand oder gar zu vitaler Natürlichkeit eines Lebens auf dem

Lande gemeint, sondern zu dem, was dem Menschen von Natur aus eigen ist, die Bildung zu seinem *Wesen*. Es ist jene naturrechtliche Bestimmung des Menschen, auf die schon Comenius verwiesen hatte, als er bemerkte, dass Bildung für alle gelte, »welche an der gleichen Natur wie wir teilhaben« (Comenius, *Große Didaktik* 56). Die Natur (das Wesen) des Menschen ist seine Freiheit gegenüber biologischen Anlagen und sozialen Verhältnissen. *Bildung zur Natur des Menschen* heißt also, die nachwachsende Generation zu befähigen, angesichts natürlicher und sozialer Herausforderungen eigenständig seine Freiheit zu nutzen. *Nicht mehr Gott, sondern die Natur (das Wesen) des Menschen wird zum Vorbild* – aber auch sie ist, wie der alttestamentliche Gott, nicht unmittelbar einsehbar, weil sich nirgends Menschen ohne Kultur finden lassen. Anlässlich der Vielzahl von Kulturen, die sich mit jeweils guten Gründen unterscheiden, kann die Natur des Menschen dann nur in der Freiheit liegen, künftig Kultur zu schaffen. Dann aber ist die Natur jeder Kultur übergeordnet und logisch oberstes Bildungsziel. Die menschliche Freiheit ist Bedingung der Möglichkeit von Kultur. Indem Rousseau die Natur logisch als Vorbild bestimmt und diese als *Freiheit* des Menschen gegenüber naturhafter und sozialer Umwelt auslegt, säkularisiert und politisiert er den Bildungsbegriff: Dem Wesen des Menschen gerecht zu werden, ist der oberste Zweck der Bildung in Theorie und politischer Praxis. Das Wesen aber ist die Freiheit und damit die Aufgabenhaftigkeit des Menschen: Das Wahre zu erkennen, das Gute zu tun und sinnvoll zu leben. Der Zweck des Menschen ist es, sich selbst Zwecke zu setzen. Antrieb ist seine von Natur aus vorhandene *Perfektibilität*, d.h. der Trieb, das jeweils Bessere zu wählen: Nicht Vollkommenheit ist das Ziel, sondern stete Vervollkommnung. Bildung ist für Rousseau daher »Äquivalent« zur bloß kulturell-affirmativen Sozialisation, sie ist Schutz der Freiheits*möglichkeit* des faktisch zur Freiheit noch nicht fähigen Kindes vor den Unbilden der natürlichen Umwelt und den Mächten der Gesellschaft. Wie bei Meister Eckhart der Mensch sich auf einen nicht abbildbaren Gott hin bildet, bildet sich der Mensch bei Rousseau im Hinblick auf seine vorausgesetzte Natur, sein Wesen: die Freiheit. Bildung ist die zunehmende Befähigung, unter dem Schutz der Idee der unbestimmten Bestimmtheit des Menschen das zu lernen, was er braucht, um angesichts der regulativen Ideen verantwortungsvoll handeln zu können.

Immanuel Kant präzisiert den Aspekt der Wahrheitssuche, indem er sie als *methodisch* kontrollierten *Entwurf* unter den Bedingungen von Verstand und Vernunft versteht. Lernen ist eine besondere Form des Erkennens: »Das Verstehen hat zum größten Hülfsmittel das Hervorbringen« (Kant, *Pädagogik* 736/A88). Nicht die Denkpsychologie, sondern die Erkenntnistheorie vermag also den Lernvorgang pädagogisch zu erhellen.

Kant bestimmt zudem die Moralität als Vermögen, Handlungen unter dem Anspruch allgemeiner Geltung zu prüfen: Bildung kann danach nur darin bestehen, den anderen zum Denken und Urteilen zu befähigen: »Kurz, [der Schüler] soll nicht *Gedanken* sondern *denken* lernen; man soll ihn nicht *tragen* sondern *leiten*, wenn man will, daß er in Zukunft von sich selbsten zu *gehen* geschickt sein soll.« (Kant, *Nachricht* 908) Der Mut, sich in allem seines eigenen Verstandes zu bedienen, hat eine lernpsychologische Bedeutung: »Man lernet das am gründlichsten, und behält das am besten, was man gleichsam aus sich selbst lernet.« (Kant, *Pädagogik* 736/A88 f.) Die Form von Bildung kann nur durch die wechselseitige Achtung von Erzieher und Zögling im Bemühen um ein beiden Gemeinsames (den Ideen der Wahrheit und der Sittlichkeit) bestehen: »Bei der Ausbildung der Vernunft muß man sokratisch verfahren. Sokrates nämlich, der sich die Hebamme der Kenntnisse seiner Zuhörer nannte, gibt in seinen Dialogen, die uns Plato gewissermaßen aufbehalten hat, Beispiele, wie man selbst bei alten Leuten, manches *aus ihrer eigenen Vernunft* hervorziehen kann.« (Kant, *Pädagogik* 737/A90)

Johann Friedrich Herbart (1776–1841) fächert den Begriff der Bildung weiter aus, dessen Zieldimension nunmehr das zeitgemäße Verständnis vom »Hauptgeschäft der Erziehung« in eine Formel bringt: »*Machen, daß der Zögling sich selbst finde, als wählend das Gute, als verwerfend das Böse:* dies oder nichts ist Charakterbildung! Dies Erhebung zur selbstbewußten Persönlichkeit soll ohne Zweifel im Gemüte des Zöglings selbst vorgehen und durch dessen eigene Tätigkeit vollzogen werden; es wäre Unsinn, wenn der Erzieher das eigentliche Wesen der Kraft dazu erschaffen und in die Seele eines anderen (Vorgaben/Regeln) hineinflößen wolle« (Herbart, *Darstellung der Welt* 49;Hervorheb. i. O.)

4.3 Die klassische Formulierung des modernen Bildungsbegriffs: Wilhelm von Humboldt

Wilhelm von Humboldt hat nie eine Bildungstheorie ausformuliert, sondern sich im Zuge der Sprach-, Staats-, und besonders der Wissenschaftstheorie (Universitätsgründung Berlin) und in zwei regionalen

Schulplänen (Königsberg/Litauen) zu Bildungsfragen geäußert. Dabei ist ein grundlegender Text bis zu Beginn des 20. Jahrhunderts gar nicht bekannt gewesen, dessen Kühnheit mit der Aufklärungsschrift Kants verglichen werden kann. Humboldt versteht diese Niederschrift als *Entwurf* für ein »grosses und trefliches Werk« (Humboldt, *Theorie der Bildung* 234), das erst noch zu schaffen wäre, nämlich eine Theorie der Bildung. Er beginnt mit einer wuchtigen Positionsbestimmung: »Im Mittelpunkt aller besonderen Arten der Thätigkeit nemlich steht der Mensch, der ohne alle, auf irgend etwas Einzelnes gerichtete Absicht, nur die Kräfte seiner Natur stärken und erhöhen, seinem Wesen Werth und Dauer verschaffen will« (Humboldt, *Theorie der Bildung* 235). Nicht mehr Gott, sondern der Mensch steht nach dieser kopernikanischen Wende der Denkart im Mittelpunkt – freilich genau so, wie einst der Mensch zu Gott stand, nämlich ohne »Absicht« und materiales Interesse. Die Eigenheit seines Wesens ist die Freiheit, die sich im Lernen-Müssen und Sprechen-Können realisiert. Die Sprache wird verstanden als jenes Vermögen des Menschen, das diese Freiheit sinnfällig macht. Sie ist nicht, wie in der Tierwelt, nur Kommunikationszeichen oder, wie in der Gesellschaft, Konvention, sondern Bedingung der Möglichkeit allen Erkennens. Daher *bewirkt* das Sprechen auch beim Hörenden nichts, sondern löst nur freie Erkenntnis aus. Die Menschen »verstehen einander nicht dadurch, dass sie sich Zeichen der Dinge wirklich hingeben, auch nicht dadurch, dass sie sich gegenseitig bestimmen, genau und vollständig denselben Begriff hervorzubringen, sondern dadurch, dass sie gegenseitig in einander dasselbe Glied der Kette ihrer [...] inneren Begriffserzeugungen berühren [...], worauf alsdann in jedem entsprechende, nicht aber dieselben Begriffe hervorspringen« (Humboldt, *Verschiedenheit* 559). Damit ist das *pädagogische Paradox* durch Rückgriff auf die Sprachtheorie neu formuliert: Die Verfasstheit der menschlichen Sprache lässt keine *Wirkungen* anderer zu, sondern fordert zum selbsttätigen Verstehen auf. *Jedes Verstehen* denkt den Gegenstand selbst und zwar neu, so dass sich »Wissenschaft als Wissenschaft nicht wahrhaft vortragen (lässt), ohne sie jedesmal wieder selbstthätig aufzufassen« (Humboldt, *Ideen* 262). Selbst die exakten Wissenschaften können nie in eindeutigen Zeichensystemen weitergegeben werden, sondern werden als je zu denkende und *dabei* zu erweiternde Vermögen gelehrt, da »Alles darauf beruht, das Princip zu erhalten, die Wissenschaft als etwas noch nicht ganz Gefundenes und nie ganz Aufzufindendes zu betrachten« (Humboldt, *Ideen* 257).

Bildung wird zu jenem Begriff, der das Wesen des Menschen *ganz* umschreibt: Mehr als gebildet kann niemand sein, daher ist das Bemühen um Bildung »die letzte Aufgabe unsres Daseyns« (Humboldt, *Theorie der Bildung* 235).

Humboldt bestimmt nun nicht Inhalte im Bildungsprozess, sondern das Prinzip der Bildung, das für alle Inhalte gültig ist. Es besteht darin, dem »Begriff der Menschheit in unsrer Person, sowohl während der Zeit unsres Lebens, als auch noch über dasselbe hinaus, durch die Spuren des lebendigen Wirkens, die wir zurücklassen, einen so grossen Inhalt, als möglich zu verschaffen, diese Aufgabe löst sich allein durch die Verknüpfung unsres Ichs mit der Welt zu der allgemeinsten, regesten und freiesten Wechselwirkung. Diess allein ist nun auch der eigentliche Massstab zur Beurtheilung der Bearbeitung jedes Zweiges menschlicher Erkenntnis« (Humboldt, *Theorie der Bildung* 235). Es hängt nicht von den Inhalten und den ihnen unterstellten Wirkungen ab, ob jemand gebildet ist oder nicht, sondern von der Art der Aneignung. Die *regulative* Idee dieser Aneignung ist der »Begriff der Menschheit«. Die Idee des hypothetischen *Gelingens* kann weder mit der des faktischen *Erfolgs* noch der des utilitaristischen *Zwecks* gleichgesetzt werden. Hatte schon der aufgeklärte Mythos der Griechen darauf hingewiesen, dass über das Gelingen des Lebens aufgrund der Zeitlichkeit des Menschen erst an seinem Lebensende befunden werden könne (Sophokles, *König Ödipus* 70), so steigert Humboldt den Anspruch des Gelingens über das Leben hinaus: Die Verantwortlichkeit für unser Handeln endet nicht mit unserem Tod, sondern nie: Bildungsprozesse müssen so gestaltet werden, dass Menschen lernen, Verantwortung übernehmen zu können. Regulative Idee für alle Bildungsprozesse ist das hypothetische *Bild vom Menschen*: »dass der Begriff der Menschheit, wenn man ihn von ihm, als dem einzigen Beispiel, abziehen müsste, einen grossen und würdigen Gehalt gewönne« (Humboldt, *Theorie der Bildung* 236).

Damit ist die in vielen Gesellschaften herrschende Vorstellung nicht zu akzeptieren, dass es schichtenspezifische Bildungsgänge geben können. Es gibt nur *eine* Bildung – und ihre Idee ist für jeden Menschen gleich: Lerne so zu handeln, wie es sinnvoll ist, dass der Mensch handeln soll. Diese Aufgabe richtet sich auf *alle* dem Menschen möglichen Tätigkeiten und ist lebenslang gestellt; das Lernen kann an kein Ende kommen. Bildung besteht in der Bewegung des Ichs aus sich hinaus, zum »NichtMensch« (Humboldt, *Theorie der Bildung* 235) der Welt hin und zurück zum geläuterten Selbst: »Beschränken sich indess auch alle diese Forderungen nur auf das innere Wesen des Menschen, so dringt ihn doch seine Natur beständig von sich aus zu den Gegenständen ausser ihm überzugehen, und hier kommt es nun darauf an, dass er in dieser Entfremdung nicht sich selbst verliere, sondern vielmehr von allem, was er ausser sich vornimmt, immer das erhellende Licht und die wohlthätige Wärme in sein Innres zurückstrale« (Humboldt, *Theorie der Bildung* 237). Hier ist das mystische Bild der *Entbildung* des Ichs in das der *Entfremdung* von der Welt transformiert; die *Einbildung* wird repräsentiert durch das authentisch Andere (hier der Wissenschaften) und die *Überbildung* als sinnvolles Handeln. In diesem Sinn ist Bildung gerade nicht die Theorie der subjektiven Aneignung von herrschender Kultur oder der weltabgewandten Innerlichkeit. Denn Kultur soll sich entwickeln, und daher muss Bildung »nicht mehr bloss dem Menschen Kenntnisse oder Werkzeuge zum Gebrauch zubereiten« (Humboldt, *Theorie der Bildung* 238). Wie jedes Sprechen alte Mittel zu freien Zwecken nutzt, soll Bildung »dem Geiste eine eigne und neue Ansicht der Welt und dadurch eine eigne und neue Stimmung seiner selbst geben, dass er von der Seite, auf der er steht, seine ganze Bildung vollenden kann; und dies ist es, wohin er strebt« (Humboldt, *Theorie der Bildung* 239). Es geht in der Bildung um den handlungsfähigen ganzen Menschen, nicht um Leistungen in Teilbereichen.

Gegenstand von Bildung ist »schlechthin, die Welt« (Humboldt, *Theorie der Bildung* 237). Aber »Welt« ist kein quantitativer Begriff. Darauf, dass man nicht Alles lehren könne, hatte schon Comenius hingewiesen und stattdessen verlangt, das *Ganze* zu lehren. Diesen Gedanken nimmt Humboldt auf und versteht, im Sinne der Kantischen Erkenntnistheorie, das Ganze der Welt als das, was die Menschen von ihr methodisch (sprachlich) konstruieren können, das, was Comenius »Grundlagen, Ursachen und Zwecke« (Comenius, *Große Didaktik* 59) genannt hatte. Das Ganze der Welt ist in der Einheit der Vernunft enthalten, für den Erzieher wie den Zögling, den Meister wie den Schüler. Sie ist es, die die Begründungen sucht, die Ursachen identifiziert und die Zwecke bestimmt. Mehr an Welt ist dem Menschen nicht zugänglich. Es ist nur jenes der Welt in uns, dem wir »die Gestalt seines Geistes aufdrücken und beide einander ähnlicher machen.« Weder *konstruiert* unser Bewusstsein, was es dann für Welt ausgibt (Narziss), noch *bildet* es Welt ab (Echo), sondern beides vermittelt sich in der methodisch kontrollierten Erkenntnis: Die Aneignung von Natur und Geschichte unter den Bedingungen unseres sich in Sprache entäußernden Verstandes. Wiederum gilt: Lernen ist eine besondere Form der Erkenntnis. Der Verstand differenziert sich faktisch in Erkenntnisbereiche aus – in die Wissenschaften, Künste, in den Umgang und die Lebenserfahrung, die erst unter bestimmten Arten der Bearbeitung bildend werden. *Zuerst* müssten die spezifischen »Fähigkeiten« ausgewiesen werden, mit denen man ein Fach so betreiben kann, dass man es selbst denkt (lernt) und *dabei* »glücklich« erweitert (Humboldt). Um diese Fähigkeiten auszuweisen ist es *zweitens* nötig, den »ächten Geist« zu benennen, das Proprium eines Faches. Denn erst dann kann man die spezifischen Methoden, Fähigkeiten und Techniken beschreiben, die für ein einzelnes Fach wichtig sind: »Jedes Geschäft kennt eine ihm eigenthümliche Geistesstimmung, und nur in ihr liegt der ächte Geist seiner Vollendung« (Humboldt, *Theorie der Bildung* 239). Aber diese Ausdifferenzierung in nicht ineinander überführbare Fächer kann nicht schon Bildung sein, denn Menschen müssen im Handeln das Teilwissen wieder als Ganzes *zusammenbringen* und ins Verhältnis setzen: Sie müssen also *drittens* die Relevanz und Reichweite der einzelnen Fächer für die gelingen sollende »Ausbildung der Menschheit« reflektieren und sie anschließend in ein sinnvolles Verhältnis setzen. Die Welt ist nicht von *einer* einzigen Wissenschaft her zu beschreiben und schon gar nicht zu ordnen. Bildung besteht darin, die unterschiedlichen Konzepte der Erkenntnis mit ihren je eigenen und unverzichtbaren Zugängen in ein sinnvolles Verhältnis zu setzen. Damit legt Humboldt den Grundstein für eine Bildungstheorie in modernen wissenschaftsbestimmten Gesellschaften: Jede Wissenschaft, ja jedes Wissen ist nun in seiner Eigenheit (instrumentelle Vernunft) unter diesem Aspekt seiner Bedeutsamkeit für sinnvolles Handeln (Bildung) anzueignen.

In den *Ideen zu einem Versuch, die Grenzen der Wirksamkeit des Staates zu bestimmen* beleuchtet Humboldt das Verhältnis von Bildung und Gesellschaft. Wieder ist es die Idee der Freiheit, die maßgeblich wird: Menschen entfalten ihre Bildsamkeit dann am besten, wenn sie ihre eigenen Ziele verfolgen können – im Pluralismus sinnvoller Entwürfe. Ein Gesamtziel der Gesellschaft kann nicht formuliert, sondern muss je neu von ihren Mitgliedern ausgehandelt werden. Deshalb kann nicht *Anpassung* an die Gesellschaft, sondern nur die Befähigung zur *Gestaltung* von Gesellschaft das Ziel sein. Zudem kann die Gesellschaft weder *diktatorisch, elitär* oder *demokratisch* entscheiden, was wahr oder sittlich ist: Nur die Fachdiskurse der Wissenschaften und der Ethik vermögen dies. Folglich kann das Organ der Gesellschaft, der Staat, Bildung nur ermöglichen; bewirken aber kann er aus eigener Kraft Bildung nicht: »Oeffentliche Erziehung scheint mir daher ganz ausserhalb der Schranken zu liegen, in welchen der Staat seine Wirksamkeit halten muss« (Humboldt, *Ideen* 109).

Sowohl Comenius, dessen theologische Implikation die Rezeption des Modells in säkularen Gesellschaftssystemen erschwert, als auch Humboldt, dessen Entwürfe die Aufgaben beschreiben, nicht aber die Lösungen diskutieren, bedürfen interpretierender Applikation, die in der Folgezeit zur Ausdifferenzierung der Pädagogik zur Erziehungswissenschaft führte. Statt einer Aufzählung dieser Positionen sollen nunmehr systematisch Antworten auf die Fragen nach den *Inhalten* (5), den *Zielen* (6), und den *Verfahren* (7) von Bildungsprozessen vorgestellt und diskutiert werden. Die Konzepte wurden (idealtypisch) um des Kontrastes willen zu antithetischen Paaren zusammengefasst. Antithesen sind idealtypische Konstruktionen eines semantischen Feldes: Sie benennen Grenzen, innerhalb derer regelbestimmte Argumentationen stattfinden können. Die hier vorgestellten Fundamentalpositionen helfen, das Feld abzustecken und zu ordnen, den Geltungsanspruch einzelner Lösungsvorschläge zu prüfen und sich selbst zu positionieren. Keine von ihnen repräsentiert ganz, was mit dem Bildungsbegriff seit der Antike intendiert war, aber keine Reformulierung von Bildung käme ohne Bedenken dessen aus, was in den Supplementen reflektiert wurde.

5. Was sind die Inhalte von Bildungsprozessen?

5.1 Materiale Bildungstheorien

In seinem Monumentalwerk über den *Lehrplan des Abendlandes* konnte sein Verfasser Josef Dolch (1899–1971) mit zahllosen Belegen zeigen, dass in Europa über 2000 Jahre ein Konsens darüber bestand, was man wissen musste, um zu den Gebildeten zu gehören. Bildung wird in diesen Konzepten der von Platon ausgehenden Praxis der »septem artes liberales« zur (1) Menge eines (2) inhaltlich bestimmten Wissens, das (3) demütig/gehorsam angeeignet (erinnert) werden sollte. »Bildung« wurde mithin als Attribut einer gelehrten Elite missverstanden, sei es jene der antiken Polis (die Sklaven für die von der Elite bestimmten Zwecke *ausbildete*), sei es jene der Universitäten (die nicht nur Wahrheiten und moralische Normen dekretierte, sondern auch das Ziel der

Geschichte zu kennen schien); sei es jene der Administrationen und Obrigkeiten der Nationalstaaten (die den Erhalt der Nation zum Telos allen Lernens bestimmten).

Die Vorstellung eines *Kanons* an bildenden Werken war so lange tragfähig, wie der gesamte Kanon angeeignet werden konnte oder aber fraglos galt, alle das gleiche Ziel teilten und gar nicht erst der Anspruch erhoben wurde, dass alle alles lernen sollten. Mit dem Verlust dieser Voraussetzungen verliert jede materiale Bildungstheorie ihre Legitimation.

5.2 Formale Bildungstheorien

Die Einsicht, dass Wissenschaft keine Ansammlung von Ergebnissen ist, sondern ein Verfahren, Welt unter Geltungsanspruch zu erkennen, hat die Idee aufkommen lassen, alle Inhalte aus Bildungsprozessen nur noch als Anlass (»Performanz«) für das eigentliche Ziel, die Herausbildung, Einübung und Verfestigung von Kompetenzen (Fähigkeiten) zu verstehen. Diese Auffassung einer *formalen Bildung* hat eine lange Tradition; sie begann in der Ausbildung einer Beamtenschaft in den frühen Hochkulturen, die vor die Aufgabe gestellt war, auch nach einem Regierungswechsel die zivilisatorischen Funktionen der jeweiligen Sozialverbände aufrecht zu erhalten – was ebenso für die Ausbildung der »Dienstleistungen« von Sklaven galt (Aristoteles, *Politik* I,7). In der griechisch-römischen Antike begründen solche Vorstellungen u. a. die Theorie der Rhetorik, die inhaltsneutral jene Fähigkeiten (Kompetenzen) benennt, die zur Performanz einer Rede über einen beliebigen Zweck vor einem beliebigen Publikum befähigen sollte. Die mit dieser Formalisierung notwendig einhergehende Inhaltsgleichgültigkeit und ethische Neutralität ist von Beginn an – z. B. von Platon – bemängelt worden oder durch eine disziplinierende Einbindung der Person (nicht seiner Fähigkeiten) aufzufangen versucht worden (Quintillian).

In letzter Zeit suchen sogenannte *Kompetenztheorien* mit empirisch-psychologischem Instrumentarium zu erfassen, was zuvor intentional von allen anderen formalen Bildungstheorien angestrebt wurde. Eine abschließende Bewertung dieses Versuchs fällt heute noch schwer, weil bisher »weder der Kompetenzbegriff einheitlich verwendet wird noch Konsens bezüglich der Frage besteht, welche Kompetenzen die erfolgreiche Bewältigung der Anforderungen in den verschiedenen Lebenslagen unterstützen« (Maag Mareki 2009: 492).

Es ist zu vermuten, dass auch dieser Reformulierung formaler Bildungstheorie jene Erkenntnisgewinne und jene Probleme eigen sind, die bisher alle *formalen Bildungstheorien* kennzeichneten: Der Nutzen liegt darin, in einem organisatorischen Sinne dabei zu helfen, jene Arbeitstechniken, wissenschaftlichen Methoden und Denkoperationen einzeln zu identifizieren, die notwendig sind, um bedeutsame Inhalte operativ generieren zu können. Gleichwohl bleibt theoretisch unklar, wie *aus* den Techniken, Methoden und Denkoperationen jene bedeutsamen Inhalte gefunden werden können, an denen Techniken, Methoden und Denkoperationen erarbeiten werden sollen. Alle bisher vorgelegten formalen Bildungstheorien setzten eine bereits gelungene Welt voraus, der sie zuarbeiten wollen. Für eine Bildungstheorie aber, die nach dem Gelingen des Lebens fragt, reicht eine solche Theorie nicht aus. Die formale Bildungstheorie ist dann wieder zurückverwiesen auf eine materiale Bildungstheorie – wie sie Wolfgang Klafki (*1927) in der Theorie der kategorialen Bildung versucht hatte, ohne freilich den oben genannten Zirkelschluss der bei ihm weiter maßgeblich bleibenden materialen Bildungstheorie überwinden zu können (Blankertz).

6. Was sind die Ziele von Bildungsprozessen?

6.1 Bildung im Horizont instrumenteller Vernunft: Teleologische Modelle

Bei der Analyse menschlicher Handlungen stellte Aristoteles fest, dass jede Handlung einen *Zweck* verfolge und daher der Handlungs*grund* im Zweck der Handlung liege. Erkennen bestehe dann darin, der Natur oder der menschlichen Geschichte den ihr »von Natur« gegebenen Zweck abzulauschen. Alle Teilzwecke träfen sich im Zweck der (natürlichen) Zwecke, dem für alle Menschen geltenden Lebenssinn der Glückseligkeit. Mit dieser ontologisch bestimmten Maßgabe lasse sich nun menschliches Handeln beurteilen, z. B. welches Staatssystem das Beste sei und daher auch, mit welchen Mitteln sichergestellt werden könne, dass es dieses ihm bei der Gründung schon innewohnende Telos auch erreicht. Zum Gelingen gehöre neben der Ökonomie, der Verwaltung, der Künste, dem Militär, der Sozialordnung, die nach jenen getrennt ist, die die Zwecke erkennen und jenen, die sie ausführen (also »Mittel« sind), auch die Erziehung der nachwachsenden

Generation. Das Ziel ihrer Bildung kann demnach nur darin liegen, die Gesellschaft zu erhalten, die das Ziel der Glückseligkeit gewährleistet: So betrachtet ist Bildung ein Mittel für den letzten Zweck der Glückseligkeit aller.

Damit ist die *Grundstruktur teleologischer Bildungskonzepte* herausgearbeitet: Dem Bildungsprozess voraus liegt das Wissen einer Elite um den Sinn von Bildung, ja sogar um den Sinn von Welt. Dieser Sinn kann inhaltlich ausgewiesen werden und durch Konzepte wie Nation, Staat, Wachstum, Wohlstand, Rasse, Klasse oder Fortschritt inhaltlich gefüllt werden. Auf diesen vorausgesetzten Sinn hin sollen alle Bildungsprozesse ausgerichtet werden. Abweichungen werden mittels Disziplinierung minimiert oder eliminiert. Konzepte mit teleologischem Strukturmuster können bis in die Gegenwart totalitärer Staaten hin verfolgt werden

Das Problem aller teleologischen Modelle ist die Voraussetzung, dass entweder der Natur und der menschlichen Geschichte ein vorab definierter Sinn innewohne, den es nur aufzudecken gelte *oder* dass es eine gesellschaftliche Elite gäbe (wie z. B. die OECD), die kraft eigener Zwecksetzungen einen Sinn für alle festlegen dürfe. Kants Erkenntniskritik hatte allerdings gezeigt, dass Erkenntnisse auf Grund *willkürlicher* Fragen an den Gegenstand zustande kommen, diesen aber nicht abbilden, um seinen Zweck zu erfahren. In Ermangelung der Möglichkeit, vor Beginn alltäglichen Handelns *allgemein* und *endgültig* klären zu können (Marquard), was letzter Handlungssinn für alle sein *soll*, ist es Kennzeichen moderner Gesellschaften, die apriorische Festlegung eines Weltsinns durch die Implementierung von Verfahren zu ersetzen und sie so handlungsfähig zu halten: Die demokratische Abstimmung ist Ausdruck des Eingeständnisses, dass Lebenssinn (ein Telos) weder wissenschaftlich bewiesen werden kann noch politisch befohlen werden darf. Zugleich aber setzt Demokratie voraus, dass jeder einzelne bezogen auf einen für ihn verbindlichen Sinn handelt. Aber wie soll solch ein Sinn anderen gelehrt werden können, wenn zugleich deutlich wird, dass er nur als eigener Entwurf eines Subjekts gedacht werden kann?

6.2 Bildung im Horizont kritischer Vernunft: Ohne Leitbild

Zwar hatte es schon immer nicht-teleologische Ansätze in den Bildungstheorien gegeben: Platon hatte fast alle seine Dialoge in Aporien enden lassen. Erasmus von Rotterdam (ca. 1466–1536) hatte in seinem *Lob der Torheit* dargestellt, wie die (personifizierte) Unbildung Bildung verstehen würde – und so eine negative Theorie der Bildung geliefert. Im 20. Jahrhundert aber war das historische Anschauungsmaterial teleologisch organisierter Bildungsprozesse so monströs, dass mit den Versuchen nicht-teleologischer Bildungstheorie herrschende Bildungspraxis nicht nur kritisch *begleitet*, sondern *fundamental* (also wissenschaftstheoretisch) infrage gestellt werden sollte. Theodor W. Adornos (1903–1969) *Negative Dialektik* (1966) wollte ebenso wie Jean-François Lyotards (1924–1998) Theorie des »Widerstreits« (1983) ein Denken ermöglichen, das weder sich der Welt hermeneutisch oder empirisch anpasst noch diese teleologisch verzweckt.

Adorno und Max Horkheimer (1895–1973) waren bei der Analyse des europaweiten Faschismus zu dem Ergebnis gelangt, dass dieser keine Abkehr von der Aufklärung und eine Rückkehr zu (völkischen) Mythologien sei, sondern vielmehr ein Produkt der Aufklärung, nämlich der Idee, »Ungleichnamiges komparabel« zu machen, »indem sie es auf abstrakte Größen reduziert« (Adorno/Horkheimer, *Dialektik der Aufklärung* 23 f.). Bildung könne angesichts dieser Dialektik nur als *Kritik* konzipiert werden. Das betrifft schon die Bildungsanlässe, die Kultur: »Wer für die Erhaltung der radikal schuldigen und schäbigen Kultur plädiert, macht sich zum Helfershelfer (des Geistes von Auschwitz, V. L.); während, wer der Kultur sich verweigert, unmittelbar die Barbarei fördert, als welche die Kultur sich enthüllte« (Adorno, *Negative Dialektik* 360). Daher sei auch die Idee der Bildung in aporetischer Situation: »Was aus Bildung wurde und nun als eine Art negativen objektiven Geistes [...] sich sedimentiert [...] ist zu sozialisierter Halbbildung geworden, der Allgegenwart des entfremdeten Geistes« (Adorno, *Theorie der Halbbildung* 93). So postuliert Adorno zwar eine (vielzitierte) »Erziehung zur Mündigkeit« (Adorno, *Erziehung*), begleitet sie aber zugleich mit der Forderung, »ohne Leitbild« (Adorno, *Ohne Leitbild*) zu bilden. Dann aber kann Bildung in einem dialektischen Sinne nur heißen, »Geist kritisch zu erfahren« und selbst »zum kritischen Element« (Adorno, *Theorie der Halbbildung* 576) zu werden.

Aber wie ist auszuschließen, dass eine Erziehung zum Widerstand einmal umschlägt in eine Erziehung zum *Widerstand gegen eben diese ›Erziehung zum Widerstand‹*? Adorno sichert sich ab, indem er als »allererste« Forderung an die Erziehung festschrieb, »daß Auschwitz nicht noch einmal sei« (Adorno, *Erziehung nach Auschwitz* 111) und die Verhinderung eines neuen Auschwitz zum unantastbaren Imperativ wird: Mit Auschwitz habe »Hitler [...]den Menschen [...] einen neuen kategorischen Imperativ aufgezwungen: [...] Ihn diskursiv zu behandeln, wäre Frevel« (Adorno, *Negative Dialektik* 358). Die Kritik ist still gestellt; Kritik am »leibhaft [...] Sittlichen« (ebd.) *soll* nicht sein. Eine Erziehung zur Kritik negiert sich so selbst, wie umgekehrt jede teleologische Erziehung genau das verfehlt, was sie anstrebt: Erziehung zur Verantwortung.

Die Konsequenz ist nach Lyotard, dass »das alte Prinzip, wonach der Wissenserwerb unauflösbar mit der Bildung* des Geistes und selbst der Person verbunden ist« mehr und mehr »verfällt« (Lyotard 1979/1986: 24; das Wort Bildung im franz. Original in Deutsch). Die Lösung, die nicht als »Lösung« in einer Begriffssprache vorzutragen wäre, ohne sich selbst zu widersprechen, bestehe in der Auflösung alles (allgemein) Begrifflichen zugunsten von *Beispielen*, die zwar auf ein Allgemeines verweisen, es aber nicht formulieren wollen, können oder dürfen. Dies ist systematisch gemeint, nämlich so, dass die unterschiedlichen in sich geschlossenen Diskurse (die durch ein System zugelassener Sätze definiert würden) in umfassendem »Widerstreit« stünden und zueinander weder komparabel noch in einem höheren Begriff (etwa dem des Sinns) zusammenzuführen wären – auch nicht im Konzept des *Begriffs*, des *Wesens* oder der *Natur* des Menschen. Postmoderne Bildung wäre demzufolge die Fähigkeit, das Einzelne als Einzelnes zu belassen oder auf ein Allgemeines hin hypothetisch zu reflektieren, das ungenannt bleiben muss. Der Sinn von Wahrheit und Sittlichkeit mag vorausgesetzt sein; formuliert und damit verbindlich gemacht werden kann er nicht. Das System kann sich selbst nicht begründen: »Was ich sage, ist wahr, weil ich es beweise; aber was beweist, daß mein Beweis wahr ist?« (Lyotard 1979/1986: 77) – und es darf daher auch nicht so gelehrt werden, als wenn es begründet oder begründbar wäre. Formal betrachtet lebt hier jene alttestamentliche imago-dei-Theorie auf, wie sie bei Meister Eckhart explizit ausformuliert worden war. Freilich fragt sich, ob Lyotard nicht die Gültigkeit genau jenes allgemeinen Satzes voraussetzt, den er nicht ausspricht: *Dass das Böse nicht sein soll.* Und es fragt sich, ob die regulative Idee der Wahrheit nicht auch dann vorausgesetzt und akzeptiert ist, wenn sie mit Argumenten negiert wird. Und schließlich: Wie und *wozu* soll die nachfolgende Generation lernen, dass es kein Ziel des Lernens gibt? Auch in der Negation wird Sinn postuliert.

7. Welche Verfahren gelten im Bildungsprozess?

Deutlich hatte Meister Eckhart darauf hingewiesen, dass der menschliche Geist so verfasst sei, dass gleiche Anregungen unterschiedliche Reaktionen und Reflexionen zulassen. Wenn allerdings beliebig ist, was gelehrt wird, weil doch zufällig ist, was gelernt wird, wäre Bildung keine intentionale Handlung mehr, sondern kontingenter Lebensvollzug oder natürliches Wachstum – also identisch mit Sozialisation und Reifung. Mit dieser Antithetik stellt sich die Frage nach der *Methodik* von Bildungsprozessen. 1927 veröffentliche Theodor Litt (1880–1962) eine kleine Abhandlung, deren Titel zum Schlagwort wurde: *Führen oder Wachsenlassen.* Er stellt zwei Auffassungen des Handelns vor: jene, die vom Kind als einem Keimling ausgeht, den es zwar zu pflegen und zu schützen, nicht aber zu beeinflussen gelte. Und jene, die das Kind an vorgegebene Normen der Erwachsenenwelt anpassen wolle. Bereits im Jahr zuvor hatte Jonas Cohn (1869–1947) mit der Antithetik *Befreien und Binden* dieses Problem in den Methodiken zeitgenössischer Bildungstheorien diagnostiziert: nämlich einerseits ein »rational-technische Verständnis« der Bildung, das Menschen »durch bestimmte Einwirkungen in gewünschte Richtungen verändern« wolle (2) und jenes, das die Jugend nach dem »in der Jugend selbst sich erzeugende« (3) Idee erziehen will. Beide Theorien erneuern das paradoxe pädagogische Verhältnis, das weder durch Theorien der psychologisch erforschten Einflussnahme noch durch Vorstellungen vom erfahrungsorientierten Lernen in der bereits erreichten Komplexität aufgegriffen wird. Die Formel des Verhältnisses von Lehren und Lernen als »Aufforderung zur Selbsttätigkeit« kann zwar methodisch eingelöst, aus bildungstheoretischer Sicht aber nicht überwunden werden (Mikhail).

8. Die Universalität der Bildung angesichts der Bildsamkeit jedes Menschen

Im historischen Rückblick wird deutlich, dass eine Theorie der Bildung kulturübergreifend formuliert wurde – und wesentliche Grundelemente gerade nicht in der deutschen, sondern in der jüdischen (altorientalischen) und griechisch-römischen (alteuropäischen) Tradition entwickelt und europaweit diskutiert wurden. Der Grund liegt darin, dass die Aufgaben, die mit dem Bildungsbegriff gelöst werden sollen, universell sind: Da alle Menschen frei gegenüber Natur und Gesellschaft handeln können, müssen auch alle lernen, mit dieser Freiheit umzugehen. Dieser intentionale Umgang bedarf immer der Inhalte und der Angabe von Zielen; er hat gesellschaftliche Folgen und Funktionen und bedarf der Verfahren, um sich realisieren zu können – wobei die Verfahren nicht so bestimmt sein dürfen, dass sie ihrem Zweck widersprechen.

Bildungsinhalte können heute nicht anders als durch wissenschaftliche Methoden generiert werden, die wissenschaftliche Systematik ist aber weder schon der Bildungsgehalt noch Vorbild für einen Lehrplan: Wissenschaft muss bildend angeeignet werden, also daraufhin befragt werden, welche Bedeutsamkeit ihr Proprium für das Gelingen des Lebens hat: Zu dieser Frage muss befähigt werden, indem nach dem Eigensinn der Wissenschaft, ihren möglichen Bedeutungen für die Humanisierung der Welt und die spezifische Bedeutsamkeit im Handeln des Einzelnen gefragt wird. Der Lehrplan sollte die Systematik der Wissenschaften im Hinblick auf die Fähigkeiten und Möglichkeiten der lernenden Subjekte auslegen und sie in diesem Sinne vom Lernenden her anordnen. Die gegenstandskonstituierenden Methoden der Wissenschaft gestalten nicht den Bildungsvorgang, sondern lediglich den *Lern*prozess: Lernen ist eine Form des Erkennens. Der *Lehr*prozess besteht darin, den zu Bildenden zum sinnvollen Gebrauch der gegenstandskonstituierenden Methoden aufzufordern: In diesem Sinn ist Bildung immer Aufforderung zur Selbsttätigkeit unter dem Aspekt des gelingenden Lebens. Das Bildungsziel, liegt darin, den zu Bildenden zu befähigen, seine Freiheit im Verhältnis zur Geschichte und Natur, zu den Mitmenschen und zu sich selbst so zu gebrauchen, dass sein Leben wie das Leben aller gelingt: Die regulative Idee ist die hypothetische Konstruktion eines Allgemein, die Humanität: was muss gelernt werden, damit künftiges Handeln der Gestaltung von Humanität dienlich ist? Die Frage, warum Humanität gestaltet werden soll, ist zwar vom Bildungsprozess anzustoßen, nicht aber allgemein, sondern nur unter Verweis auf mögliche Antworten z. B. der Religionsgemeinschaften zu thematisieren: Die Sinnfindung bleibt dem Bildungsbemühen unzugänglich und ist Leistung des Willens des zu Bildenden.

Der vorstehende Text geht zurück auf die Studie: Bildung, in: Püttmann, Carsten (Hg.): Bildung. Konzepte und Unterrichtsbeispiele zur Einführung in einen pädagogischen Grundbegriff (Didactica Nova 29), Baltmannsweiler 2019, 9–52, wurde aber stark gekürzt und überarbeitet. Alle Hervorhebungen im Text stammen, wenn nicht anders erwähnt, von mir (V. L.).

Quellen- und Literaturverzeichnis

1. Quellen

Adorno, Theodor W. /Horkheimer, Max: *Dialektik der Aufklärung* (1944/1947, Gesammelte Schriften 3), Frankfurt a. M. 1997.

Adorno, Theodor W.: *Theorie der Halbbildung* (1959), in: Adorno, Theodor W.: Gesammelte Schriften, hg. von Rolf Tiedemann u. a., Bd. 8, Frankfurt a. M. 1997, 93–121 und 574–577.

Adorno, Theodor W.: *Negative Dialektik* (1966, Gesammelte Schriften 6), Frankfurt a. M. 1997.

Adorno, Theodor W.: *Erziehung nach Auschwitz*, in: Kritische Beiträge zu Bildungstheorie: Zum Bildungsbegriff der Gegenwart, hgg. von Heinz-Joachim Heydorn u. a., Frankfurt a. M. u. a. 1967, 111–123.

Adorno, Theodor W.: *Ohne Leitbild. Parva Aesthetica*, Frankfurt a. M. 1967.

Adorno, Theodor W.: *Erziehung zur Mündigkeit*, in: ders.: Erziehung zur Mündigkeit (1969), Frankfurt a. M. 1975, 133–147.

Aristoteles: *Nikomachische Ethik*, übers. u. hg. von Olof Gigon, München 1978.

Aristoteles: *Politik*, übersetzt von Eckart Schütrumpf, Hamburg 2019.

Comenius, Jan Amos: *Grosse Didaktik*, übers. u. hg. von Andreas Flitner, Düsseldorf/München [2]1960.

Demokrit: *Fragmente*, in: Capelle, Wilhelm (Hg.): Die Vorsokratiker. Stuttgart 1968, 392–470.

Goethes pädagogische Texte, hg. u. erl. von Wilhelm Flitner, Düsseldorf [2]1962.

Herbart, Johann Friedrich: *Über die ästhetische Darstellung der Welt als das Hauptgeschäft der Erziehung* (1804), in: Benner; Dietrich (Hg.): Johann Friedrich Herbart: Systematische Pädagogik, Bd. 1: Ausgewählte Texte, Weinheim 1997, 47–65.

Herbart, Johann Friedrich: *Allgemeine Pädagogik aus dem Zweck der Erziehung abgleitet* (1806), in: Benner; Dietrich (Hg.): Johann Friedrich Herbart: Systematische Pädagogik, Bd. 1: Ausgewählte Texte, Weinheim 1997, 57–149.

Humboldt, Wilhelm von: *Theorie der Bildung des Menschen. Bruchstück*, in: ders.: Werke in fünf Bänden, hg. von Andreas Flitner und Klaus Giel, Bd. I: Schriften zur Anthropologie und Geschichte, Darmstadt 1980[3], 234–240.

Humboldt, Wilhelm von: *Idee zu einem Versuch, die Gränzen der wirksamkeit des Stattes zu bestimmen* (1792), in: ders.: Werke in fünf Bänden, hg. von Andreas Flitner und Klaus Giel, Bd. I: Schriften zur Anthropologie und Geschichte, Darmstadt 1980[3], 56–233.

Humboldt, Wilhelm von: *Ueber die Verschiedenheit des menschlichen Sprachbaues und ihren Einfluss auf die geistige Entwicklung des Menschengeschlechts* (1830–1835), in: Werke in fünf Bänden, hg. von Andreas Flitner und Klaus Giel, Bd. III: Schriften zur Sprachphilosophie, Darmstadt 1988[6], 368–756.

Kant, Immanuel: *Immanuel Kants Nachricht von der Einrichtung seiner Vorlesungen in dem Winterhalbjahre, von 1765–1766*, in: ders.: Werke in zehn Bänden, hg. von Wilhelm Weischedel, Bd. 2, Darmstadt 1968, 905–917.

Kant, Immanuel: *Über Pädagogik* [postum, 1803], in: ders.: Werke in zehn Bänden, hg. von Wilhelm Weischedel, Bd. 10, Darmstadt 1983, 691–761.

Meister Eckhart: *Mystische Schriften*. Aus dem Mittelhochdeutschen übertragen und mit einem Nachwort versehen von Gustav Landauer, Frankfurt a. M. 1991.

Mendelssohn, Moses: *Über die Frage: was heißt aufklären?* (1784), in: Bahr, Ehrhard (Hg.): Was ist Aufklärung? Thesen und Definitionen, Stuttgart 1996, 3–8.

Otfrids Evangelienbuch, hg. von Oskar Erdmann, fortgeführt von Edward Schröder. 5. Aufl. besorgt von Ludwig Wolff (Altdeutsche Textbibliothek 49), Tübingen 1965.

Rousseau, Jean-Jacques: *Emile oder Über die Erziehung*. Vollständige Ausgabe; in neuer deutscher Fassung besorgt von Ludwig Schmidts. 11., unveränderte A., Paderborn 1998.

Sophokles: *König Ödipus* (ca. 425 v. Chr.), hg. u. übertr. von Wolfgang Schadewaldt, kommentierte Ausgabe, Frankfurt a. M. 1978[3].

2. Sekundärliteratur

Cohn 1926: Cohn, Jonas: Befreien und Bilden. Zeitfragen der Erziehung überzeitlich betrachtet, Leipzig 1926.

Dolch 1971: Dolch, Josef: Lehrplan des Abendlandes. Zweieinhalb Jahrtausende seiner Geschichte, Ratingen [3]1971.

Eggers 1965: Eggers, Hans: Deutsche Sprachgeschichte, Bd. II: Das Mittelhochdeutsche, Reinbek bei Hamburg 1965.

Groß/Ernst 1995: Groß, Walter/Ernst, Josef u. a.: Art. Gottebenbildlichkeit, in: LThK 4, Freiburg i. Br. u. a. 1995[3], 871–878.

Lichtenstein 1966: Lichtenstein, Ernst: Zur Entwicklung des Bildungsbegriffs von Meister Eckhart bis Hegel, Heidelberg 1966.

Lichtenstein 1970: Lichtenstein, Ernst: Der Ursprung der Pädagogik im griechischen Denken, Hannover u. a. 1970.

Litt 1927/1960: Litt, Theodor: Führen oder Wachsenlassen, Stuttgart (1927) [8]1960.

Lyotard 1979/1986: Lyotard, Jean-François: Das postmoderne Wissen. Ein Bericht (1979), hg. von Peter Engelmann, Graz/Wien 1986.

Lyotard 1983/1987: Lyotard, Jean-François: Der Widerstreit (1983), übers. von Joseph Vogl, München 1987.

Maag Mareki 2009: Maag Mareki, Katharina: [Art.] Kompetenz, in: Handwörterbuch Erziehungswissenschaft, hgg. von Sabine Andresen u. a., Weinheim-Basel 2009, 492–506.

Ranke-Graves 1955/1960: Ranke-Graves, Robert von: Griechische Mythologie. Quellen und Deutung (1955), 2 Bde., Reinbek bei Hamburg 1960.

Soudek 1973: Soudek, Ernst: Meister Eckhart, Stuttgart 1973.

3. Literaturhinweise zum vertiefenden Studium

Böhm, Winfried: Geschichte der Pädagogik, München 2004 u. ö.

Ladenthin, Volker (Hg.): Philosophie der Bildung, Bonn [2]2013.

Lischewski, Andreas: Meilensteine der Pädagogik, Stuttgart 2014.

Mikhail, Thomas: Pädagogisch handeln. Theorie für die Praxis, Paderborn 2016.

Petzelt, Alfred: Grundzüge systematischer Pädagogik, hgg. von Thomas Mikhail/ Jörg Ruhloff, Freiburg i. Br. 2018.

Praktische Theologie / Religionspädagogik

Bernd Schröder

Bildung als regulative Idee allen Handelns im Namen des Christentums. Praktisch-theologische und religionspädagogische Perspektiven

Dem Christentum ist von seinem hebräisch-biblischen Wurzelgrund her ein Impuls zum Lehren und Lernen eingestiftet (dazu der Beitrag von Beate Ego in diesem Band). Der Jude Jesus, von Zeitgenossen u. a. als »Meister« angeredet (Mt 23,8; Joh 13,13 f. u. ö.), hat mit dem Kreis der Jünger eine Lerngemeinschaft konstituiert; nach Kreuzestod und Auferstehung Jesu gehörte für alle »Christianer« (Apg 11,26) die lernende und lebensgestaltende Vorbereitung auf die Taufe zu den gebotenen Praxen (dazu der Beitrag von Tor Vegge in diesem Band).

Im Laufe der Kirchengeschichte ist dieser Impuls mal bewusst und eindrucksvoll wirksam geworden, mal verschüttet bzw. bis zur Unkenntlichkeit verblasst (dazu der Beitrag von Peter Gemeinhardt in diesem Band); ganz Ähnliches lässt sich von der Theologiegeschichte sagen. Man wird nicht fehl gehen zu behaupten: Der idealiter stets gegebene Stellenwert des Lehrens und Lernens bildete sich vor allem immer dann auch tatsächlich in der theologischen Theoriebildung ab, wenn im gedanklichen Horizont der Autoren die *Praxis* christlicher Lebensführung und -deutung aller Getauften und insbesondere ihrer Multiplikatoren nicht abgeblendet, sondern als Gestaltungsaufgabe wahr- und erstgenommen wurde, wenn also, anders gesagt, die jeweilige Theologie als »Theorie der Praxis« (Schleiermacher, *praktische Theologie* 12) konzipiert oder verstanden wurde.

In der Theologie vieler Reformatoren jedenfalls verhält es sich so – und eben deshalb verändert sich im Gefolge dieser »Bildungsbewegung« (Gemeinhardt, 79 ff.) nicht allein die Praxis des (religiösen) Lehrens und Lernens in Familie und Kirche, Schule und Hochschule bzw. Pfarrbildung – obwohl schon dies alles kaum hoch genug zu

schätzen ist. Vielmehr lässt sich von ihrer theologischen Weichenstellung ausgehend überhaupt der »Protestantismus als neuzeitliches
Bildungsprogramm« (Rendtorff 1998: Untertitel; zum theoretischen
Rahmen vgl. Laube 2006) begreifen. Dieses Programm hat verschiedene Dimensionen, darunter diejenige,

- vorneuzeitliche »dogmatisch festgeschriebene[.] Gehalte des Christentums« in der Weise einer »Umbildung« (vgl. Rendtorff 1998: 32
  und Schleiermacher, *Der christliche Glaube* § 172.2) zu unterziehen
  bzw. hermeneutisch zu vergegenwärtigen, dass sie als »Auffassungen
  der christlich frommen Gemütszustände« (§ 15 Leitsatz) durchsichtig werden,
- theologische Gehalte fruchtbar werden und zur Geltung kommen
  zu lassen in nicht nur der Deutung, sondern auch der Gestaltung
  der einen Lebenswirklichkeit, in der sich auch die Glaubenden
  und deren institutionalisierte Gemeinschaft, die Kirche, bewegen
  (Rendtorff 1985/1991): und zwar als Realisierung von Freiheit,
  Gerechtigkeit und Bildung im Sinne bestmöglicher Selbstbildung
  von Menschen,
- Multiplikatoren christlicher Religion und Kirche, Pfarrerinnen und
  Pfarrer, Religionslehrerinnen und -lehrer (u. a.), exemplarisch sich
  bilden zu lassen, um ihnen so die professionelle, also reflexiv »aus
  Grundsätzen und aus Erfahrung« eigenständig Handlungsorientierung und -fähigkeit gewinnende Ausübung ihres Berufes zu ermöglichen (Rössler 1986/1994: § 1 und 10, zudem Albrecht 2017),
- prinzipiell alle Menschen, insbesondere aber all jene, die im Zeichen ihrer Taufe befähigt und beauftragt sind, ihr Leben unter
  Inanspruchnahme des Christlichen zu deuten und zu führen, als
  bildsam anzusprechen und ihnen »individuelle Selbstbildung [...]
  als Entfaltung des Humanum im Horizont religiöser Gewißheit«
  (Schlenke, 118–122) zu ermöglichen.

Das Bildungsprogramm des Protestantismus betrifft also die Qualität
und das Gefälle des Theologietreibens (vorzugsweise in der Systematischen Theologie zu bearbeiten), Teilhabe an der Weltgestaltung
(vorzugsweise in der theologischen Ethik zu bearbeiten), Qualifikation
und Habitus der professionellen Agenten christlicher Religion und –
nicht zuletzt – Wahrnehmung und Förderung des Priestertums aller
Getauften. Auch wenn diese vier Felder zusammenhängen – und der
verbindende Gebrauch des Bildungsbegriffs indiziert dies –, fallen
nicht alle diese Facetten gleichermaßen in die disziplinäre Zustän-

digkeit von Praktischer Theologie und Religionspädagogik – nur auf diesen Bereich und damit auf die beiden letzten der vier genannten Dimensionen beschränken sich die folgenden Überlegungen.

1. Bildung als Voraussetzung und Medium theologisch imprägnierter Berufe

Die Reformatoren haben sich noch nicht des Bildungsbegriffs bedient, gleichwohl aber markiert, dass theologische Bildung (im Sinne des Wissenserwerbs, des Verstehens und der strukturellen Reflexivität im Umgang mit den Gegenständen der Theologie) unverzichtbare Voraussetzung und bleibend notwendiges Medium für die Ausübung theologischer Berufe ist.

Der paradigmatische Fall, an dem sich dies erweist, ist der Pfarrberuf. Denn der Pfarrer wird auf der Grundlage der reformatorischen Einsichten nicht länger als Rubrizist begriffen, also als ordentlicher Durchführender liturgisch-ritueller, kirchenrechtlicher oder schlicht autoritativ-kirchenleitender Vorgaben, sondern als Prediger bzw. Ausleger des Wortes Gottes, modern gewendet: als Kommunikator des Evangeliums: »Um diesen [sc. den in CA I–IV beschriebenen, christlichen] Glauben zu erlangen, hat Gott das Predigtamt eingesetzt, das Evangelium und die Sakramente gegeben, durch die er als durch Mittel den Heiligen Geist gibt, der den Glauben, wo und wann er will, in denen, die das Evangelium hören, wirkt [...]« (CA V). Für die Wahrnehmung des Predigtamtes bedarf es, so Martin Luther, insbesondere zweier Qualifikationen, der profunden Kenntnis sowohl der biblischen Sprachen als auch der Bibel und ihrer Auslegung.

In seiner Schrift *An die Ratsherrn aller Städte deutschen Lands, dass sie christliche Schulen aufrichten und halten sollen* (1524) entfaltet Luther sein Programm zur Reform von Erziehung und Unterricht in Familie, Schule und Universität – darin heißt es u.a., »das wyr das Euangelion nicht wol werden erhallten on die sprachen. Die sprachen sind die scheyden, darynn dies messer des geysts stickt«, und: »Gott hat seyne schrifft nicht umb sonst alleyn ynn die zwo sprachen schreiben lassen, das alte testament ynn die Ebreische, das new ynn die Kriechische. Welche nun Gott nicht veracht, sondern zu seynem wort erwelet hat fur allen andern, sollen auch wyr die selben fur allen andern ehren« (Luther, *Ratsherrn* 37 f.).

Und in seiner Schrift *An den christlichen Adel* (1520) schreibt er:

»die hohen schulen sollten ertzihen eytel hochvorstendige leut in der schrifft, die do mochten Bischoff und pfarrer werden« (Luther, *Adel* 462). Diese Schriftkenntnis soll schon in der Schule aufgebaut werden, in der »die heylig schrifft« »die furnehmst und gemeynist lection sein« soll, doch erst recht soll sie im Theologiestudium in den Mittelpunkt rücken: »die bucher muss man [...] wenigern, und erlesen die besten, dan viel bucher machen nit geleret, vil leßen auch nit, ßondern gut ding unnd offt leßenn wie wenig sein ist, das macht geleret in der schrifft und frum dazu« (Luther, *Adel* 461). Insbesondere die Sentenzen des Petrus Lombardus sollten demnach ihren hohen Stellenwert einbüßen (ebd., 460), zudem die weltanschaulich geprägten Schriften des Aristoteles (ebd., 457 f.).

Ergänzt werden sollen die Philologie und die Exegese lediglich durch die sieben freien Künste, derer es bedarf, um sprachlich, logisch und hermeneutisch hinreichend gewandt zu werden, und durch »historien« (Luther, *Adel* 458).

Mit diesen Qualifikationen allein kann es indes nicht sein Bewenden haben, hinzu kommt ein neu gewendetes Verständnis von Theologie, das Studierende und Pfarrer aneignen und pflegen sollen. Es betont in neuer Weise die Individualität und Erfahrung dessen, der Theologie treibt. Theologie galt Luther in mancher Hinsicht als Erfahrungswissenschaft, als *sapientia experimentalis*: »Sola [...] experientia facit theologum« (WA TR I, 16,13; dazu Beutel 2017b: 503–508) lautet der einschlägige Spitzensatz. Zur rechten Weise Theologie zu studieren, gehören nach Ansicht Luthers neben der philologischen und exegetischen Gelehrsamkeit »oratio, meditatio, tentatio« (WA L, 658 f., dazu Bayer 1994: 55–106). Diese existentielle Dimension des Theologietreibens hängt mit ihrer Qualität als *scientia practica* zusammen (vgl. WA TR I,72,16), was gleichermaßen deren Sitz im Leben wie im Beruf markiert.

Im Ergebnis stellt sich diese einerseits altsprachlich und exegetisch, andererseits existentiell grundierte und auf eine Praxis zielende Theologie als »Schriftauslegung« dar (Beutel 2017a), und eben dieses Verständnis befördert in der Folgezeit in enormer Weise »nicht nur die biblische Hermeneutik, sondern die Hermeneutik überhaupt« (Rückert 1933/1972: 86 unter Verweis auf Holl 1948).

So strittig dieses Programm für das Theologiestudium heute sein mag (vgl. exemplarisch Schröder 2020 insgesamt sowie besonders 24–28), so unstrittig ist, dass Luther eine tiefgreifende, ja revolutionäre Reform der Inhalte des damaligen Theologiestudiums skizziert, die von seinen reformatorisch-theologischen Einsichten her begründet ein »neues Bildungsideal« (Rückert 1933/1972: 78) für Theologen bzw. Pfarrer zur Darstellung bringt.

Eine weitere grundlegende Weichenstellung im Blick auf die Qualifikation von Pfarrern erfolgte unter neuprotestantischen Vorzeichen – also nach Einbürgerung der Unterscheidung von Religion und Theologie, Infragestellung der Wahrheitsfähigkeit von Theologie durch die sich ›ihres Verstandes ohne die Leitung eines anderen‹ bedienenden, aufklärerisch gesonnenen Zeitgenossen, Krisis der Kirche als Bildungsinstitution. Die einschlägigen Akzente werden mustergültig bei Friedrich Schleiermacher gesetzt: Er konzipiert Theologie als »eine positive Wissenschaft«, die als solche konstituiert wird durch ihre Bezugnahme »auf eine bestimmte Glaubensweise« und ihre Erforderlichkeit zur »Lösung einer praktischen Aufgabe« (Schleiermacher, *Der christliche Glaube* § 1), nämlich derjenigen, »das Christentum in [sc. der Kirche] reiner darzustellen« (Schleiermacher, *Darstellung* § 263). Theologie ist »sonach der Inbegriff derjenigen wissenschaftlichen Kenntnisse und Kunstregeln, ohne deren Besitz und Gebrauch eine zusammenstimmende Leitung der christlichen Kirche [...] nicht möglich ist« (§ 5). Um diese Theologie sachgemäß betreiben und also die Kirchenleitung wahrnehmen zu können, ist »eine richtige Anschauung von dem Zusammenhang der verschiedenen Teile der Theologie [...] und dem eigentümlichen Wert eines jeden für den gemeinsamen Zweck« unerlässlich (§ 18). Zudem lassen sich die Kenntnisse und Kunstregeln, die in der Theologie entwickelt werden, nicht einfach applizieren, es bedarf dazu vielmehr eigens einer »besonnene[n] Tätigkeit« (§ 257), also einer persönlichen Disposition und »allgemeine[r] Bildung« (vgl. § 336). Auch wenn der Bildungsbegriff in Schleiermachers »Kurze[r] Darstellung des theologischen Studiums« nur am Rande vorkommt, lässt sich sagen, er sei der Sache nach zentral, insofern »Bildung die Funktion hat, dem Geistlichen in Verbindung mit dem ihm gegebenen Talent die Transformation geschichtlich überlieferter Ideale wie auch geschichtlich überlieferter Formen des christlichen Lebens in selbständig begründete und verantwortbare Praxisoptionen zu ermöglichen« (Albrecht 2003: 6): Bildung meint dabei sowohl allgemeine Bildung (in den Kulturgebieten von Wissenschaft, Politik, Religion und persönlich-geselligem Verkehr) als auch theologische Bildung (in deren philosophischem, historischem und praktischem Teil).

So wenig sich Schleiermachers Enzyklopädie i. E. durchsetzen konnte, so maßgeblich wurden cum grano salis die Grundideen vom notwendigen, weil aus den verschiedenen Fachgebieten erst Theologie konstituierenden Zusammenspiel der Disziplinen. Auf breiter Front rezipiert wurde auch die Ausrichtung der Theologie auf den Zweck der Kirchenleitung sowie die Einsicht, dass die Aneignung und Applikation der einschlägig erforderlichen Kenntnisse und Kunstregeln als eine Bildungsaufgabe zu verstehen ist – im »Grundriß der Praktischen Theologie« von Dietrich Rössler etwa findet sich eben dies fortgeschrieben (Rössler 1994: Einleitung und speziell VI sowie 66 f.), und auch das derzeit im Bereich der Ev. Kirche in Deutschland (EKD) geltende Konzept theologischer Bildung als Aufbau »theologischer Kompetenz« (Theologische Ausbildung 2005: 11–68) lässt sich als Vergegenwärtigung dieses Schleiermacherschen Anliegens verstehen.

Von daher wäre der Charakter des Studiums der Theologie (und auch speziell der Praktischen Theologie) missverstanden, wollte man es als bloße Ausbildung konzipieren, und der habituelle Charakter von Bildung wäre verfehlt, wollte man sie als bloß vorübergehendes Stadium der Qualifikation oder als ein für alle Mal erreichbare Basis begreifen. Vielmehr ist es so, dass Bildung zwar als Voraussetzung, aber eben auch als dauerhaft unerlässliches Medium der Theologie insgesamt, der Praktischen Theologie und theologisch imprägnierter Berufe zur Geltung zu bringen ist (siehe Albrecht 2017).

Nun ist hier von theologisch imprägnierten Berufen im Plural die Rede, während der gesamte Gedankengang allein auf das Predigtamt bzw. den Pfarrberuf bezogen war. Dies hat primär historische, erst sekundär auch sachliche Gründe. Reformatorische Theologie lutherisch-melanchthonianischer Prägung fand den Pfarrer als etablierten Beruf der Kirche vor, nicht aber den (Religions-)Lehrer oder den Diakon, geschweige denn die jeweiligen weiblichen Entsprechungen – anders verhält es sich in der reformierten Tradition, die im Gefolge Johannes Calvins die sog. Vier-Ämter-Lehre kennt: Presbyter und Prediger, Lehrer und Diakon konstituieren gemeinsam das geistliche Amt.

In der lutherisch-melanchthonianischen Linie wurde dem Predigtamt die zentrale Rolle bei der Kommunikation des Evangeliums zugeschrieben (vgl. CA V). Auch wenn Luther das Amt des Schulmeisters neben dem des Predigers für »das aller nützlichst, groessest und beste« erklären konnte (Luther, *Predigt* 580), hat jene Konstellation eine bis heute spürbare Wertigkeits- und Ansehenshierarchie theologisch imprägnierter Berufe (Pfarrerin – Religionslehrer – Diakonin) etabliert, die sich in Aspekten wie der kirchenrechtlich zugeschriebenen Autorität, Ausbildungsdauer und -komplexität oder Bezahlung niederschlägt. Nichtsdestotrotz gelten die am Paradigma des Pfarrberufs vorgestellten Überlegungen zur Bildung als Voraussetzung und als Medium in der Sache mutatis mutandis auch für die Berufe der Religionslehrerin, des Diakons und der Kirchenmusikerin.

2. Bildung als regulative Idee allen Handelns im Namen des Christentums

»Die letzte Absicht aller Handlungen im Namen des Christentums gilt dem einzelnen Menschen. Alle Tätigkeiten, die im Auftrage oder im Sinne der christlichen Kirche ausgeübt werden, haben am Ende nur ein gemeinsames Ziel: die Seligkeit des einzelnen und zwar jedes einzelnen Menschen« (Rössler 1994: 71). »Primäres Ziel« einer »Kirche des Protestantismus« kann »nicht eine äußerlich abgrenzende und definierende Kirchlichkeit des Menschen sein, sondern die zu einem freien Selbstverhältnis gebildete Gewißheit unserer Humanität. Ihre Erfolge [...] bemessen sich [...] im Gelingen des Menschseins« (Rendtorff 1985/1991: 289).

Fraglos sind diese beiden pointierten Sätze Resultat einer »Umbildung« (Schleiermacher / Rendtorff, s. o.) dogmatischer Gehalte unter modernen Bedingungen, die hier nicht im Einzelnen rekonstruiert werden kann. Um die Qualität dieser Umbildung zu ermessen, sei nur daran erinnert, dass das Evangelium Gottes zu Beginn der Christentumsgeschichte, im Evangelium nach Markus, so zusammengefasst wird: »Die Zeit ist erfüllt, und das Reich Gottes ist nahe herbeigekommen. Tut Buße und glaubt an das Evangelium« (Mk 1,15). Diese Umbildung ist – das wird man im Blick auf die Ökumene und ihre Vielzahl an Theologien und Frömmigkeiten feststellen müssen – keineswegs in allen Christentümern weltweit vollzogen worden oder zustimmungsfähig, doch können »Seligkeit« bzw. »Gelingen des Menschseins« als Thema und Ziel des Handelns im Namen zumindest des *evangelischen* Christentums westeuropäischer und z. T. nordamerikanischer Prägung gelten.

Im Begriffs- und Konzeptrepertoire evangelischer Theologie und insbesondere Praktischer Theologie bietet sich die Rede von Bildung in besonderer Weise an, um dieses Thema und Ziel zur Sprache zu bringen. Ein begründendes Argument sei angeführt: Während »Seligkeit« menschlicher Verfügbarkeit gänzlich entzogen ist, lässt die Rede vom »Gelingen« kaum Spielraum für Unverfügbares – »Bildung« hingegen führt beides mit: das Moment der endogen vorangetriebenen, intrinsisch motivierten, operationalisierbaren Aktivität, aber auch das Moment des auf exogene Gegenstände und Impulse Angewiesenseins, der Nicht-Abschließbarkeit, des Unverfügbaren. So lässt sich sagen: Handeln unter Inanspruchnahme des Christlichen zielt auf Bildung – Bildung als Resultat (Subjektwerdung) wie als Prozess (Lernen, Sich-Verändern, Sich-Gott-Anbilden). Bildung eignet sich somit als regulative Idee allen Handelns unter Inanspruchnahme des Christlichen. D. h. nicht, dass alles Handeln als Lehren und Lernen vollzogen werden bzw. pädagogisch reflektiert sein muss, wohl aber, dass sich alles Handeln daran messen lassen muss, ob und in welchem Maße es der Bildung der Einzelnen dient (vgl. Schröder 2021: § 11, und, gewissermaßen als Fallstudien, Albrecht 2003: 116 ff.).

In Aufnahme verschiedener Bildungstheorien rücken mit der Rede von »Bildung« folgende Momente in den Fokus. Sie sind der (pädagogischen) Vernunft zugänglich und von ihr her begründbar, erfahren zudem in theologischer Reflexion Bekräftigung oder besondere Gewichtung (vgl. dazu Schröder 2021: § 11).

2.1 Bildsamkeit und Bildungsbedürftigkeit aller

Nachdenken über Bildung geht einig in der Annahme, dass *jeder* Mensch – unabhängig von Herkunft, Geschlecht, Religion, körperlichen oder geistigen Behinderungen – sowohl in der Lage ist an Bildung teilzuhaben als auch der Bildung bedürftig ist. »Bildsamkeit« ist der Begriff, mit dem dieser Sachverhalt seit Johann F. Herbart bezeichnet wird. Der jedermann sowohl mögliche als auch nötige Bildungsprozess ist – anders als Erziehung und Sozialisation – wesentlich und unerlässlich intrinsischer Natur; er kann und soll von außen, etwa durch die Familie oder institutionalisierte Lernumgebungen, nur in der Weise unterstützt werden, dass die Individuen eigenaktiv bleiben beziehungsweise in ihrer Selbsttätigkeit gestärkt werden. In der sprachlichen Struktur der Wortfamilie »bild-« spiegelt sich dies: Man kann *sich* bilden, aber nicht jemand Anderen bilden oder gebildet werden.

Theologisch lässt sich die Bildsamkeit des Menschen als Implikat seiner Geschöpflichkeit, spezieller: seiner Gottebenbildlichkeit interpretieren.

2.2 Anerkennung der Personwürde und unabschließbare Subjektwerdung

Zum – prinzipiell nur näherungsweise zu erreichenden – Ziel kommt dieser Vorgang der Bildung, wenn der oder die Einzelne »Subjekt« wird, also in Verantwortung sich selbst, Anderen und – in theologischer Perspektive – Gott gegenüber zu handeln vermag. Unabhängig vom Grad des Fortschreitens auf diesem Weg zum Subjektsein kommt ausnahmslos jedem Menschen eine unantastbare »Würde« als Person zu (Allgemeine Erklärung der Menschenrechte Artikel 1).

So lässt sich formulieren: »Subjekt muß der Mensch im Prozeß seiner Bildung erst werden, Person ist er immer schon«; Bildung ist also »Folgephänomen des Personseins« und Medium der Subjektwerdung (Biehl/Nipkow 2003: 40).

Theologisch gesehen ist das – allem menschlichen Tun und Selbstbestimmen vorausliegende – Person-sein wiederum in der biblisch bezeugten Gottebenbildlichkeit des Menschen und dem Pro me-Charakter des Heilshandelns Gottes in Jesus Christus begründet; in theologischer Sprache kann Bildung als – wenngleich vorläufige – Verwirklichung der Ebenbildkeit und Leben aus der Rechtfertigung begriffen werden (Härle 2007).

Zielt Bildung auf Subjektwerdung, steht sie sowohl der Entfremdung des Menschen von sich selbst unter ökonomischem und kulturellem Druck als auch seiner Erstarrung im So-Sein entgegen: Bildung drängt auf Inanspruchnahme von Freiheit und schließt »das Recht ein anderer zu werden« (Dorothee Sölle) ein. In Anbetracht dessen sowie angesichts der Einsicht, dass Bildung als Subjektwerdung ein unabschließbarer Prozess ist – die Selbstvollendung ist dem Menschen gerade *nicht* möglich – bewährt sich die Formel von »Bildung als Lebensbegleitung und Erneuerung« (Nipkow 1990: Titel).

2.3 Mehrdimensionalität und Gestaltfindung für das eigene Leben

Bildungstheorien markieren durchweg die Mehrdimensionalität des Menschseins, die es im Prozess der Bildung zu entfalten gilt – sei es, dass sie ein Panorama allgemeiner Bildung entwerfen, sei es dass sie unterschiedliche Akzente setzen: etwa auf die kognitive Aneignung sogenannter Bildungsgüter (materiale Bildung), den Erwerb handwerklicher, künstlerischer oder intellektueller Fertigkeiten (formale

Bildung), auf die Förderung sinnlicher Wahrnehmungs- und Ausdrucksfähigkeit (Ästhetik), auf die Verinnerlichung von Werten, Gütern oder Normen (Ethik) oder Ähnlichem.

Zahl und Wahl der Dimensionen des Menschseins, die im Bildungsprozess zur Entfaltung kommen, sind indes nicht beliebig: Das Ganze der Bildung ist mehr als die Summe einiger entfalteter Dimensionen. Für den Einzelnen kommt es entscheidend darauf an, in dieser Fülle der Möglichkeiten dem eigenen Leben eine »Gestalt«, also eine (zumindest ihm selbst) plausible und lebensförderliche Ordnung und Konsistenz, zu geben. Dergleichen wird anschaulich, wenn Melanchthon von der »vita scholastica«, dem gebildeten Leben, als Lebensform spricht (vgl. Schröder 2021, § 51).

Im Licht theologischer Anthropologie gehört zu den Facetten, die im Prozess der Bildung zu entfalten sind, Religion (und damit die sogenannte religiöse Bildung) wesentlich hinzu: Ohne *diese* Bildungsdimension verfehlt die Person auf ihrem Weg zum Subjekt-Werden sich selbst.

2.4 Beziehung zu Anderen und Respekt vor ihrem Anderssein

Obwohl Bildung ein individueller Vorgang ist, vollzieht sich der Prozess der Subjektwerdung der einzelnen Menschen nicht in Vereinzelung, sondern in »Beziehung« zu Anderen – eine anthropologisch unstrittige Feststellung, die jedoch Gefahr läuft, durch moderne Individualisierungsschübe verdunkelt und in individualisierten Lernkonzepten in ihrer bildenden Kraft verkannt zu werden. Dass Bildung auf personale Beziehung angewiesen ist, heißt zunächst, dass ein Mensch im Prozess der Bildung ein mitmenschliches Gegenüber benötigt, in dessen Spiegel er sich selbst erkennt, das ihn begleitet und herausfordert. Deshalb ist nicht nur in religiösen Lernprozessen die Person des Erziehers bzw. der Lehrerin so wichtig; sie sind eben nicht nur Moderatoren. Darüber hinaus ist Bildung aber auch insofern auf Andere bezogen, als ein Mensch im Prozess der Bildung Andere wahrnehmen, in Kommunikation einbeziehen und gelten lassen lernen muss. Es gilt, (bleibende) Differenz bzw. Alterität als legitim, unverzichtbar und fruchtbar anzuerkennen. Gelingende Bildung zeichnet sich dadurch aus, den Anderen weder auszublenden noch zu delegitimieren oder gar gewaltsam zu domestizieren, kurz: durch »Differenzkompetenz« (Dietrich Korsch) bzw. Pluralismusfähigkeit (vgl. EKD 2014: 45 u. ö.).

2.5 Verantwortung für sich selbst und Andere, Schöpfung und Gesellschaft

Zwar zielt Bildung in Beziehung auf die Subjektwerdung jedes Einzelnen, doch die angestrebte »verantwortungsbewusste Mündigkeit« (EKD 2003: 61) bezieht sich keineswegs nur auf das Individuum selbst – etwa dergestalt, dass der Einzelne Sorge trägt für die eigene körperliche Unversehrtheit, geistige Wachheit, moralische Integrität –, sondern wesentlich auf Mitmenschen und Gott: Erhalt des Lebensraumes (Bewahrung der Schöpfung), Nachhaltigkeit (Erinnerung und Hoffnung), nützlicher Umgang mit Technik und Kultur (Arbeit und Muße), gesellschaftlicher Zusammenhalt und Solidarität in der Lebensgemeinschaft (Gerechtigkeit und Frieden). Die Aufgaben, die sich in Wahrnehmung dieser Verantwortung in Raum, Zeit, Sachwelt und Sozialität (EKD 2003: 55 und 61) stellen, lassen sich gleichsinnig aus weltlicher Vernunft und biblisch-theologischer Tradition bestimmen.

Der Gedanke der Verantwortung findet sich schon in den biblischen Zusammenhängen, die dem neuzeitlichen Bildungsverständnis zugrunde liegen: Der Mensch wird als in responsorischer Beziehung zu Gott und in der Differenz der Geschlechter geschaffen geglaubt, also auf Gemeinschaft und Beziehung hin geschaffen; er erhält Gottes Segen für den Auftrag der Schöpfungspflege, den er gottgemäß wahrnehmen, ihm gegenüber verantworten soll (Gen 1, 26–31).

2.6 Umgang mit Unvollkommenheit, Kritik und Verbesserung der menschlichen Dinge

Die Wahrnehmung von Verantwortung zielt nicht allein auf Tradierung und Erhalt der Lebenswelt; ihr eignet zugleich ein kritisches und hoffnungsstiftendes Moment, das auf die Verbesserung der menschlichen Dinge (*emendatio rerum humanarum*; Johann Amos Comenius) zielt.

Vom Richtungssinn der Bildung her erschließt sich der faktische Mangel an verantwortlichem Denken und Handeln (in der eigenen Lebensführung, in der Gesellschaft, in Politik und Wirtschaft), doch zugleich die Veränderlichkeit dieses Zustandes; im Sehen – Urteilen – Handeln angesichts dieser Situation können pädagogische und theologische Vernunft übereinstimmen.

Die theologische Perspektive trägt zu dieser Facette eine tiefergreifende *Diagnose*, nämlich ihre Interpretation als Ausdruck der verlorenen Gottesbeziehung (»Sünde«), eine zusätzliche *Motivation* auf kritisch-konstruktives Verhalten, nämlich die Hoffnung auf Neuwerdung und Mitwirkung am Erneuerungswillen Gottes (»Reich Gottes«), und einen spezifischen *Modus des Umgangs mit Unvollkommenheit,* nämlich die Toleranz den Menschen, nicht aber ihren Fehlern gegenüber (»Vergebung«), bei.

2.7 Lernen an geschichtlich Gewordenem und Achtung vor dem Erwerb von Kenntnissen, Fertigkeiten, Haltungen

Die vorgenannten Gesichtspunkte weisen Bildung als Vorgang mit bestimmten Qualitäten und in bestimmten Bezügen aus. Diese Bildung vollzieht sich per definitionem als Lernen, also als Veränderung von Verhaltensdispositionen und Erfahrung. Lernen wiederum betrifft nicht zuerst das große Ganze des Menschseins, Subjekthaftigkeit, Verantwortung, Kommunikation mit Anderen, Weltverbesserung, sondern zunächst den Erwerb von Kenntnissen, Fertigkeiten, Haltungen. Bildung schließt den lernenden Erwerb dessen ein und sie achtet dergleichen nicht gering. Allerdings sollte dieser – unterrichtliche, übende und nicht selten mühsame – Erwerb von Kenntnissen, Fertigkeiten, Haltungen *durchsichtig* bleiben für Bildung.

Die Inhalte des Lernens sind im weitesten Sinne geschichtlicher Art: Nur das ist lernbar, was geworden ist – insofern ist Bildung konstitutiv auf Überlieferung bezogen.

Diese Bestimmung gilt auch für die Dimension der Bildung, die sich »religiös« nennen lässt: Auch hier ist neben dem – auf den Vertrauensvorschuss Gottes antwortenden – Sich-Einlassen auf Gott (*fiducia*) der Erwerb von Glaubenswissen und -praxis (*notitia*) und das Ringen um dessen Wahrheit (*assensus*) nicht gering zu schätzen. Religionsunterricht etwa ist vorrangig mit der notitia befasst – darin leistet er seinen sachlich unverzichtbaren Beitrag zur Bildung, solange er seine Ausrichtung darauf wenigstens punktuell und perspektivisch erkennen lässt.

All diese Bestimmungen bündelnd kann man pointieren: »Bildung« bezeichnet den facettenreichen *Prozess* der Subjektwerdung des Menschen und dessen – notwendigerweise vorläufig und unverfügbar bleibendes – *Resultat.* Alles Handeln unter Inanspruchnahme des Christlichen muss seine Sachgemäßheit und Angemessenheit daran ausweisen können, ob es diesem Thema und Ziel dient bzw. zu diesem Prozess beiträgt. Insofern ist »Bildung« seine regulative Idee.

Zugleich kann und soll (christliche) Religion zur Bildung beitragen, mehr noch: Sie ist dafür konstitutiv, denn Subjektwerdung ist nicht möglich ohne etwas, »worauf Du [...] Dein Herz hängest« (Martin Luther). Bildung ist in diesem Sinne religiös grundiert und *deshalb* ist die Thematisierung von Religion, religiöse Bildung also, als Teil jeder Bildung unverzichtbar.

Gemessen an jenem emphatischen Verständnis von Bildung sind viele der üblichen Redeweisen von »Bildung« problematisch und möglichst zu meiden.

Erstens: Komposita wie Bildungspolitik, Bildungssystem, Bildungswissenschaften sind als beschreibende (deskriptive) Begriffe inkompatibel mit dem programmatischen (normativen) Anspruch des Bildungsbegriffs – es sei denn Politik, Schulsystem und einschlägige Wissenschaften stellten sich mit dem Gebrauch dieser Begriffe ernstlich in den Dienst des soeben umrissenen Leitbildes, ließen sich daran messen und daraufhin reformieren.

Zweitens: Die Identifikation von »Bildung« mit dem Erwerb bestimmter Wissensbestände (in Termini wie »Bildungskanon«, »Gebildet-sein«, »Halbbildung«) läuft Gefahr, ein materiales Bildungsverständnis absolut zu setzen, die Identifikation bestimmter Kompetenzen als Ausdruck des Gebildetseins (in Termini wie »Bildungsstandards«) läuft Gefahr, ein formales Bildungsverständnis absolut zu setzen. So hilfreich beides sein mag, um Bildung zu operationalisieren, so wenig geht »Bildung« darin auf.

Drittens: Die Rede von Bildungsbereichen (»naturwissenschaftliche« oder »religiöse Bildung«) droht der Rede von »Bildung« ihre ganzheitliche Spitze zu nehmen – auch wenn sich fraglos zu Recht Bereiche unterscheiden lassen, auf die sich der Erwerb von Wissen und Fertigkeiten bezieht, deren Durchdringung zum Medium von Bildung im Sinne der Subjektwerdung werden kann.

3. Bildung als eines der konstitutiven Handlungsfelder neuzeitlichen Christentums

Oben war bereits davon die Rede: Nicht alles Handeln unter Inanspruchnahme des Christlichen muss bildend bzw. pädagogisch reflektiert sein, wohl aber muss sich alles Handeln daran messen lassen, ob und in welchem Maße es der Bildung der Einzelnen dient. Zugleich gilt es bewusst zu halten, dass sich im Christentum von

Beginn an – inspiriert durch Jesus als Lehrer und die Traditionen des antiken Israels – das Lehren und Lernen bzw. die Bildungsarbeit als ein konstitutives Handlungsfeld unter mehreren etabliert hat. In diesem Sinne hat etwa Christian Grethlein »Lehren und Lernen«, »Gemeinschaftliches Feiern« und »Helfen zum Leben« als die drei basalen »Modi der Kommunikation des Evangeliums« unterschieden (Grethlein 2012: 253–326), Dietrich Rössler hat in seiner Theorie des neuzeitlichen Christentums dessen drei »Gestalten« jeweils eine »Grundform der kirchlichen Praxis« zugeordnet: dem »kirchlichen Christentum« die Predigt, dem »individuellen Christentum« die Seelsorge und dem »öffentlichen Christentum« den Unterricht (Rössler 1994: 65 u. ö.). Dem entspricht nicht zuletzt, dass auch Kirchenämter ihre Abteilungen u. a. nach Zuständigkeit für Handlungsfelder organisieren: Im Kirchenamt der EKD etwa bearbeitet Abteilung 4 »Kirchliche Handlungsfelder«, darunter »Mission und Werke«, »Seelsorge«, »Gottesdienst«, »Dialog«, Abteilung 5 »Bildung« und Abteilung 6 »Öffentliche Verantwortung« (www.ekd.de/EKD-Kirchenamt-Struktur-14008.htm).

Auf der Ebene einer Kirchengemeinde rücken diese Handlungsfelder eng zusammen – nicht zuletzt im Handlungsrepertoire bzw. Zuständigkeitsbereich einer Pfarrerin bzw. eines Pfarrers. Eine Pfarrerin oder ein Pfarrer ist für die Gottesdienstgestaltung zuständig, betreibt Seelsorge, verantwortet die Konfirmandenarbeit, bietet erwachsenbildnerische Veranstaltungen und erteilt ggfls. sogar schulischen Religionsunterricht (um von Medienarbeit, diakonischem Engagement, kybernetischen Aufgaben u. a. ganz zu schweigen). Doch auch in außergemeindlichen Institutionen, etwa in der Schule, finden sich u. a. die genannten drei basalen Handlungsfelder: Religionsunterricht, Schulseelsorge sowie Schulgottesdienste.

In der wissenschaftlichen Reflexion auf das Handeln unter Inanspruchnahme des Christlichen hat sich für das Nachdenken über Lehr-Lernprozesse schon früh eine eigene Disziplin herauszubilden begonnen, im 16. Jahrhundert die Katechetik, gegen Ende des 19. Jahrhunderts die Religionspädagogik (anhand einer Theologischen Fakultät nachgezeichnet bei Schröder 2018). Gelegentlich wurde vorgeschlagen, diese Disziplin »Theorie evangelischer [oder: kirchlicher] Bildungsverantwortung« zu nennen (Nipkow 1990: 17), doch konnte sich dies nicht durchsetzen. Katechetik wie Religionspädagogik waren bzw. sind über die Praktische Theologie, die sich Anfang des 19. Jahrhunderts als Disziplin etablierte (dazu Grethlein/Meyer-Blanck 1999), wissenschaftstheoretisch und -organisatorisch sowie thematisch auf die anderen Handlungsfelder bezogen, allerdings sind Verselbständigungstendenzen unübersehbar (Schlag/Schröder 2020).

Der Gegenstandsbereich der Religionspädagogik als wissenschaftliche Disziplin ist mit der Rede von »Bildung« allein nicht zureichend zu benennen. Der Begriff »Bildung« dient auch gar nicht der Beschreibung und Grenzziehung ihrer Gegenstände (zu sehr ist er diesbezügliche auf komplementäre Begriffe wie Erziehung, Sozialisation und Unterricht verwiesen), vielmehr erfüllt er als regulative Idee kriteriologische Funktion zur Einschätzung und Ausrichtung aller religionspädagogisch zu reflektierenden Praxen.

Der Gegenstandsbereich religionspädagogischer Theoriebildung hingegen ist vielgestaltig – jedenfalls vielgestaltiger, als dass er hier i. E. behandelt werden könnte (vgl. als jüngere Gesamtdarstellungen etwa Schröder 2021 und Domsgen 2019). Die Vielgestaltigkeit lässt sich insbesondere anhand zweier Gesichtspunkte übersichtlich vor Augen stellen, erstens anhand der *Lernorte* – dann kommen Familie, Gemeinde bzw. Kirche (mit den Lernorten Kindertagesstätte, Kindergottesdienst, Kinder- und Jugendarbeit, Konfirmandenarbeit, Erwachsenen- und Seniorenbildung), Schule (in staatlicher bzw. kommunaler und kirchlicher Trägerschaft, jeweils mit Religionsunterricht und Religion im Schulleben), Medien und Öffentlichkeit in den Blick (so etwa bei Schröder 2021) – und zweitens anhand des *Lebenslaufes oder der Bildungsbiografie eines Individuums* – dann wird der Blick, ohne dass dieses alle Stationen durchlaufen muss, wiederum auf eine Vielzahl von Lerngelegenheiten gelenkt: von der Familie bis zur Seniorenbildung (so bei Schweitzer 2006).

In jeder dieser Ordnungen stellen sich für die einzelnen Lernfelder komplexe, hier »dimensional« genannte Reflexionsaufgaben, deren Bearbeitung jeweils bestimmten methodischen Settings verpflichtet ist und den Rückgriff auf andere Disziplinen bzw. Wissenschaften innerhalb wie außerhalb der Theologie erfordert. Tabellarisch lässt sich dies etwa wie folgt vor Augen führen (entnommen aus Schröder 2021, § 15):

Dimensionen	Bezugsdisziplinen		
	in der Theologie	in der Pädagogik	in weiteren Wissenschaften
Historisch	Alt- und Neu-testamentliche Wissenschaft sowie Kirchengeschichte	Historische Bildungsforschung	Allgemeine Geschichts-wissenschaften
Empirisch	Praktische Theologie	Unterrichts-forschung / Bildungsforschung	Religionssoziologie / Pädagogische Psychologie
Systematisch	Dogmatik und Ethik	Allgemeine Pädagogik	Philosophische Anthropologie
Vergleichend	Konfessionskunde und Religions-wissenschaft	Vergleichende Erziehungs-wissenschaft	Komparatistiken (etwa in der Sprach- oder Religions-wissenschaft)
Handlungs-orientierend/ Didaktisch	Praktische Theologie	Allgemeine Didaktik und Fachdidaktiken	–

Im vorliegenden Band zur Bildung als Thema der Theologie wird das Handlungsfeld »Bildung« nicht allein aus der Sicht der Religions-pädagogik (und ihrer fünf Dimensionen) reflektiert. Vielmehr werden drei der fünf Dimensionen aus der Sicht weiterer Bezugsdisziplinen beleuchtet: die historische Dimension (aus der Sicht von alt- und neu-testamentlicher Wissenschaft sowie der Kirchengeschichte), die syste-matische Dimension (aus der Perspektive Systematischer Theologie), die vergleichende Dimension (mit einem religionswissenschaftlichen Fokus). Die handlungsorientierende Dimension klingt (in diesem praktisch-theologischen bzw. religionspädagogischen Beitrag) – v. a. aus äußeren bzw. pragmatischen Gründen – lediglich an, und zwar in der Maxime: Miss all Dein unterrichtliches oder erziehendes Handeln an der regulativen Idee der Bildung! »Trage dazu bei, dass die Per-sonen, mit denen du in Lehr-Lern-Prozessen zu tun hast, Subjekte werden!« (Schröder 2021, § 12). Die empirische Dimension wird in diesem Beitrag lediglich exemplarisch gestreift.

Die vorgetragenen Überlegungen zur Ordnung des Handlungsfeldes »Lehren und Lernen« (Grethlein 2016), »Unterricht« (Rössler 1994) oder »Bildung(sarbeit)« lassen erkennen, welche Möglichkeiten der

»Lebensbegleitung und Erneuerung« (Nipkow 1990: Titel) durch professionelle Lehrende christlicher Religion eröffnet und im Modus der Bildung von Einzelnen wahrgenommen werden können.

4. Religiöse Bildung als Gegenstand empirisch-religionspädagogischer Forschung

In der Religionspädagogik als wissenschaftlicher Disziplin hat empirische Forschung von deren Anfängen an eine Rolle gespielt, seit der »empirischen Wende« von der Pädagogik zur Erziehungswissenschaft zu Beginn der 1960er Jahre und vollends seit dem Aufschwung empirischer Bildungsforschung seit Beginn der 2000er Jahre gewinnt sie zusehends an Gewicht.

Fraglos ist dies ein großer Gewinn nicht allein für die Religionspädagogik als Wissenschaft, sondern auch für die Gewinnung, die Auswahl und die Verbesserung von Handlungsmöglichkeiten professioneller Akteure, die empirische Einsichten in den Prozess zur Fällung von Handlungsentscheiden aufnehmen können. Empirische Studien können – je nach Fragestellung und methodischem Zuschnitt – beispielsweise Teilnehmendenzahlen u. a. erfassen (Comenius-Institut 2018–2020), Zuwächse an Wissen und methodischen Fähigkeiten bzw. an Kompetenz erheben (Ritzer 2010), die Wahrnehmung eines Handlungsfeldes durch die Lernenden bzw. Lehrenden (Pohl-Patalong u. a. 2016/17) oder ihr Verständnis eines theologischen Themas (Ziegler 2006) erfassen und ein Handlungsfeld mehrperspektivisch und multimethodisch erschließen (Schweitzer u. a. 2009 ff.). Allerdings bilden sie – bereits zum Zeitpunkt ihrer Veröffentlichung – immer nur bereits Geschichte gewordene Momentaufnahmen ab, sie können günstigenfalls repräsentative, d. h. verallgemeinerungsfähige Daten generieren, die den Erwartungshorizont, die Wahrnehmungssensibilität, die Zielvorstellungen religionspädagogischer Akteure schärfen. Doch sie können per se nicht die Wahrnehmung und Analyse der konkreten Lerngruppe bzw. des Settings, mit dem »ich« es als Lehrender zu tun habe, erübrigen – und sie erfassen jeweils nur einzelne Facetten oder Bausteine dessen, was oben als »Bildung« beschrieben wurde. Anders gesagt: Die regulative Idee von »Bildung« (als normatives Konstrukt) bleibt per definitionem auf Abstand zu den Prozessen und Resultaten von Bildung (als deskriptive Kategorie und empirische Rekonstruktion). Dieser Umstand spricht weder gegen die Notwendigkeit und

Funktionalität normativer Bildungstheorien noch gegen die Notwendigkeit und Funktionalität empirischer Bildungsforschung. Vielmehr unterstreicht er die Unerlässlichkeit und Fruchtbarkeit der Reflexionsaufgabe, Norm und Empirie aufeinander zu beziehen und so einerseits »die Transformation« von Idealen wie auch Formen des christlichen Lebens »in selbständig begründete und verantwortbare Praxisoptionen zu ermöglichen« (s. o. – Albrecht 2003: 6) und andererseits die Praxen immer wieder an der regulativen Idee zu messen und zu korrigieren (so an einer exemplarischen Herausforderung vorgeführt von Dressler 2010).

5. (Religiöse) Bildung als Menschenrecht

In der (deutschen) Geistes- und Kulturgeschichte haben christliche Theologen zunächst die Bildsamkeit und Bildungsbedürftigkeit deren reflektiert, die getauft wurden oder die Taufe begehren; mit der Aufnahme des Bildungsbegriffs in die philosophische, pädagogische und öffentliche Sprache und die entsprechenden Diskurse setzte sich seit der Wende vom 17. zum 18. Jahrhundert die Vorstellung der Bildsamkeit und Bildungsbedürftigkeit aller Menschen durch. Die Einführung der allgemeinen Schulpflicht (etwa im »Preußischen Allgemeinen Landrecht« von 1796) ist als bildungsgeschichtlicher Markstein für die Realisierung dieser Einsicht ebenso zu nennen wie die Aufnahme eines »Recht[s] auf Bildung« in die »Allgemeine Erklärung der Menschenrechte« (1948, dort Artikel 26) und in den »Internationale[n] Pakt über wirtschaftliche, soziale und kulturelle Rechte« (1966), der dieses Recht wie folgt näher bestimmt: »Bildung [muss] auf die volle Entfaltung der menschlichen Persönlichkeit und des Bewusstseins ihrer Würde gerichtet sein« und »jedermann [!] ermöglichen [...], eine nützliche Rolle in einer freien Gesellschaft zu spielen« (§ 13). Im »Übereinkommen über die Rechte von Menschen mit Behinderungen« (2008) anerkennen die Vertragsstaaten »das Recht von Menschen mit Behinderungen auf Bildung. Um dieses Recht ohne Diskriminierung und auf der Grundlage der Chancengleichheit zu verwirklichen, gewährleisten die Vertragsstaaten ein integratives Bildungssystem auf allen Ebenen und lebenslanges Lernen« (dort Art. 24,1; engl. Text: »ensure an inclusive education system at all levels and lifelong learning«).

Die Gewährleistung des (Menschen-)Rechts auf Bildung ist noch kein Garant für dessen tatsächliche Realisierung, geschweige denn eine Garantie für eine bestimmte Qualität der tatsächlich möglichen Bildung – doch es stellt die Unverlierbarkeit dieses Rechts, das hohe Maß an Übereinstimmung unter Menschen guten Willens und die Selbstverpflichtung auf Realisierung des Rechts dar.

Nicht explizit eingeschlossen, aber – im Rückgriff auf das Recht auf Religionsfreiheit (Art. 18 der Allgemeinen Erklärung der Menschenrechte) – daraus ableitbar ist ein Recht auf *religiöse* Bildung (Schweitzer 2000/2019). Als elterliches und religionsgemeinschaftliches Recht ist dies weithin unstrittig. Anders verhält es sich im Blick auf die Ausgestaltung religiöser Bildung im öffentlichen Schulwesen – allein in den Staaten der Europäischen Union gibt es ein weites Spektrum an Umsetzungsmöglichkeiten, mehrheitlich tendieren sie zur Einrichtung eines informierend-vergleichenden Faches (Schröder 2013).

Wie dem auch sei: Bildung als Menschenrecht ist vielfältig begründbar: pädagogisch und politisch, nicht zuletzt auch theologisch. Im Eintreten für die Bildung aller und für das Recht auf religiöse Bildung kann und soll theologische Bildungsreflexion fruchtbar und nützlich werden.

6. Bildung als Prozess

Gehört die Entdeckung der Bildsamkeit aller zu den fraglos bedeutendsten (Wieder-)Entdeckungen aufklärerisch inspirierter Bildungsreflexion – Wiederentdeckung insofern, als das Potential ›des‹ Menschen, Gott nach gebildet zu werden, bereits in Gen 1,26 mit größtmöglicher Allgemeinheit ausgesprochen wurde –, so gehört die Beobachtung und Reflexion des Umstandes, dass Bildung besser als Prozess denn als Ergebnis beschrieben werden kann, zu den bis heute wissenschaftlich bzw. literarisch fruchtbarsten und systematisch ergiebigsten Einsichten – und zwar in der allgemeinpädagogischen wie in der religionspädagogischen Bildungsforschung.

Systematisch ergiebig ist dieser scheinbar banale Umstand, weil er dem Bildungsgedanken eine Dialektik einzeichnet – Bildung ist nicht anders zu verstehen denn als endogen vorangetriebener, intrinsisch motivierter, nicht abschließbarer Vorgang des Sich-Bildens und bleibt doch angewiesen auf exogene Gegenstände und Impulse, die als bildsam identifiziert und bestimmt werden können und sollen (allein schon um den Bildungsprozess des Einzelnen zu entlasten und zu unterstützen). Wird diese Dialektik aufgelöst, wird »Bildung« als Konzept verzeichnet und in ihrer Realisierung durch Einzelne (aller Wahrscheinlichkeit nach) gestört.

Wird die exogene, materiale Seite der Bildung überbetont, läuft man Gefahr, einen bestimmten »Bildungskanon« an Inhalten oder ein Repertoire erreichbarer »Bildungsstandards« zum Nonplusultra zu erklären, eine bestimmte schulische und berufliche Laufbahn sowie, an deren Ende, einen bestimmten Habitus und Status (»Bildungsbürger«) zu idealisieren, oder gar den Prozess des Sich-Bildens bei sich selbst oder Anderen für abgeschlossen zu halten bzw. zu erklären (»Gebildete« vs. »Ungebildete«).

Wird die endogene, ideelle Seite der Bildung überbetont, läuft man Gefahr, die Kleinschrittigkeit, Gegenstandsbezogenheit und Mühsal des konkreten Bildungsprozesses zu überspringen, die – begriffliche wie sachliche – Angewiesenheit von Bildung auf Sozialisation (i. S. der nicht-intentionalen Einflussnahme Anderer) und Erziehung (i. S. der intentionalen Einflussnahme Anderer) auszublenden, oder gar angesichts der konzeptionell gedachten und faktisch gegebenen Endlosigkeit des Bildungsprozesses die intrinsische Motivation, an diesem Prozess überhaupt nur teilhaben zu wollen, und damit die Bildung konkreter einzelner Menschen still zu stellen.

Wissenschaftlich bzw. literarisch fruchtbar geworden ist die Einsicht in die Prozesshaftigkeit von Bildung in verschiedenen Gattungen, Disziplinen und Theoremen. Drei davon seien exemplarisch benannt.

6.1 Bildungsroman und Bildungsbiografie

In der Blütezeit aufklärerisch-romantischer Bildungsreflexion um die Wende vom 18. zum 19. Jahrhundert entsteht neben wissenschaftlichen Abhandlungen und an Politik bzw. Öffentlichkeit gewendeten Programmschriften auch eine eigene literarische Gattung, in der Bildung als Phänomen in Lebenslauf bzw. Biografie des Einzelnen beschrieben und der (Selbst-)Reflexion erschlossen wird: der sog. Bildungsroman (zum Begriff Morgenstern 1820/2020). Er schildert in Prosa-Form die – im weitesten Sinne – lernende Entwicklung eines Individuums in Auseinandersetzung mit seiner Umwelt und unterscheidet dabei (in der Regel) qualitative Phasen, etwa Jugend-, Wander- und Meisterjahre oder Versuch und Irrtum. Üblicherweise wird die thematisierte Entwicklung als erfolgreich bzw. gut verlaufend dargestellt, doch gibt es nahezu gleich ursprünglich auch Fälle scheiternder Helden. Gilt die »Geschichte des Agathon« von Christoph Martin Wieland aus dem Jahr 1766/67 als Erstling dieser Gattung, so »Wilhelm Meisters Lehrjahre« von Johann Wolfang von Goethe aus dem Jahr 1795/96 als klassischer Prototyp und »Anton Reiser« von Karl Philipp Moritz (veröffentlicht 1785–1790) als Muster des sog. negativen Bildungsromans (vgl. zur Geschichte und Repräsentanten des Bildungsromans Selbmann 1984/1986, Moretti 2000 und Graham 2019).

Der Bildungsroman hat auf einer ersten Ebene im Blick auf die erzählte Person, den Helden, (auto-)biografische Züge – er nimmt vorzugsweise die Adoleszenz, z. T. aber auch den weiteren Lebensweg als Erwachsener zum Thema. Indem er auf einer zweiten Ebene von einem allwissenden Erzähler strukturiert und in Worte gefasst wird, enthält der Bildungsroman metareflexive Elemente, die ein bestimmtes Verständnis von Bildung erkennen lassen, klassischerweise eines, das auf die freie, umfassende Entfaltung einer Person zu ihrem und der Gesellschaft Besten zielt. Und indem er auf einer dritten Ebene Leserinnen und Leser adressiert, eignet ihm eine appellative Grundstruktur: Erkenne dich selbst! Werde du selbst! Carpe diem!

In Bildungsromanen spielt nicht selten Religion eine Rolle – im deutschsprachigen Bildungsroman ist es in der Regel die christliche Religion evangelischer oder römisch-katholischer Prägung. Anders als es die Wertschätzung von Theologen wie Herder und Schleiermacher als Bildungstheoretiker und die Rekonstruktion des Christentums als von ihren Quellen her bildungsfreundliche und -förderliche Religion erwarten ließe, kommt in vielen Bildungsromanen die christliche Religion primär als entwicklungs- bzw. bildungshemmend in den Blick. So verhält es sich etwa mit der mystisch-pietistischen Prägung des Elternhauses in Moritz' Anton Reiser, mit dem kritisch-verrückten, theologisch gebildeten Organisten und Pfarrerssohn Pistorius in Hesses Demian und mit dem Katholizismus in Anderers' Melusine-Romanen. Darin spiegelt sich eine Differenz von Fremd- und theologischer Selbstwahrnehmung christlicher Religion; es wirft jedoch auch ein Licht auf Ambivalenzen bzw. Schattenseiten der Bildungsbiografie unter Inanspruchnahme des Christlichen.

6.2 Entwicklungspsychologie und Pädagogische Psychologie

Die Anfänge der sog. Entwicklungspsychologie sind nicht im Interesse an Bildung begründet, sondern aus der Beobachtung und empirischen Erfassung psychischer bzw., später, psychosozialer Faktoren und Stadien menschlicher Entwicklung erwachsen (vgl. – geordnet nach

Theoriefamilien – Thomas/Feldmann 2002, – geordnet nach Lebensphasen – Berk 2020 und – mit religionspädagogischem Schwerpunkt – Schweitzer 2016 und Büttner/Dieterich 2016).

Eine erste Familie entwicklungspsychologischer Modelle entstand aus der Tiefenpsychologie Sigmund Freuds (1856–1939) – seine eigene Theorie psychosexueller Entwicklung unterschied fünf Phasen und sah Entwicklung mit dem Erreichen der genitalen Phase als abgeschlossen an; Erik Homburger Erikson (1902–1994), der dank einer Lehr-Psychoanalyse bei Anna Freud, der Tochter Sigmund Freuds, mit dessen Modell der Psyche vertraut war, identifizierte acht bzw. neun Phasen und sah den Menschen während seiner gesamten Lebensspanne als sich entwickelnd an.

Daneben entstand seit den 1920er Jahren, wegweisend vorangetrieben von Jean Piaget (1896–1980), eine kognitionspsychologische Entwicklungstheorie: die genetische Epistemologie. Sie fragt nach der Entstehung menschlicher Denkstrukturen – zunächst im Bereich der Logik und der Abstraktionsfähigkeit (so bei Piaget selbst), später auch etwa im Bereich moralischer Urteilsfähigkeit (Lawrence Kohlberg und Carol Gilligan), religiöser Urteilsfähigkeit (Fritz Oser und Paul Gmünder) und im Bereich der Fähigkeit zur Konstruktion und Artikulation von Lebenssinn (James Fowler). Ihnen allen ist eine interaktionistische Grundannahme zu eigen: Die besagten strukturellen Fähigkeiten entwickeln sich aus dem Streben des Individuums nach Zurechtkommen in seiner Umwelt (Äquilibration) durch Anpassung (in Gestalt von Assimilation oder Akkomodation) – dabei spielen Reifung und Erfahrung, aber auch Erziehung und Sozialisation eine Rolle. Während Piaget den Aufbau von Denkstrukturen mit dem Ende der Pubertät für abgeschlossen hielt, beobachteten seine Schüler in den von ihnen untersuchten Feldern durchweg lebenslange Entwicklungsprozesse.

Bildung im Sinne eines intrinsisch motivierten, bewussten Strebens eines Individuums nach Entfaltung seiner selbst spielt in diesen und weiteren entwicklungspsychologischen Modellen keine Rolle. Ebenso wenig ist dies der Fall in der seit den 1960er Jahren entstehenden Pädagogischen Psychologie, die sich dem Aufbau und der Sammlung all der empirisch validierbaren psychologischen Einsichten widmet, die für pädagogisch zu reflektierendes Handeln erforderlich sind. »Bildung« kommt hier gewissermaßen als positiver, pädagogische Intervention tendenziell erübrigender Grenzfall eines freiwillig und erfolgreich lernenden Individuums in den Blick – allerdings sucht Pädagogische Psychologie dieses Gelingen zu verstehen und zu beschreiben in Feldern wie Motivationspsychologie, Begabungsforschung, Lern(strategie)forschung (dazu exemplarisch aus der Fülle der lehrbuchartigen Darstellungen etwa Handwörterbuch 2018 und Wild/Möller 2020).

6.3 Lernort-Theorie und Sozialökologie

Der Prozess der Bildung lässt sich einerseits anhand der Entwicklung bzw. Bildungsgeschichte des Individuums nachzeichnen oder verdeutlichen, andererseits anhand des Gefüges sozialer Beziehungen und bildsamer Orte, in denen er oder sie diese Entwicklung nimmt.

Mit Hilfe von Theorien wie etwa der Sozialökologie Urie Bronfenbrenners lassen sich die räumlich-sozialen Haftpunkte von Bildung bzw. das Netzwerk der Personen, Orte und Institutionen, in denen sie zustande kommt, systematisch ordnen, aber auch für einzelne Individuen nachzeichnen (Bronfenbrenner 2009). Dabei erweist sich der Modus der Partizipation, in dem jemand an einem Ort teilhat, für Bildungsprozesse als entscheidend:

- Als »Mikrosystem« werden die Orte und Beziehungen bezeichnet, an denen das Individuum unmittelbar und interaktiv teilhat, etwa und vor allem die Familie, aber auch die Peer-Group und die Schule,
- als »Mesosystem« gelten die Beziehungen zwischen den einzelnen Stationen des Mikrosystems, also Beziehungen zwischen Eltern und Freunden, Schule und Verein,
- als »Exosystem« kommen diejenigen Lebensbereiche in den Blick, die ›mein‹ Leben prägen, ohne dass ›ich‹ sie beeinflussen könnte, etwa die berufliche Tätigkeit der Eltern, die Kirchengemeinde, zu der die Familie gehört, u. a.,
- als »Makrosystem« die gesellschaftlich-kulturellen Kontexte, in denen sich Lebenslauf und Bildung vollziehen.
- Diejenigen Bezüge und Bezugswechsel, die sich durch Stationen im individuellen Lebenslauf ergeben, etwa durch die Einschulung oder die Berufswahl, den Kircheneintritt oder die Eheschließung fasst diese Theorie unter dem Begriff »Chronosystem« zusammen.

In der religionspädagogischen Bildungstheorie hat sich zudem die Rede von Lernorten eingebürgert. Damit werden die Orte bzw. Institutionen benannt, die für die Initiierung und Fortschreibung von Lehr-Lernprozessen maßgeblich sind: Familie, Schule, (Kirchen-)Gemeinde, Medien (dazu etwa Schröder 2021). So sehr Bildung als intrinsisch motivierter, dem Lernenden selbst bewusster Prozess der

Entfaltung seiner selbst zu begreifen ist, bleibt sie eingebettet in räumlich-kontextuelle und soziale Bezüge – und damit unabschließbar und, in Teilen zumindest, kontingent.

Die Prozesshaftigkeit von Bildung, die im Bildungsroman, in der Entwicklungspsychologie und in der Lernorttheorie herausgearbeitet wird, betrifft keineswegs nur Kinder und Jugendliche, sondern alle Menschen zeit ihres Lebens. Prozesshaftigkeit und Wandelbarkeit drücken, anders gesagt, auch der Bildung der Bildungstheoretiker und Multiplikatoren, überhaupt auch der Bildung von Theologen und ihren Theologien den Stempel auf. Bildung als Prozess zu verstehen, mahnt somit, auch das je eigene Gebildet-worden-sein und Sich-weiter-bilden zu erinnern – und damit auch den gegenwärtig erreichten Stand des Verstehens, Darstellens und Kritisierens (ganz gleich auf welchem Gebiet) als vorläufig und dank Lebenslauf wie Biografie veränderlich anzunehmen.

Bildung als Prozess wahrzunehmen und zu gestalten, ist im Konzert der theologischen Disziplinen zur Aufgabe speziell der Religionspädagogik geworden. Darin liegt einer ihrer spezifischen Beiträge zur theologischen Bildungstheorie.

7. Gebildete Religion

Der vorliegende Beitrag zur Bildung aus praktisch-theologischer bzw. religionspädagogischer Perspektive setzte bei spezifisch (evangelisch-) theologischen Einsichten zu Gehalt und Stellenwert von Bildung ein und kam von daher auf allgemeine Merkmale von Bildung zu sprechen. Dieses Gefälle hat einen sachlichen Grund: Bildung gibt zwar theologisch zu denken, ist jedoch keine exklusive Domäne theologischer Reflexion. Bildung ist ein anthropologisches Phänomen und das Christentum ist einerseits auf Bildung angewiesen, kann aber andererseits auch zu ihr beitragen. Das mag selbstverständlich klingen, ist es aber nicht – vielmehr ist es Indikator dafür, dass es sich bei Lesarten des Christentums, die zur Bildung von Menschen beitragen können und wollen, um *gebildete Religion* handelt.

Davon ist – dies weist zurück auf das eingangs angesprochene »neuzeitliche Bildungsprogramm«, das der Protestantismus entwarf und zu realisieren versucht(e) – dann zu sprechen, wenn eine Religion
- bereit und in der Lage ist, ihre traditionellen Gehalte reflexiv durchzuarbeiten, hermeneutisch zu vergegenwärtigen und so umzubil-

den, dass sie von den Zeitgenossen als Muster der Lebensdeutung und -führung erschlossen werden können,
- ihre theologischen Gehalte zur Geltung bringen kann in der Gestaltung der Gesellschaften, die ihre Lebenswirklichkeit darstellen, und zwar so, dass sie etwa zur Realisierung der Bildung von Menschen beitragen,
- ihre Multiplikatoren sich so bilden lässt, dass sie ihre Aufgabe in eigenständig reflexiv gewonnener Handlungsorientierung und -fähigkeit wahrnehmen können,
- und insbesondere ihre Mitglieder bzw. Anhänger als bildsam anspricht und ihnen individuelle Bildung als Entfaltung des Humanum im Horizont religiöser Gewißheit ermöglicht.

Quellen- und Literaturverzeichnis

1. Quellen

Anderer, Hannes (= Firges, Jean): *Unterwegs zu Melusine*, Buch 1, Annweiler 2006, und *Begegnung mit Melusine*, Buch 2, Annweiler 2007.

Goethe, Johann Wolfgang von: *Wilhelm Meisters Lehrjahre*, hg. von Wilhelm Voßkamp und Herbert Jaumann (Bibliothek deutscher Klassiker 82), Frankfurt a. M. 1992.

Hesse, Hermann: *Demian. Die Geschichte von Emil Sinclairs Jugend* (1919), in: ders.: Roßhalde – Knulp – Demian – Siddharta (Sämtliche Werke, hg. von Volker Michels, Bd. 3), Berlin 2001, 233–367.

Luther, Martin: *An den christlichen Adel deutscher Nation von des christlichen Stands Besserung* (1520), in: WA 6, 404–465.

Luther, Martin: *An die Ratsherrn aller Städte deutsches Lands, dass sie christliche Schulen aufrichten und halten sollen* (1524), in: WA 15, 27–53.

Luther, Martin: *Eine Predigt, dass man Kinder zur Schulen halten solle* (1530), in: WA 30/2, 517–588.

Moritz, Karl Philipp: *Anton Reiser. Ein psychologischer Roman*, hg. von Heide Hollmer und Albert Meier (Bibliothek deutscher Klassiker 159), Frankfurt a. M. 1999.

Schleiermacher, Friedrich Daniel Ernst: *Kurze Darstellung des theologischen Studiums zum Behuf einleitender Vorlesungen*. Zweite umgearbeitete Ausgabe (1830): Friedrich Daniel Ernst Schleiermacher. Kritische Gesamtausgabe [KGA] I/6, hg. von Dirk Schmid, Berlin/New York 1998, 317–446.

Schleiermacher, Friedrich Daniel Ernst: *Der christliche Glaube nach den Grundsätzen der evangelischen Kirche im Zusammenhange dargestellt (1830/312)*: Friedrich Daniel Ernst Schleiermacher. Kritische Gesamtausgabe [KGA] 13/1 und 2, hg. von Rolf Schäfer, Berlin/New York 2003.

Schleiermacher, Friedrich: *Die praktische Theologie*, hg. von J. Frerichs, Berlin 1850.

Wieland, Christof Martin: *Geschichte des Agathon*, hg. von Klaus Manger (Bibliothek deutscher Klassiker 46), Frankfurt a. M. 1986.

2. Sekundärliteratur

Albrecht 2003: Albrecht, Christian: Bildung in der Praktischen Theologie, Tübingen 2003.

Albrecht 2017: Albrecht, Christian: Gebildete Souveränität. Pastoraltheologische Argumente für die neue Einübung eines alten Zieles theologischer Ausbildung, in: ZThK 114 (2017), 315–329.

Bayer 1994: Bayer, Oswald: Theologie (Handbuch Systematische Theologie 1), Gütersloh 1994.

Berk 2020: Berk, Laura E.: Entwicklungspsychologie, Hallbergmoos 2020[7].

Beutel 2017a: Beutel, Albrecht: Theologie als Schriftauslegung, in: ders. (Hg.): Luther Handbuch, Tübingen 2017[3], 493–498.

Beutel 2017b: Beutel, Albrecht: Theologie als Erfahrungswissenschaft, in: ders. (Hg.): Luther Handbuch, Tübingen2017[3], 503–508.

Biehl/Nipkow 2003: Biehl, Peter / Nipkow, Karl Ernst: Bildung und Bildungspolitik in pädagogischer Perspektive (Schriften aus dem Comenius-Institut 7), Münster 2003.

Bronfenbrenner 2009: Bronfenbrenner, Urie: The Ecology of Human Development: Experiments by Nature and Design (1979), Cambridge 2009.

Büttner/Dieterich 2016: Büttner, Gerhard/ Dieterich, Veit-Jakobus: Entwicklungspsychologie in der Religionspädagogik, Göttingen 2016[2].

Comenius-Institut 2018–2020: Comenius-Institut (Hg.): Evangelische Bildungsberichterstattung, 5 Bde., Münster 2018–2020.

Domsgen 2019: Domsgen, Michael: Religionspädagogik (Lehrwerk Evangelische Theologie 8), Leipzig 2019.

Dressler 2010: Dressler, Bernhard: Religionspädagogik zwischen Bildungstheorie und Kompetenzdidaktik, in: ThLZ 135 (2010), 511–526.

EKD 2003: Maße des Menschlichen. Evangelische Perspektiven zur Bildung in der Wissens- und Lerngesellschaft. Eine Denkschrift des Rates der EKD, hg. vom Kirchenamt der EKD, Gütersloh 2003.

EKD 2014: Religiöse Orientierung gewinnen. Evangelischer Religionsunterricht als Beitrag zu einer pluralitätsfähigen Schule. Eine Denkschrift des Rates der EKD, hg. vom Kirchenamt der EKD, Gütersloh 2014.

Erikson/Erikson 1997: Erikson, Erik H./Erikson, Joan M.: The Life Cycle Completed (Extended Version), New York 1997.

Fraas 2010: Fraas, Hans Jürgen: Bildung und Menschenbild in theologischer Perspektive, Göttingen 2010.

Graham 2019: Graham, Sarah (Hg.): A History of the Bildungsroman, Cambridge u. a. 2019.

Grethlein/Meyer-Blanck 1999: Grethlein, Christian/Meyer-Blanck, Michael (Hg.): Geschichte der Praktischen Theologie. Dargestellt anhand ihrer Klassiker (Arbeiten zur Praktischen Theologie 12), Leipzig 1999.

Grethlein 2016: Grethlein, Christian: Praktische Theologie, Berlin/Boston (2012) [2]2016.

Härle 2007: Härle, Wilfried: Christlicher Glaube in unserer Lebenswelt, Leipzig 2007.

Handbuch 2018: Handbuch Bildungsforschung, hgg. von Rudolf Tippelt und Bernhard Schmidt-Hertha, Wiesbaden 2018[4].

Handwörterbuch 2018: Handwörterbuch pädagogische Psychologie, hgg. von Detlef H. Rost, Jörn R. Sparfeldt, Susanne R. Buch, Weinheim /Basel 2018[5].

Holl 1948: Holl, Karl: Luthers Bedeutung für den Fortschritt der Auslegungskunst, in: ders.: Gesammelte Aufsätze zur Kirchengeschichte, Bd. 1: Luther, Tübingen 1948[7], 544–584.

Laube 2006: Laube, Martin: Theologie und neuzeitliches Christentum: Studien zu Genese und Profil der Christentumstheorie Trutz Rendtorffs (BhTh 139), Tübingen 2006.

Moretti 2000: Moretti, Franco: The Way of the World: The Bildungsroman in European Culture, London 2000.

Morgenstern 1820/2020: Morgenstern; Karl: Der Bildungsroman. Die beiden grundlegenden Vorträge [1820] über einen global gebräuchlichen Begriff. Mit Nachwort und Bibliographie, Eutin 2020.

Nipkow 1990: Nipkow, Karl Ernst: Bildung als Lebensbegleitung und Erneuerung, Gütersloh 1990 ([2]1992).

Ochel 2011: Ochel, Joachim (Hg.): Bildung in evangelischer Verantwortung auf dem Hintergrund des Bildungsverständnisses von F. D. E. Schleiermacher, Göttingen 2001.

Palmer Cooper 2016: The Routledge Encyclopedia of Educational Thinkers, hg. von Joy A. Palmer Cooper, London 2016.

Pohl-Patalong 2016/17: Pohl-Patalong, Uta u. a.: Konfessioneller Religionsunterricht in religiöser Vielfalt: Eine empirische Studie zum evangelischen Religionsunterricht in Schleswig-Holstein, 2 Bde., Stuttgart 2016/2017.

Preul 2013: Preul, Reiner: Evangelische Bildungstheorie, Leipzig 2013.

Rendtorff 1985/1991: Rendtorff, Trutz: Die Religion in der Moderne – die Moderne in der Religion (1985), in: ders.: Theologie in der Moderne. Über Religion im Prozeß der Aufklärung, Gütersloh 1991, 273–290.

Rendtorff 1998: Rendtorff, Trutz: Die permamente Reformation. Protestantismus als neuzeitliches Bildungsprogramm, in: Evangelische Kommentare 31 (1998), 31–34.

Ritzer 2010: Ritzer, Georg: Interesse – Wissen – Toleranz – Sinn. Ausgewählte Kompetenzbereiche und deren Vermittlung im Religionsunterricht. Eine Längsschnittstudie (Empirische Theologie 19), Wien u. a. 2010.

Rückert 1933/1972: Rückert, Hanns: Die Stellung der Reformation zur mittelalterlichen Universität (1933), in: ders.: Vorträge und Aufsätze zur historischen Theologie, Tübingen 1972, 71–95.

Selbmann 1984: Rolf Selbmann: Der deutsche Bildungsroman, Stuttgart 1984.

Schlag/Schröder 2020: Praktische Theologie und Religionspädagogik – systematische, empirische und thematische Verhältnisbestimmungen, hgg. von Thomas Schlag/Bernd Schröder (Veröffentlichungen der Wissenschaftlichen Gesellschaft für Theologie 61), Leipzig 2020.

Schröder 2009: Bernd Schröder: Eruditio – Unterricht – Erziehung – Emanzipation – Bildung, in: Religionspädagogik in systemischer Perspektive, hg. von Michael Domsgen, Leipzig 2009, 47–71.

Schröder 2021: Schröder, Bernd: Religionspädagogik, Tübingen 2021[2].

Schröder 2013: Schröder, Bernd: Religionsunterricht in Europa, in: Religionspädagogisches Kompendium, hg. von Martin Rothgangel u. a., Göttingen 2013[8], 175–190.

Schröder 2018: Schröder, Bernd: Göttinger Religionspädagogik (Praktische Theologie in Geschichte und Gegenwart 25), Tübingen 2018.

Schröder 2020: Schröder, Bernd (Hg.): Pfarrer oder Pfarrerin werden und sein (Veröffentlichungen der Wissenschaftlichen Gesellschaft für Theologie 61), Leipzig 2020.

Schweitzer 2019: Schweitzer, Friedrich Das Recht des Kindes auf Religion, Gütersloh 2019[2].

Schweitzer 2002: Der Bildungsauftrag des Protestantismus, hg. von Friedrich Schweitzer (Veröffentlichungen der Wissenschaftlichen Gesellschaft für Theologie 20), Gütersloh 2002.

Schweitzer 2006: Schweitzer, Friedrich: Religionspädagogik, Gütersloh 2006.

Schweitzer u. a. 2009–2018: Schweitzer, Friedrich u. a. (Hg.): Konfirmandenarbeit erforschen und gestalten, 12 Bde., Gütersloh 2009–2018.

Schweitzer 2011: Schweitzer, Friedrich: Menschenwürde und Bildung. Religiöse Voraussetzungen der Pädagogik in evangelischer Perspektive (Theologische Studien – Neue Folge 2), Zürich 2011.

Schweitzer 2014: Schweitzer, Friedrich: Bildung (Theologische Bibliothek 2), Neukirchen-Vluyn 2014.

Schweitzer 2016: Schweitzer, Friedrich: Lebensgeschichte und Religion: religiöse Entwicklung und Erziehung im Kindes- und Jugendalter, Gütersloh (1987) [8]2016.

Theologische Ausbildung 2005: Theologische Ausbildung in der EKD: Dokumente und Texte aus der Arbeit der Gemischten Kommission/Fachkommission I zur Reform des Theologiestudiums (Pfarramt und Diplom) 1993 – 2004, im Auftrag der Gemischten Kommission/Fachkommission I hgg. von Michael Ahme und Michael Beintker, Leipzig 2005.

Theologische Ausbildung 2014: Theologische Ausbildung in der EKD: Dokumente und Texte aus der Arbeit der Gemischten Kommission für die Reform des Theologiestudiums/Fachkommission I (Pfarramt, Diplom und Magister Theologiae) 2005 – 2013, im Auftrag der Gemischten Kommission/Fachkommission I hgg. von Michael Beintker und Michael Wöller, Leipzig 2014.

Thomas/Feldmann 2002: Thomas, R. Murray/Feldmann, Birgitt: Die Entwicklung des Kindes: ein Lehr- und Praxisbuch, Weinheim/Basel 2002.

Wild/Möller 2020: Wild, Elke/Möller, Jens: Pädagogische Psychologie, Berlin u. a. 2020[3].

Ziegler 2009: Ziegler, Tobias: Jesus als »unnahbarer Übermensch« oder »bester Freund«? Elementare Zugänge Jugendlicher zur Christologie als Herausforderung für Religionspädagogik und Theologie, Neukirchen-Vluyn 2006.

3. Literaturhinweise zum vertiefenden Studium

Die drei sog. Schulschriften Martin Luthers (s. o. unter »Quellen«)
Albrecht, Christian: Bildung in der Praktischen Theologie, Tübingen 2003.
Der Bildungsauftrag des Protestantismus, hg. von Friedrich Schweitzer, Gütersloh 2002.
Schröder, Bernd: Religionspädagogik, Tübingen 2021[2].

Vergleichende Religionspädagogik: Judaistik – Islamwissenschaft – Buddhismus-Forschung

Bernd Schröder

»Bildung« in nicht-christlichen Religionen – eine Spurensuche im Zeichen sprachlicher und traditionsgeschichtlicher Differenz

Der Begriff »Bildung« wurde in der deutschen Sprache im 18. Jahrhundert zum Programmbegriff und hat in anderen Sprachen kaum eine Entsprechung gefunden; angesichts dessen und angesichts des Umstands, dass die Genese des Begriffs und seine erste programmatische Deutung in der mittelalterlichen christlichen Mystik erfolgte, nimmt es nicht wunder, dass insbesondere die christliche Religion in Deutschland, verfasst als Kirche und als Theologie – und innerhalb ihrer v. a. der Protestantismus – den Bildungsbegriff rezipiert, interpretiert und eigenständig konzipiert hat.

Allerdings ist dies in zweierlei Hinsicht *nicht exklusiv* zu verstehen:

Zum einen haben neben dem evangelischen und römisch-katholischen Christentum auch *andere Religionen*, die in Deutschland bzw. im deutschen Sprachraum beheimatet waren oder heimisch geworden sind, den Bildungsbegriff adaptiert: Das Judentum – im Jahr 2021 seit 1700 Jahren in ›Deutschland‹ vertreten – tat dies zeitgleich mit dem Christentum seit dem 18. Jahrhundert. Der Islam – seit dem 18. Jahrhundert sporadisch, seit dem zweiten Drittel des 20. Jahrhunderts zahl- und facettenreich präsent – tut dies allmählich, insbesondere, seitdem in den 2000er Jahren eine Beteiligung von Muslimen am staatlichen Schulwesen und der Aufbau von Institutionen der Multiplikatorenbildung (Religionslehrende, Imame) verlangt, ermöglicht, realisiert wird.

Andere Religionsgemeinschaften allerdings stellen sich im deutschsprachigen Raum noch kaum der Herausforderung, pädagogisches

Handeln im Namen ihrer Religionsgemeinschaft in der Praxis, geschweige denn in Gestalt wissenschaftlicher Theoriebildung zu verantworten und dafür die Rede von Bildung in Anspruch zu nehmen – am ehesten bzw. hie und da sind der Alevitismus und der Buddhismus im Begriff es zu tun.

Zum anderen haben verschiedene Religionen *in nicht-deutschen Sprachräumen* reiche Traditionen des Lehrens und Lernens entwickelt und diese Praxen konzeptionell wie begrifflich reflektiert. So schillernd der Bildungsbegriff in der deutschen Sprache war und ist, kann eine äquivoke Entsprechung zu ihm in anderen Sprache ohnehin nicht erwartet werden. In den jeweiligen formativen Referenzsprachen der hier in Betracht gezogenen Religionen – Hebräisch, Arabisch und Pali bzw. Sanskrit – finden sich jedoch durchaus Begriffe, die die vorfindliche Praxis wie normative Ideale des Lehrens und Lernens bezeichnen, auf exogene Impulse ebenso verweisen wie auf die intrinsische Motivation und die individuelle Entfaltung des Einzelnen, auf Aneignung ebenso wie auf kritische Auseinandersetzung, kurz: Bedeutungselemente des deutschen Begriffs »Bildung« beinhalten. Allerdings zeichnen sich gerade im Vergleich mit solchen vergleichbaren Begriffen diejenigen begrifflichen und sachlichen Akzente deutlich ab, die der deutschsprachige Bildungsbegriff *in vorzüglicher Weise* markiert: die Vorstellung von der Bildsamkeit aller Menschen, die Betonung von freier, intrinsisch motivierter Selbstbildung, die Rolle des Lernens im Prozess der Subjektwerdung, das Interesse an allseitiger Bildung, den unbedingten Respekt vor dem Anderen, den Geist der Kritik und der Verbesserung aller Dinge (vgl. die Einleitung zu diesem Band).

Vor diesem Hintergrund kommt diesem Beitrag eine *deiktische* Funktion zu: Er verweist zum einen auf Bildungstraditionen in Praxis und Theorie im deutschsprachigen Judentum und im Islam, zum anderen auf Begriffe, Praxen und Theorien aus verschiedenen Religionen, die sich als anschlussfähig an den deutschsprachigen Bildungsdiskurs darstellen oder entschlüsseln lassen. Er erfüllt damit einerseits eine *generalisierende* Funktion, indem er die Verbreitung bzw. Anschlussfähigkeit von Begriff und Sache der Bildung außerhalb der westlichen Christentümer illustriert, andererseits eine *ideografische* Funktion, indem er die Eigenart von »Bildung« als Begriff der deutschen Sprache und dessen jeweilige Verwendung in den in Deutschland enkulturierten Religionen anzeigt (vgl. dazu in methodischer Hinsicht Schröder 2017).

1. Bildungstraditionen im deutschsprachigen Judentum

Ohne Frage versteht sich das Judentum, basierend auf den vielfältigen Lehr-Lern-Impulsen der Tora, der Weisung Gottes am Sinai, als eine Ethnie, eine Kultur, eine Religion, für die das Lernen (und Lehren) von konstitutiver Bedeutung ist: Die Weisung Gottes – als schriftliche wie als mündliche Tora – wird gefeiert und gelernt, d.h. kantilliert, memoriert, interpretiert und in die Tat umgesetzt (dazu Beate Ego in diesem Band). Dieser Vorgang endet zeitlebens des einzelnen Juden und der einzelnen Jüdin nicht und er verbindet die Generationen – er konstituiert damit in gewisser Weise das Judesein als lebenslanger Lernprozess und auch das Judentum als Lerngemeinschaft.

Folgerichtig haben sich – zwar vielleicht noch nicht in biblischer Zeit (Crenshaw 1998), wohl aber schon in rabbinischer Zeit (etwa Hezser 2001 und Hirshman 2009) und dann auch in den jüdischen Lebenswelten des Mittelalters (Etkes 1984 und Kanarfogel 2008) – distinkte Lernkulturen ausgebildet: mit Institutionen wie dem *Cheder* und der Jeschiva, mit dem Leitbild des Gelehrten, *talmid chacham*, und der halachisch bewanderten, erziehenden jüdischen Mutter, mit Festen und Riten, die das Lernen nicht in die Sonderwelt einer ›Schule‹ auslagern, sondern im Miteinander der Familie (etwa beim Pessachfest), im synagogalen Gottesdienst (etwa bei *Simchat Tora*), in der Lebensführung des Einzelnen (etwa durch *Zizit* und *Mesusot*) verankern. Der Begriff, der dabei im Hebräischen eine zentrale Rolle spielt, ist der des Lernens und Lehrens (hebr. *l-m-d*).

Als die »Königlich Preußische Akademie der Wissenschaften« im Jahr 1784 die Preisfrage »Was ist Aufklärung?« stellte, erhielt sie Auskunft von namhaften Autoren: neben (bzw. sogar einige Monate vor) Immanuel Kant antwortete auch Moses Mendelssohn (1729–1786), seinerzeit schon hoch geschätzt unter Berliner Aufklärern. Er schrieb u.a.: »Die Worte Aufklärung, Kultur, Bildung sind in unsrer Sprache noch neue Ankömmlinge. Sie gehören vor der Hand bloß zur Büchersprache. Der gemeine Haufe verstehet sie kaum. Sollte dieses ein Beweis sein, daß auch die Sache bei uns noch neu sei? Ich glaube nicht. [...] Je mehr der gesellige Zustand eines Volks durch Kunst und Fleiß mit der Bestimmung des Menschen in Harmonie gebracht worden; desto mehr Bildung hat dieses Volk. Bildung zerfällt in Kultur und Aufklärung [...]. Ich setze allezeit die Bestimmung des Menschen als Maaß und Ziel aller unserer Bestrebungen und Bemühungen, als einen Punkt, worauf wir unsere Augen richten müssen, wenn wir uns nicht verlieren wollen« (Mendelssohn, *Was heißt aufklären* 211; zur Auslegung etwa Hinske 1981).

Mendelssohns Positionierung ist in verschiedener Hinsicht bedeutsam:

Zunächst gilt dies in geistes- und begriffsgeschichtlicher Hinsicht dank etlicher von ihm vorgenommener Näherbestimmungen des Begriffs der »Bildung«. So identifiziert er ihn als Leitbegriff, dem »Kultur« (die »mehr auf das Praktische zu gehen« scheint) und »Aufklärung« (die sich »mehr auf das Theoretische« bezieht) zugeordnet werden; er sieht ihn in unlöslichem Zusammenhang mit der »Bestimmung des Menschen«, also mit anthropologischen Annahmen (Mendelssohn, *Was heißt aufklären* 211; vgl. Altmann 1972) – wobei er diese anthropologische Grundierung materialiter bereits 1783 auf eine knappe Formel brachte: »Unter Bildung des Menschen verstehe ich die Bemühung, beides, Gesinnungen und Handlungen, so einzurichten, daß sie zur Glückseligkeit übereinstimmen« (Mendelssohn, *Jerusalem* 138). Mendelssohn sieht Bildung zwar wesentlich auf den Einzelnen bezogen, doch zugleich als sozialen Vorgang – »oeffentliche Anstalten zur Bildung des Menschen, die sich auf Verhältnisse des Menschen zu Gott beziehen, nenne ich *Kirche*; – zum Menschen, *Staat*« (Mendelssohn, *Jerusalem* 138); wenn sich viele zu bilden vermögen, kann nach seiner Auffassung »eine gebildete Nation« entstehen, die sich »eine[r] gebildete[n] Sprache« bedient (Mendelssohn, *Was heißt aufklären* 211 f.). Nicht zuletzt erkennt Mendelssohn – damit die zentrale Einsicht in die »Dialektik der Aufklärung« von Theodor W. Adorno und Max Horkheimer in gewisser Weise vorwegnehmend – die Ambivalenz von Bildung, Kultur und Aufklärung: »Je edler in ihrer Blüte; desto abscheulicher in ihrer Verwesung und Verderbtheit« (Mendelssohn, *Was heißt aufklären* 213).

Sodann ist Mendelssohns Aufklärungstext bedeutsam insofern, als er selbst, ohne davon je Aufhebens zu machen, ein prototypisch Gebildeter war – und dies als Jude in einer Zeit, in dem ihm dies weder von Seiten des Staates bzw. der nicht-jüdischen Mehrheitsgesellschaft noch von Seiten des traditionellen Judentums in die Wiege gelegt war. Die sog. Emanzipation des Judentums war noch keineswegs ein anerkanntes Leitbild, geschweige denn realisiert – Mendelssohn selbst durfte erst 1763 das Ghetto verlassen. Vor allem aber: Mendelssohn verbindet in seiner Bildungsbiografie – und zwar beides in überaus beeindruckendem Maße – traditionell-jüdische *und allgemeine* Bildung, die er im Wesentlichen autodidaktisch, aber durchaus auf Anregung

Anderer, darunter ›seines‹ Rabbiners David Fraenkel, erwirbt und entfaltet. Prototypisch ist dies insofern, als erst mit seinem Bildungsweg dieses Miteinander zweier Bildungen für Juden in Deutschland akzeptabel und zugleich vorbildlich wird – nicht zuletzt deswegen gilt er gemeinhin als erster moderner Jude (vgl. zu Lebensweg, Werk und Rezeption Bourel 2007 und Feiner 2009).

Schließlich: Alle zukünftigen Strömungen des Judentums mit Ausnahme der alt- oder ultra-orthodoxen nehmen die Offenheit für traditionell-jüdische und allgemeine Bildung in ihre Programmatik auf; sie alle berufen sich diesbezüglich – wenngleich jeweils nicht ohne Bedenken gegen manche seiner durch das Bestreben nach Integration bedingten Positionen – auf Mendelssohn als ihren Vordenker und ihr Vorbild. Die Bedenken betreffen nicht das emphatische Plädoyer für Bildung bzw. Lernen und Lehren, vielmehr gerade die Denkfigur, die Mendelssohn das Miteinander von traditionell-jüdischer und allgemeiner Bildung zu denken erlaubt. Er versteht das Judentum dezidiert als »geoffenbarte *Gesetzgebung*«; es »rühmet sich [sc. anders als das Christentum] keiner ausschließenden Offenbarung ewiger Wahrheiten, die zur Seligkeit unentbehrlich sind; keiner geoffenbarten Religion« (Mendelssohn, *Jerusalem* 177). Die »Israeliten haben göttliche [...] Gebote, [...] Lebensregeln [...], wie sie sich zu verhalten haben, um zur zeitlichen und ewigen Glückseligkeit zu gelangen, aber keine Lehrmeinungen, keine Heilswahrheiten, keine allgemeinen Vernunftsätze. Diese offenbaret der Ewige uns, wie allen übrigen Menschen, allezeit durch Natur und Sache, nie durch Wort und Schriftzeichen!« (ebd., 171). Solange die Gebote geachtet und das Leben ihnen gemäß gestaltet wird, steht es Juden frei, den Verstand zu gebrauchen und auch weltliche Bildung – Sprachen, Naturwissenschaften, Recht, Philosophie usw. – anzueignen; es ist dadurch nicht mit kognitiven Konflikten zu rechnen, Vernunft und Judentum sind kompatibel.

Trotz Mendelssohns Plädoyer für Bildung als Leitbegriff übernahm allerdings faktisch ein anderer Terminus diese Funktion: die Rede von der *Haskala,* der jüdischen Aufklärung (הַשְׂכָּלָה; sprachlich abgeleitet vom hebräischen Wort für »Verstand/verstehen«: שֵׂכֶל). In dieser geistigen Strömung an der Wende vom 18. zum 19. Jahrhundert (dazu Schulte 2002 und Feiner 2007) wurde um ein zeitgenössisch-modernes Selbstverständnis des Judentums sowie um zeitgemäße Gestaltungsformen (v.a. der Liturgie, aber auch der Gebote) gerungen und die Emanzipation bzw. »bürgerliche Verbesserung der Juden« (Christian W. K. von Dohm, 1781) argumentativ unterstützt. Von Anfang an sahen die jüdischen Aufklärer (*Maskilim*), dass sowohl die Erneuerung des Judentums wie dessen Partizipation an der bürgerlichen Gesellschaft als auch dessen Anerkennung durch den Staat wie die nicht-jüdische Mehrheitsgesellschaft wesentlich davon abhängt, junge Jüdinnen und Juden so zu unterrichten, zu erziehen und sich bilden zu lassen, dass sie ein aufgeklärtes Judentum repräsentieren und *als Jüdinnen und Juden* an der Gesellschaft teilhaben können. Dementsprechend wurden neue Schulen gegründet – exemplarisch seien genannt die »Jüdische Freischule« zu Berlin, 1778 von David Friedländer ins Leben gerufen, und die »Religions- und Industrieschule« in Seesen, 1801 von Israel Jacobson gegründet –, aber auch Unterrichtsmedien in deutscher Sprache verfasst, Liturgie und Predigt des synagogalen Gottesdienstes neu geordnet und in die Landessprache überführt u. ä. m. (dazu i. E. Eliav 1960/2011). Zugleich entstand eine Fülle von »Schriften, mit denen jüdische Aufklärer [...] zwischen 1760 und 1811/12 ihre Auffassungen von der notwendigen Transformation der jüdischen Erziehung programmatisch darlegten«, einig in der »Vorstellung einer Erlernbarkeit vernünftigen Denkens und vernünftiger Maximen des Handelns« (Lohmann/Lohmann 2005: 11; vgl. eine Auswahl der Texte ebd. und exemplarisch Wessely, *Worte des Friedens*) – von den Anstößen für die wissenschaftliche Erforschung des Judentums und die wissenschaftliche Bildung von Rabbinern und Religionslehrenden, kurz: für die Etablierung einer Wissenschaft des Judentums ganz zu schweigen.

In Anbetracht programmatischer Texte, exemplarischer Praxisinitiativen und einer Vielzahl von Mitstreitern lässt sich die *Haskala* mit Fug und Recht als Bildungsbewegung charakterisieren – wenngleich der Begriff »Bildung«, ganz ähnlich wie in der allgemeinen Aufklärung, zwar immer wieder Verwendung findet, allerdings kaum einmal eine klare Leitfunktion übernimmt, vielmehr gepaart ist bzw. abwechselt mit Unterricht, Erziehung und Schule. Wo Buchtitel oder Abhandlungen in hebräischer Sprache vorgelegt werden, dominiert die Rede von »*chinuch*«, d. i. Erziehung, Unterricht, Schulwesen. Mit diesem begrifflichen Vorbehalt gilt: »Bildung war ein zentrales Merkmal im Verbürgerlichungsprozess deutschsprachiger Juden im 19. Jahrhundert«, sie baute »auf einer spezifisch jüdischen Traditionserfahrung« auf und ermöglichte die Umbildung des traditionellen, alt-orthodoxen Judentums in einen Plural moderner Judentumsverständnisse, darunter auch »ein säkular-jüdisches Kulturideal« (Jensen 2001: 342), das sich »bei vielen deutschsprachigen Juden [...] in Form eines bürgerlich-gebildeten Habitus« geltend machte (Jensen 2001: 344) und in wieder anderer Weise für viele Zionisten vor und nach ihrer Auswanderung nach Palästina maßgeblich wurde.

Trotz des gemeinsamen Rekurses auf Mendelssohn bilden sich in der Folgezeit – durchaus gefördert durch die Polarisierung im Gefolge der unterschiedlich radikalen Forderungen der Maskilim – Strömungen innerhalb des deutschsprachigen Judentums, denen indes ein hohes Interesse an Bildungsfragen gemein bleibt (vgl. zu den Strömungen Rosenthal/Homolka 2014, zum Bildungsinteresse und einschlägiger Theoriebildung Kurzweil 1987). Exemplarisch sei hier auf Vertreter der drei großen Strömungen und ihre Reflexion auf Bildung hingewiesen.

Für das *neo-orthodoxe* Judentum bietet sich Samson Raphael Hirsch (1808–1888) als Gewährsmann an – zum einen ist er, gefolgt von Esriel Hildesheimer, zu *der* deutsch-jüdischen Stimme der sog. modernen Orthodoxie geworden, zum anderen hat er sich in Praxis wie Theorie intensiv mit Schul- und Erziehungsfragen befasst. In konzeptioneller Hinsicht hat er mit »*Tora im Derech Eretz*« (nach m Avot II,2; Tora *und* Landessitte; Tora-Studium *verbunden mit* weltlicher Bildung – dazu Morgenstern 1995: 163–184, bes. 169–173, und Breuer 1987) die bis heute für diese Strömung maßgebliche Programmformel kreiert. Sie bedeutet: Juden (und Jüdinnen!) sollen und können jüdische *und* allgemeine Bildung mit gleichem Nachdruck anstreben; beide schließen einander nicht aus, sondern ergänzen sich. Hirsch hat dies in seiner eigenen Bildungsbiografie erprobt – nach traditionellem Unterricht in *Cheder* und *Jeschiva* hat er auch an einer Universität studiert – und es in seiner wesentlichen Schaffensperiode als Rabbiner, ab 1851 in der »Israelitischen Religionsgesellschaft« zu Frankfurt am Main, realisiert: durch die Gründung einer Realschule (1853), das Herausgeben einer Zeitschrift (»Jeschurun«; 1855–1868) und das Abfassen von Publikationen, die das Ideal des »Mensch-Israel« entfalten, des Juden, der orthodox bleibt und zugleich vollumfänglich am Menschsein und seiner Kultur teilhat, darunter ein Siddur- sowie ein Pentateuch-Kommentar (Hirsch, *Glanzlichter der Thora*). Exemplarisch formuliert er in einem Aufsatz zum »Jüdischen Schulwesen« 1854: »Was uns retten kann, einzig retten kann, das ist die innige Vermählung des religiösen Wissens und religiösen Lebens mit echter, wahrhaft sozialer Bildung, das ist die innige, aufrichtige Vermählung der תורה עם דרך ארץ, wie es Lehre und Erbgut unserer großen Altvorderen gewesen« (Hirsch, *Jüdisches Schulwesen* 262). Sein Verständnis von Bildung – der Begriff spielt insgesamt eine sichtbare, wenngleich untergeordnete Rolle – zielt auf Aneignung von Tradition und Weltbildung im Interesse der Stärkung des orthodoxen Selbstverständnisses und der Observanz der Einzelnen wie der Gemeinde, kritisch ist es allein gegenüber dem seinerzeitigen Reformjudentum sowie gegenüber der befürchteten Assimilation (nicht hingegen gegenüber den Inhalten und der Formensprache der Tradition). In diesem Sinne schreibt er 1861: »Die Thora« ist »das eigentliche Fundament des Judentums«, sein »innerer Kultus«, »aber dieser Kultus kann nur wirkliches Dasein und seinen ganzen Wert nur dann haben, wenn [...] der Gläubige sich gehörige Rechenschaft gibt von dem was er glaubt und hofft« (Hirsch, *Wie gewinnen wir* 418).

Innerhalb des sog. *liberalen* Judentums, dessen Entstehung in Deutschland mit Leopold Zunz (1794–1886) und Abraham Geiger (1810–1874) verbunden ist, war im Gefolge der Haskala weniger die Notwendigkeit einer Teilhabe von Juden an der allgemeinen Bildung strittig als vielmehr, welche Art und welche Inhalte jüdischer Bildung weiterhin als erstrebenswert gelten sollten. Im Vergleich zur Neo-Orthodoxie wurde das traditionelle Studium der Tora (im Sinne schriftlicher und mündlicher Tora, also einschließlich der Rabbinischen Traditionsliteratur) und die Aneignung der sog. Zeremonial- bzw. Ritualgesetze mehrheitlich gering geschätzt, weit mehr Aufmerksamkeit fanden demgegenüber die geistige Durchdringung dessen, was Judentum sein kann, die historisch-kritisch arbeitende Wissenschaft des Judentums und die Integration jüdischer Bildung in die allgemeine staatliche Schule, zunächst in Gestalt von Religionsschulen (ab 1834), später mehr (ab 1871 und vollends ab 1919) in Gestalt jüdischen Religionsunterrichts (vgl. dazu Schröder 2000: 110–127).

Diese Form moderner jüdisch-religiöser Bildung wurde von jüdischen Gymnasiallehrern und Rabbinern sowie von Lehrenden in jüdischen Lehrerseminaren, selten aber von wissenschaftlich arbeitenden jüdischen Gelehrten behandelt (dazu Schröder 2000: 127–139; zur einzigen simultanen Lehrerbildungsanstalt in Frankfurt am Main und ihren orthodoxen Dozenten für »jüdische Religionswissenschaft«, Jakob Horowitz [1873–1939], vgl. Wermke 2016: 233–318). Niederschlag finden diese Reflexionen vor allem in Unterrichtsmedien und Aufsätzen, nur selten hingegen in komplexeren Ausarbeitungen einer jüdischen Religionsdidaktik (exemplarisch Maybaum, *Methodik des jüdischen Religionsunterrichts*, Stoll, *Methodik des jüdischen Religionsunterrichts* und vor allem Stern, *Didaktik der jüdischen Schule* 11–28, der seine didaktischen Überlegungen ausdrücklich in eine Skizze zur allgemeinen wie zur jüdischen Bildung einordnet) oder einer jüdischen Erziehungslehre (dazu Baeck, *Jüdische religiöse Erziehung* sowie Baeck, *Religion und Erziehung* und Erziehung im Judentum, zudem Lewkowitz 1934). So kann Leo Baeck in einer Weise schreiben, dass das Wort »Bildung« in der Luft liegt, aber eben nicht benutzt wird: »Auch der religiöse Mensch formt etwas, in dem eine Form schon angelegt ist, sein eigenes Leben nämlich, er will sein Leben verwirklichen, seine eigene Individualität [...] erfüllen [...]. Religiosität und Erziehung sind aus der gleichen Wurzel. Diese kehrt sich dem eigenen Leben, jene dem des anderen zu, um zu gestalten und zu bilden [...]. Religiosität ist eine nach innen gewandte Erziehung, Erziehung eine nach außen gerichtete Religiosität« (Baeck, *Religion und Erziehung* 130). Der Begriff der »Bildung« spielt somit eine vergleichsweise geringe Rolle: Je nach Diskurs geht es eher um »Wesen«, »Wissenschaft« oder »Unterricht / Erziehung«; von einem *Bildungs*diskurs im liberalen Judentum lässt sich bis 1933 kaum sprechen.

Aus den Reihen des *konservativen* Judentums, gegründet von Zacharias Frankel (1801–1875), hat insbesondere Franz Rosenzweig (1886–1929) bildungstheoretische Überlegungen angestellt und realisiert: 1917 schrieb er, noch als Soldat im Fronteinsatz, eine kurze, aber wirkmächtige Programmschrift – ursprünglich als Brief an Hermann Cohen gerichtet – unter dem Titel »Zeit ist's«. Nach Ende des Krieges initiiert und leitet er das »Freie jüdische Lehrhaus« in Frankfurt am Main (Burkhardt-Riedmiller 1995: 97 ff. und 301 ff.).

1917 schreibt er: »Das Problem einer jüdischen Erziehung verengert sich auf dem Boden der [...] herrschenden deutschen Zustände zu dem Problem des jüdischen Religionsunterrichts [...] auf der höheren Schule [...].« Die Schwierigkeit dieses Faches besteht nicht allein darin, »eine Entwicklung des Gemüts durch [...] immer letzthin lehrhafte Mittel, kurz gesagt durch Beeinflussung des Verstandes zu erreichen«, »in Wahrheit ist aber das Problem [...] ein ganz anderes. Es geht [...] um nichts Geringeres, als um die Einführung in eine eigene, der übrigen Bildungswelt gegenüber wesentlich selbständige ›jüdische Sphäre‹. Diese Sphäre ist für die hier infrage kommenden Teile der deutschen Judenheit [...] einzig noch gegeben in der Synagoge. Die Aufgabe des Religionsunterrichts kann hier also nur die sein, zwischen den Institutionen des öffentlichen Gottesdienstes und dem Einzelnen die von selber, d. h. ›von Haus aus‹, überhaupt nicht mehr vorhandene Fühlung herzustellen« (Rosenzweig, *Zeit ists* 56 f.).

Nicht um die Entwicklung eines Konzeptes oder Begriffs jüdischer Bildung geht es somit, sondern um einen »Plan« (Rosenzweig, *Zeit ists* 67), wie der jüdische Religionsunterricht binnen neun Schuljahren diesen Kontakt zur jüdischen Sphäre herstellen kann, gepaart mit dem Ruf nach einem »Stand von eigens gebildeten Lehrern« (Rosenzweig, *Zeit ists* 69) – denn: Der Weg der »einzelpersönliche[n] Bildung, den sie [die Juden] in den letzten Jahrzehnten aus eigenem Antrieb eingeschlagen hatten«, erweist sich als nicht zielführend (Rosenzweig, *Zeit ists* 77); »der Geist des Judentums verlangt nach eigenen Heim- und Pflegestätten. Das jüdische Bildungsproblem auf allen Stufen und in allen Formen ist die jüdische Lebensfrage des Augenblicks« (Rosenzweig, *Zeit ists* 78).

Drei Jahre später knüpft er daran an und bilanziert: »Unterricht und Forschung sind beide verkümmert. Sie sind es, weil uns das fehlt, wodurch Wissen wie Lehre erst lebendig werden: das – Leben. [...] Es fehlt in der emanzipierten deutschen Judenheit eine Plattform jüdischen Lebens, auf der die bücherlose Gegenwart zu ihrem Rechte käme. Bis zur Emanzipation war diese Plattform das Dasein in den Schranken des altjüdischen Gesetzes, im jüdischen Haus, im synagogalen Dienst. Die Emanzipation hat diese Plattform gesprengt. Wohl sind die Teile alle drei noch da, aber eben [...] nur noch Teile« (Rosenzweig, *Bildung* 84). »Es gibt nur ein Rezept, das den Menschen zum jüdischen und damit [...] zum wahren Menschen macht: das Rezept der Rezeptlosigkeit« bzw. »Bereitsein« (Rosenzweig, *Bildung* 89). In diesem Sinne setzt er nun weder auf den jüdischen Religionsunterricht in der Schule noch auf die universitäre Etablierung der Wissenschaft des Judentums, sondern auf »die jüdische ›Volkshochschulbewegung‹« (Rosenzweig, *Bildung* 90). Sie soll »[k]einen Lehrplan möglichst enzyklopädischen Charakters, kurzum – Bildung« bieten, sondern lediglich »Sprechraum und Sprechzeit«, um so »der Mittel- und Keimpunkt für das jüdische Leben des jüdischen Menschen« zu werden (Rosenzweig, *Bildung* 90).

Bildung ist hier nun zwar –in den Titeln beider Aufsätze – der Leitbegriff; doch gefüllt im Sinne materialer Bildung wird er zur Negativfolie, vor der sich das »neue Lernen« entfalten soll und kann, »ein Lernen nicht mehr aus der Tora ins Leben hinein, sondern umgekehrt, aus dem Leben, aus einer Welt, die vom Gesetz nichts weiß [...] zurück in die Tora. Das ist die Signatur der Zeit.« (Rosenzweig, *Bildung* 97)

Das mit diesen Worten eröffnete »Freie Jüdische Lehrhaus«, dessen Leitung Rosenzweig krankheitshalber bereits 1921 abgeben musste, wurde 1933 unter der Ägide Martin Bubers für kurze Zeit wiedereröffnet (Texte dazu bei Buber, *Schriften* 245–264); die Lebens- und

Bildungsmöglichkeiten deutscher Jüdinnen und Juden wurden zusehends eingeschränkt – doch Schule, Unterricht und Bildung blieben etwas, das Jüdinnen und Juden bis hinein in die Vernichtungslager aufrecht zu erhalten suchten.

An die Theorien und Praxen der Zeit vor der nationalsozialistischen Machtergreifung konnte zwischen 1945 und 1990 nur zögerlich angeknüpft werden. Erst nach der Wiedervereinigung Deutschlands und dem Fall des Eisernen Vorhangs geschieht dies wieder, da die Zahl der Mitglieder von Synagogalgemeinden auf gut 100.000 Personen angewachsen ist (zzgl. etwa der gleichen Zahl von Juden ohne eine solche Zugehörigkeit) – bislang allerdings weithin ohne Rekurs auf den Bildungsbegriff und ohne breitenwirksame Wiederbelebung dessen, was als »deutsch-jüdische Bildungskultur« (Jensen 2001: 346) im 19. und frühen 20 Jahrhundert entstehen konnte, aber z. T. – man denke an Rosenzweigs kritische Bestandsaufnahme – wohl auch verklärt wurde und wird.

Zu den Praxisfeldern, die jüdischer Bildungsreflexion bzw. jüdisch-religionspädagogischer Behandlung bedürfen, gehören v. a. Bar-/Bat Mizwa-Kurse in den Synagogalgemeinden, jüdischer Religionsunterricht, jüdisches Schulwesen und jüdische Erwachsenenbildung – solche Kurse fanden und finden seit jeher statt; jüdischer Religionsunterricht ist ebenfalls in den Zentren jüdischen Lebens verbreitet, findet aber häufig außerhalb der Schule in schul- und jahrgangsübergreifenden Kursen statt (dazu etwa Schröder 2007 und Ben-Rafael et al. 2011), ein jüdisches Schulwesen entstand in Gestalt einer gewissen Zahl von Grundschulen, vereinzelt Gymnasien (ebd.); jüdische Erwachsenenbildung wird durch die – tatsächlich wie symbolisch – wichtige Errichtung und Gestaltung einer »Jüdischen Akademie« in Frankfurt am Main in naher Zukunft einen sichtbaren Aufschwung erleben.

Allerdings gibt es an keinem der Institute für Judaistik bzw. Jüdische Studien eine Professur mit der Spezialisierung auf Religionspädagogik oder Jüdische Erziehung – allein an der Heidelberger Hochschule für Jüdische Studien besteht eine solche seit 2003 (die allerdings seit 2018 vakant ist). So nimmt es nicht wunder, dass etwa der jüngsten Bearbeitung der »Encyclopaedia Judaica« (EJ 2007) jüdische Erziehung in Deutschland nach 1945 kaum drei Zeilen wert ist. Doch die Realität ist vielschichtiger und in hoher Veränderungsdynamik begriffen (vgl. Ben-Rafael et al. 2011).

2. Bildung und Bildungsreflexion im deutschsprachigen Islam

Im Vergleich zum Judentum ist der Islam erst sehr viel kürzere Zeit in Deutschland präsent – abgesehen von einzelnen Muslimen, die seit dem frühen 18. Jahrhundert vor allem in Preußen ansässig waren, sind Muslime in signifikanter Zahl erst seit den 1960er Jahren durch Arbeitsmigration (v.a. aus der Türkei und dem damaligen Jugoslawien) und seit den 1980er Jahren durch Flucht und Asyl (etwa aus dem Iran und Afghanistan, später aus Bosnien und Syrien) ins Land gekommen. Die Zahl zum Islam konvertierter Menschen ohne Migrationshintergrund war und ist gering.

Gleichwohl ist der Islam im Vergleich zum Judentum mittlerweile weitaus stärker in Deutschland vertreten: Die Zahl der Muslime in Deutschland wird gegenwärtig auf knapp 5 Millionen, gut 5 % der Bevölkerung, geschätzt – etwa die Hälfte von ihnen hat einen türkischen Migrationshintergrund, die andere Hälfte stammt überwiegend aus dem Nahen Osten und Südosteuropa (www.bmi.bund.de – »Islam in Deutschland«); die große Mehrheit der Muslime gehört der Sunna an, Minderheiten sind Schiiten, Aleviten und Anhänger der Ahmadiyya Muslim Jamaat (s. etwa Rohe 2018: 51–114).

All diese Strömungen unterhalten, zumeist nach Ethnien gegliedert, in ihren Moscheegemeinden Koran- und Arabischunterricht für Kinder und Jugendliche, bisweilen auch erwachsenbildnerische Kurse, die jedoch – soweit bekannt – nicht eigens didaktisch reflektiert werden, sondern dem tradierten Lehr-Lern-Ideal des Kantillierens, Memorierens und Verstehens (im Sinne herkömmlicher Koranhermeneutik) folgen. Schulen in Trägerschaft muslimischer Verbände und Vereine sind derzeit selten – eine gewisse Verbreitung haben etwa Schulen, die der Gülén-Bewegung (Hizmet; »Stiftung Dialog und Bildung«) nahestehen (vgl. Altim).

Die Einführung islamischen Religionsunterrichts in staatlichen Schulen wird zwar seit den 1980er Jahren diskutiert und erprobt. Doch erst durch den Aufbau von wissenschaftlichen Institutionen islamischer Theologie im Gefolge eines Gutachtens des Wissenschaftsrates (Wissenschaftsrat 2010) – eingerichtet in Tübingen, Erlangen, Frankfurt/Gießen und Osnabrück/Münster – führte, jedenfalls in einigen Bundesländern, darunter Nordrhein-Westfalen, Niedersachsen, Hessen, zur Realisierung solcher Pläne. Die »Institute für Islamische Theologie« dienen neben der Forschung primär der Bildung islamischer Religionslehrender und halten deshalb neben Lehrstühlen für klassische Fächer islamischer Gelehrsamkeit wie Koranexegese u.ä. auch – erstmals in der Geschichte des (deutschen) Islams – Professuren für »islamische Religionspädagogik« vor. Sie sind in der kurzen Zeit ihres Bestehens bereits Quellort islamisch-religionspädagogischer Forschungen zu verschiedenen Themen geworden.

Bislang allerdings wird in einschlägigen Publikationen der Bildungsbegriff zwar deskriptiv als Bezeichnung des pädagogischen Handlungsfeldes verwendet (vgl. Behr 1998 und Ulfat/Ghandour 2020), soweit erkennbar jedoch noch kaum je mit programmatischem Anspruch oder mit dem Vorhaben einer konzeptionellen Klärung in Zwiesprache zwischen europäisch-aufklärerischer und islamischer Bildungstradition. Als anspruchsvoll kann somit schon gelten, wenn in einem einführenden Lehrbuch »Islamische Religionspädagogik« als »Theorie der theologischen Bildung und [...] religiöser Erziehungspraxis im schulischen Alltag« entworfen und darin, »verglichen mit der klassischen islamischen Katechese«, ein »Paradigmenwechsel« wahrgenommen wird (Ourghi 2017: 182 und 144). Von der Existenz islamisch-religionspädagogischer Bildungstheorien zu sprechen, wäre aber in Anbetracht dieses Befundes wohl verfrüht.

Der Vollzug der erwähnten klassischen islamischen Katechese und das klassisch-islamische Bildungsverständnis wird derzeit zumeist im Rahmen der (in der Regel von Nicht-Muslimen betriebenen) Islamwissenschaft erforscht. Der Islam kommt dabei als eine Religionsgemeinschaft zur Darstellung, die von ihren Anfängen an ein »Ideal [des] Wissenserwerbs« und dementsprechend auch vielfältige Formen des Lehrens und Lernens pflegte – zunächst in informeller Gestalt, doch »schon frühzeitig, d.h. ab der zweiten Hälfte des 7. Jahrhunderts« auch in formaler Gestalt, sprich: in Form von Schulen der Elementar- wie der Höheren Bildung (Günther 2018: 239 und 241; vgl. ausführlich Affes 2000). Die arabischen termini technici lauten: *ʿilm* – Wissen, *maktab* – Schule (wörtlich: Ort des Schreibenlernens), *madrasa* – Hochschule (wörtlich: Ort des Studierens), abgeleitet von den Wortstämmen für Lehren/Lernen, Schreiben und Lesen/Studieren).

Die Programmatik dieser klassisch-islamischen Lehr-Lern-Kultur wird am besten am Profil der höheren Schule, der *madrasa,* erkennbar. Sie widmete sich der Pflege »der sog. einheimischen, islamischen Wissenschaften« – »die fremden, nicht genuin islamischen Fächer – vor allem die auf der antiken griechischen Philosophie beruhende[n ...] – fehlten im regulären Curriculum der klassischen Madrasa« (Günther 2018: 255 f.). Bereits aus dem 8. Jahrhundert sind Werke überliefert, die das Handeln von Lehrenden und die Auswahl des Lernstoffes reflektieren (vgl. Günther 2017: Abs. 9; Texte bei Cook et al. 2010). In dieser Art von Literatur, die leitbegrifflich meist am Lehren/Lernen oder am Wissen orientiert ist (vgl. Rosenthal 1970/2007), kommt, je nach Denkschule, zwar auch nicht-islamisches Wissen in den Blick – so etwa bei den Muʾtaziliten oder im Werk des Ibn Khaldun –, doch im Kern bleibt die Konsonanz des Gebotenen mit Koran und Sunna maßgeblich. Auf sie wurde etwa von Al-Ghazali (1058–1111) gedrungen – und dies mit Wirkung für die gesamte spätere sunnitische »Kultur der ulama« (Hourani 1992/2016: 216–230; detaillierter Affes 2000: 2,178 ff., v. a. 206–213). Nicht Wenige sehen darin, à la longue durée betrachtet, einen der Gründe für die Misere des Bildungswesens vieler arabischer Länder seit Beginn des 19. Jahrhunderts sowie für das Auseinanderdriften von allgemeinen und islamischen Wissensbeständen (dazu Hourani 1992/2016: 480 ff. passim und bspw. ADHR 2003).

So beeindruckend sich die Lehr-Lern-Kultur des klassischen Islam und dessen Beiträge zu den Wissenschaften bzw. zum »Haus des Weisheit« (*bayt al-hikma*) darstellen (vgl. etwa Al-Khalili 2011), folgen sie doch einem anderen Ideal als dasjenige, dem sich die europäische Aufklärung mit ihrem Leitbegriff »Bildung« verschrieb: die Ideen der Bildsamkeit aller, der individuellen Freiheit und Subjektwerdung (in deren Dienst letztlich alles Wissen und Können steht), der Allseitigkeit von Bildung, der Kritik (die sich gerade auch auf das erstreckt, was bisher als orthodox bzw. als wahr galt) und der reformbereiten Verbesserung aller Dinge spielen keine entscheidende Rolle, vielmehr geht es um die bestmögliche, differenzierende und umfassende Erfassung, Entfaltung und Ordnung dessen, was unter Wahrung islamisch-theologischer Prinzipien als wissenswert gilt.

Insofern findet sich im klassischen bzw. mittelalterlichen Islam folgerichtig kein arabischer Begriff, der demjenigen der »Bildung« entspricht (vgl. Günther 2017: Einleitung; er benutzt im Blick auf islamische Lehr-Lern-Kultur das deutsche Wort »Bildung« und den englischen Begriff »education« äquivok, jeweils als deskriptiven Terminus für »Prozess und Resultat der Vermittlung und Aneignung von Wissen, Werten und Fähigkeiten« – Günther 2018: 239).

3. »Bildung« im Buddhismus

Wiederum anders verhält es sich im Buddhismus: Er ist zunächst ab Mitte des 19. Jahrhunderts über ein akademisches bzw. intellektuelles Interesse an der Erforschung seiner Quellen und Eigenarten in Deutschland heimisch geworden – beginnend mit seiner Erkundung durch Arthur Schopenhauer (1788–1860), dann Karl Eugen Neumann (1865–1915) oder Hermann Oldenberg (1854–1920) u. a. m.

1903 entstand die erste buddhistische Organisation in Deutschland, der »Buddhistische Missionsverein für Deutschland« (ab 1906 in »Buddhistische Gesellschaft für Deutschland« umbenannt), 1921 die erste Gemeinde, 1924 das erste Kloster, das »Buddhistische Haus« in Berlin, 1955 ein Dachverband für buddhistische Gruppen (und Einzelmitglieder), der seit 1958 Deutsche Buddhistische Union e. V. (DBU; www.buddhismus-deutschland.de) heißt. Seine Mitglieder sind – ein Umstand, der weltweit seinesgleichen sucht – durch ein gemeinsames »buddhistisches Bekenntnis« (1985/2004) verbunden (vgl. zur Indigenisation des Buddhismus in Deutschland etwa von Brück 2007: 497–509 sowie Zotz 2010).

Erst ab Mitte der 1970er Jahre kam es zur Einwanderung einer größeren Zahl von Menschen mit buddhistisch-religiöser Orientierung, etwa aus Vietnam. Gegenwärtig (2017) wird die Zahl der Buddhisten in Deutschland auf etwa 270.000 Personen geschätzt (www.remid.de), etwa zur Hälfte handelt es sich um Migranten aus asiatischen Ländern buddhistischer Prägung. Keineswegs alle sind in Gruppen oder Gemeinden organisiert. Genaue Zahlen liegen nicht vor.

Buddhistische Gruppen und Gemeinden in Deutschland halten in der Regel kein Unterrichts- und Erziehungsangebot für Kinder und Jugendliche vor. Buddhistischer Religionsunterricht ist nur in Berlin vorgesehen – nach den dort geltenden gesetzlichen Bestimmungen als fakultatives Angebot in Ergänzung des für alle Schülerinnen und Schüler obligatorischen Ethikunterrichts (DBU 2017: 19). De facto erteilt wird er dort lediglich in sehr wenigen Lerngruppen. Allgemeinbildende Schulen in buddhistischer Trägerschaft gibt es in Deutschland nicht. Insofern verantwortet der Buddhismus in Deutschland kein Handlungsfeld »Bildung« für Heranwachsende, das der in Judentum, Christentum und Islam üblichen Praxis entspricht; es gibt folgerichtig auch keine grundständige universitäre Multiplikatorenbildung (zu Fortbildungsmöglichkeiten DBU 2017: 26–32).

Die »Deutsche Buddhistische Union« lässt in ihrer Selbstdarstellung gleichwohl zwei Formen der Bildungsarbeit erkennen: zum einen die Bereitstellung von didaktisch aufbereiteten Materialien für die Thematisierung des »Buddhismus im Unterricht«, in der Regel wohl im Unterricht von *Nicht-Buddhisten*, also etwa im Ethikunterricht oder im evangelischen bzw. römisch-katholischen Religionsunterricht (https:// buddhismus-unterricht.org), zum anderem ein »Studienprogramm«, das sich an *Erwachsene* richtet, die an der Adaption des Buddhismus für ihre eigene Lebensführung und -deutung interessiert sind oder sich bereits als Buddhisten verstehen (www.buddhismus-deutschland.de/... /studienprogramm-der-dbu-willkommen).

Dieser an Erwachsene adressierte Zweig der Bildungsarbeit hat eine vergleichsweise lange Tradition: Schon 1888 erschien ein »Buddhistischer Katechismus«, verfasst von Subhadra Bhikschu (urspgl. Friedrich Zimmermann – Bhikschu, *Buddhistischer Katechismus*). Darüber hinaus lassen wissenschaftliche wie populäre Darstellungen des Buddhismus die andragogische bzw. die eigenständige bildende Befassung von Erwachsenen mit dem Buddhismus als die aus buddhistischer Sicht nicht nur traditionsreiche, sondern auch einzig angemessene und erstrebenswerte Form der ›Bildungsarbeit‹ erscheinen – der bevorzugte Gebrauch der Vokabeln »Studium« und »Verstehen« zeigt es an. So schreibt der Religionswissenschaftler und Buddhist Michael von Brück: »Zum Studium des Buddhismus empfiehlt es sich, die intellektuelle Auseinandersetzung mit der meditativen Übung sowie der ästhetischen Wahrnehmung und der lebendigen Begegnung zu verbinden« (von Brück 2007: 29). Und in einer populären Darstellung des Buddhismus, die von der DBU empfohlen wird, heißt es: »Im Buddhismus ist Verständnis am wichtigsten [...] Der Buddha war nicht daran interessiert, eine große Anzahl Schüler zu haben. Es war ihm wichtig, dass seine Lehren von Menschen als Ergebnis einer sorgfältigen Prüfung und Abwägung aller Fakten befolgt wurden« (Dhammika, *Buddhismus* 96).

In der so skizzierten Lehr-Lern-Kultur ist Allgemeinbildung, Verständigkeit und Mündigkeit *vorausgesetzt*, das Studium der Lehren (und Praxen) des Buddha nimmt diese Voraussetzungen – weiterführend, überbietend, fokussierend – auf: Der Aufbau von Buddhismusbezogenem »Wissen« bzw. »Erkennen« (pali: *pañña*) – sei es von Anderen gehört und übernommen (*suta-mayā paññā*), sei es durch eigenes Nachdenken zustande gekommen (*cintā-mayā paññā*) – ist *ein* probater Weg, die sog. dreifache Zuflucht zu *Buddha, Dhamma* (d.h.

zu den vier edlen Wahrheiten) und *Samgha* (d. h. zur buddhistischen Gemeinde) vorzubereiten und zu vertiefen. Mit der (dreifachen) Zuflucht wiederum kann die »vollständige Erleuchtung und Vollkommenheit« erlangt bzw. »der Weg zu Nirvana« beschritten werden (Dhammika, *Buddhismus* 97 f.).

Pointiert formuliert: Nicht Bildung im Sinne der *Selbst*entfaltung, der Verantwortungsübernahme *für Andere*, der Gestaltung eines *individuellen* Stils der Lebensführung und -deutung, sondern Einsicht in den illusionären Charakter der »Vorstellung eines substanziellen Selbst« (von Brück 2007: 304) bzw. das Erreichen von Leerheit (*suññata*) ist der Zielhorizont menschlichen Lernens und Erkenntnis-Strebens im Sinne des Buddhismus. Das – neben Sittlichkeit und Sammlung/Achtsamkeit – zum achtfachen Erlösungspfad (*atthangika-magga*) gehörende, spezifisch buddhistische Wissen (*paññā*) ist dementsprechend in seiner Essenz Hellblick-Wissen *(vipassanā-paññā)*, d.i. das Durchschauen aller Daseinsgebilde als vergänglich, leidvoll und unpersönlich.

So ergibt sich ein ambivalenter Befund: Einerseits wird der Buddha als begnadeter Lehrer erinnert (vgl. etwa von Brück 2007: 97–101 und 308 f.), Lehren und Lernen gilt – vor allem im Hinajana-, aber auch im Mahayana-Buddhismus – als Instrument zur Vertiefung in die Lehren des Buddha und Bestandteil insbesondere monastisch-asketischer Existenz, und ein am Buddhismus Interessierter ist gut beraten sich für das Beschreiten des achtfachen Pfades und das Einüben der Meditation einen Lehrer oder eine Lehrerin, etwa einen Mönch (*bhikku*) oder eine Nonne (*bhikkuni*), zu suchen. Andererseits soll auch dieses Wissen und Erkennen als vorläufig und letztlich unmaßgeblich durchschaut werden – Gelehrsamkeit erscheint als eine der vielen Möglichkeiten von Anhaftung und Begierde, die es zu überwinden gilt (vgl. von Brück 2007: 98 passim).

Vor diesem Hintergrund können Unterricht und Erziehung in bestimmten Lebens- und Entwicklungsphasen als üblich und ggfls. als hilfreich gelten, um das »Studium« der Lehren des Buddha zu betreiben – »Bildung« (im Sinne von Wissensaufbau und Verstehen) ist Etappe und Instrument, nicht jedoch Leitbegriff und Zielpunkt.

Folgerichtig spielt Bildung im »gelebte[n] Buddhismus des Volkes« keine Rolle als wünschenswerte religiöse Praxis – jedenfalls keine durch den Buddhismus geförderte Rolle; sie kommt vielmehr als Voraussetzung und Instrument des »Buddhismus der Gelehrten« (von Brück 2007: 35) in den Blick.

4. Bildung und Pädagogik in den Religionen – vergleichende Beobachtungen

Die Frage nach »Bildung« als Begriff wie als Konzept in Judentum, Islam und Buddhismus verwies – obschon hier in erster Linie auf die (gegenwärtigen) Verhältnisse im deutschen Sprachraum beschränkt – jeweils zurück auf antike oder mittelalterliche Traditionen und Kulturen des Lehrens und Lernens, die sich in allen diesen Religionen – mehr oder weniger ausgeprägt – finden.

Diese vormodernen Traditionen und Kulturen sind jeweils als variantenreich, veränderlich, heterogen vorzustellen. Sie umfassen durchweg eine mehrere hundert (oder sogar tausend) Jahre alte Geschichte, sie sind in verschiedenen Kultur- und Sprachräumen verbreitet, sie kennen allesamt das Phänomen von individueller Aneignung, Ausgestaltung und Verstehen, damit auch das Phänomen der Pluralität – selbst wenn sie ideell auf Normativität und Konformität Wert legen. Insofern handelt es sich auch jeweils um komplexe Forschungsgegenstände, die hier nur in Abbreviatur angesprochen werden können.

In der Sache lassen jedoch bereits ihre Grundzüge erkennen, dass Religionen wie Judentum, Islam und Buddhismus jeweils von ihrer formativen Periode an Wert legen auf den Erwerb von Wissen und die Vertiefung des Verstehens (in der Regel zunächst bezogen auf die jeweils eigene religiöse Tradition), auf den Aufbau einer Haltung der Lern- und Empfangsbereitschaft und auf die Formung eines religiös geprägten Musters der Lebensführung und -deutung. Das Individuum ist der Ort, in dem sich diese bildsamen Prozesse vollziehen sollen und vollziehen; die Religionsgemeinschaft, vertreten durch die Lehrenden und die ›Mitschüler‹, bietet die Blaupausen, näherhin das Material, die Formen und die personalen Gegenüber, durch die diese Prozesse in Gang kommen, stimuliert und – durchaus auch – beaufsichtigt und korrigiert werden sollen.

Mit der Etablierung so charakterisierter Lehr-Lern-Kulturen baut sich in all den Religionen, von denen hier die Rede ist (und übrigens auch im Christentum westlicher Prägung) eine Spannung auf, die z. T. bereits in der Vormoderne sichtbar und thematisch wird, v. a. aber unter modernen Bedingungen aufbricht: diejenige zwischen Unterricht und einem ›mehr als Unterricht‹: »One commonality across these religious traditions [sc. Judaism, Islam, Buddhism and others] is the nature of teaching. In each religion, teaching means to show someone a way of life. The agent of the teaching is the community, which is re-

presented by individuals functioning as teachers. The aim is to pass on the complex set of rites and practices that constitute the community's way of life. Movements of the body play a key role in religious teaching [...; beyond that] speech [... and memorization and] sacred texts [...].
The religious form of teaching thus stands in marked contrast to modern concepts of teaching. The modern world tends to take school-teaching as the prototypical form of teaching [... But:] No religion could survive on classroom teaching alone; every religion experiences some threat of subversion when placed in a classroom environment« (Moran 1987: 322). So gelten im Christentum wie in anderen Religionen Unterricht, Erziehung und Sozialisation (als Praxen und später auch als Begriffe) zwar als unentbehrlich, aber doch letztlich nur als Etappe oder Behelf. Als ›idealen‹ Modus des Lehrens und Lernens, den sie bisweilen als linearen Zielpunkt allen Lernens, bisweilen kritisch der Praxis gegenüber fruchtbar machen, halten sie alle einen intrinsisch motivierten, eigenständig verfolgten Prozess des Wissensaufbaus, des Verstehens, der kritischen Auseinandersetzung bewusst – dazu dient im Bereich des abendländischen Christentums die Rede von »Bildung«, im traditionellen Judentum die paradoxe Rede vom »*talmid chacham*«, im Islam die Rede vom »Haus der Weisheit«, im Buddhismus diejenige vom achtfachen Pfad (inkl. Hellblick-Wissen) oder vom Nirwana.
Auch unter antiken und mittelalterlichen Bedingungen verlaufen die jeweils angestrebten Lehr-Lern-Vorgänge sicherlich nicht durchweg reibungslos und erfolgreich (ganz zu schweigen davon, dass sie ohnehin nur einer Minderheit der Bevölkerung offenstehen), wohl aber in einem elementaren Sinne einvernehmlich: abgestützt durch die relative Homogenität von Religion und Kultur, die als »Sozialisation« wirksam wird, eingebettet in ein hierarchisches Verhältnis, in dem der Lehrer das zu Lernende im Modus der »Instruktion« vermittelt und der Schüler dies aufnimmt, zumeist memorierend und rezitierend, und im Modus des »Katechumenats« ausgerichtet auf die »Initiation in einen Lebensstil«, der tradierten Bahnen entspricht (Schröder 2012: 56,86,37).
Unter neuzeitlichen bzw. modernen Bedingungen ändert sich dies in einem grundlegenden Sinne: Religiöses Lehren und Lernen soll nunmehr der »Induktion individueller Religiosität« dienen (Schröder 2012: 115) – ihr Resultat soll Subjektwerdung sein, der Weg dorthin soll über eine kritische Auseinandersetzung verlaufen und die möglichst allseitige Erprobung von Wissensbereichen, Praxisfeldern,

Denkmodellen einschließen, das Verhältnis zwischen Lehrerinnen und Lehrern und Lernenden soll von »pädagogischem Takt« (Jakob Muth) und dem Zielhorizont der Erübrigung pädagogischer Intervention geprägt sein. All dies findet – im deutschen Sprachraum – Niederschlag in der Rede von »Bildung«. Diese bleibt allerdings eingebettet in die Nutzung von »Erziehung« und »Unterricht«, denn einher mit der skizzierten Neuausrichtung geht die erhöhte Reflexivität und die Einsicht in die Komplexität (und Unverfügbarkeit) von Lehr-Lern-Prozessen.

Diese erhöhte Reflexivität und Einsicht in die Komplexität von Lehr-Lern-prozessen wiederum drücken sich aus in der Entstehung wissenschaftlicher Disziplinen, die (religiöses) Lehren und Lernen zum Gegenstand haben: Katechetik, Pädagogik, Religionspädagogik – bemerkenswerterweise ist es zur Etablierung dieser Wissenschaftsfelder zuerst und in federführender Weise nur im abendländisch-christlich geprägten Kulturraum gekommen (dazu etwa Schröder 2018).

Diese neuzeitlichen bzw. modernen Bedingungen und damit auch die konzeptionellen, begrifflichen und wissenschaftlichen Neujustierungen im Lehr-Lern-Verständnis kommen für das Judentum, den Islam und den Buddhismus zur Geltung, sofern sie sich in einem europäisch-aufklärerischen Kontext – z. B. in Deutschland – enkulturieren. In anderen Kontexten hingegen – genannt seien für das Judentum etwa dessen ultraorthodoxe Gemeinschaften in Israel oder den USA, für den Islam dessen alt-orthodox auftretenden Strömungen in etlichen asiatischen und afrikanischen Ländern, für den Buddhismus dessen popularreligöse Spielarten in Ländern wie Thailand oder Vietnam, für das Christentum sog. evangelikale Realisierungen etwa in den Amerikas – gelten cum grano salis weiterhin die ›alten‹, tradierten Regeln des Lehrens und Lernens. Diese Ungleichzeitigkeiten sollen hier weder geleugnet oder übersprungen noch können sie im Einzelnen beschrieben werden.

Selbst mit Blick auf den deutschsprachigen Raum lassen sich unterschiedliche Weisen des Umgangs von Religionen mit Begriff und Sache sowie mit Konzept und Reflexion der Bildung beobachten.

Das gilt zunächst für Ausgestaltung der Praxis unterrichtlichen Handeln: In der *gemeindlichen* Praxis des religiösen Lehrens und Lernens von Kindern und Jugendlichen folgen Judentum und Islam weithin tradierten Mustern der Katechese – beide betonen das Erlernen der Sprache der Offenbarung, des Hebräischen bzw. Arabischen, das Memorieren und Rezitieren, jedenfalls die Aneignung der Tradition. In buddhistischen Gemeinschaften scheint die Etablierung einer solchen katechetischen Praxis für Heranwachsende in der Regel nicht für erforderlich gehalten zu werden. Im *schulischen* Religionsunterricht, der im Falle des Judentums zwar in vielen Bundesländern, jedoch nur an wenigen Orten (häufig unter, schulisch gesehen, experimentellen Bedingungen) erteilt wird, im Falle des Buddhismus nur vereinzelt etabliert ist (nämlich in Berlin), und im Falle des Islams zwar als flächendeckend zu erteilender Unterricht angebahnt wurde, aber aus politischen und inneren Gründen in unsicheres Fahrwasser geriet, werden die Lehr-Lern-Traditionen der Religionen zu einem guten Teil überformt durch allgemeine kultusministerielle bzw. den schulischen Standards entsprechende didaktische Maßgaben. In der *Erwachsenenbildung* können in allen drei Religionsgemeinschaften traditionelle Lernformen *und* moderne andragogische Formate zum Einsatz kommen.

Weiterhin gilt diese Differenziertheit für die Ingebrauchnahme des Begriffs »Bildung«: Zwar hat sich in Deutschland die Rede von »Bildung« als allgemein-pädagogische Vokabel (mit teils deskriptiver, teils normativer, jedenfalls aber schillernder Bedeutung) durchgesetzt, doch im Blick auf Lehr-Lern-Prozesse in Islam und Buddhismus spielt sie bislang eine marginale oder bloß deskriptive Rolle. In regem Gebrauch steht der Bildungsbegriff demgegenüber in der (religions-)pädagogischen Reflexion aus christlich-theologischer und, wenn auch weniger ausgeprägt und konstant, aus jüdischer Perspektive.

Schließlich hat sich die wissenschaftliche Reflexion auf (religiöses) Lehren und Lernen in unterschiedlichem Maße als erforderlich bzw. hilfreich erwiesen: Die Notwendigkeit einer Pädagogik oder Erziehungs- bzw. Bildungswissenschaft ist aus Sicht der bürgerlichen Gesellschaft und des Wissenschaftssystems (nach gut zweihundertjähriger Etablierungs- und Entwicklungsgeschichte) gänzlich unstrittig; in der evangelischen und römisch-katholischen Theologie ist die Religionspädagogik (nach knapp 150 Jahren Wissenschaftsgeschichte) fest etabliert, in der Wissenschaft vom Judentum bzw. in den jüdischen Studien und in der Islamischen Theologie ist sie (seit noch nicht einmal einem Vierteljahrhundert) im Begriff sich zu etablieren, während sie in der Judaistik und in den Islamwissenschaften kaum Resonanz findet. In der Buddhismus-Forschung sind kaum Ansätze religionspädagogischer Reflexion zu erkennen.

Misst man das (Nicht-)Vorhandensein einer »gebildeten Religion« daran, ob sie

- bereit und in der Lage ist, ihre traditionellen Gehalte reflexiv durchzuarbeiten, hermeneutisch zu vergegenwärtigen und so umzubilden, dass sie von den Zeitgenossen als Muster der Lebensdeutung und -führung erschlossen werden können,
- ihre theologischen Gehalte zur Geltung bringen kann in der Gestaltung der Gesellschaften, die ihre Lebenswirklichkeit darstellen, und zwar so, dass sie etwa zur Realisierung der Bildung von Menschen beitragen,
- ihre Multiplikatoren sich so bilden lässt, dass sie ihre Aufgabe in eigenständig reflexiv gewonnener Handlungsorientierung und -fähigkeit wahrnehmen können,
- und insbesondere ihre Mitglieder bzw. Anhänger als bildsam anspricht und ihnen individuelle Bildung als Entfaltung des Humanum im Horizont religiöser Gewißheit ermöglicht (vgl. dazu den praktisch-theologischen bzw. religionspädagogischen Beitrag von Schröder in diesem Band),

wird man sagen können, dass (Christentum,) Judentum, Islam und Buddhismus diesem Leitbild in durchaus *unterschiedlichem* Maße entsprechen.

5. Religionswissenschaft – Vergleichende Religionspädagogik – Komparative Theologie

Auf der Suche nach den einschlägigen Wissensbeständen zum Thema »Bildung« und »(Religions-)Pädagogik« in verschiedenen Religionen geht man in *religionswissenschaftlichen* Publikationen weithin leer aus – kaum ein Lexikon der Disziplin bietet (substantielle) Einträge zu den genannten Begriffen (Ausnahme etwa Moran 1987), kaum ein Lehrbuch wendet sich generationenübergreifenden Lehr-Lern-Prozessen zur Tradierung von Religion oder Religiosität als Thema zu, kaum eine Monografie ist zu finden (Ausnahme: Köster 1986). Materiale Einsichten sind vielmehr aus einschlägigen Veröffentlichungen der jeweiligen Fachwissenschaft, also Judaistik/Jüdischen Studien, Islamische Theologie/Islamwissenschaft, Buddhismus-Forschung, zu destillieren.

Trotz der Blüte von Konzept und Praxis des »Interreligiösen Lernens« bietet auch die Religionspädagogik, gleich welcher konfessionellen bzw. religiösen Perspektive, kaum Einsichten zu den Lehr-

Lern-Traditionen jeweils anderer Religionen, sei es in Geschichte oder Gegenwart (programmatisch anders Schröder 2021: §§ 44 f. und §§ 48–55; vgl. zudem Yust 2006, Kamcili-Yildiz 2017, Boschki 2017 und JRP 2020 sowie als frühe Ausnahmen Eberhard 1910 und 1918). »Vergleichende Religionspädagogik« ist zwar seit den 1970er Jahren ein Begriff (Failing 1975; vgl. Schröder 2017), wurde und wird jedoch v. a. im Blick auf verschiedene Nationalstaaten, kaum je im Blick auf Religionen ausgearbeitet (Ausnahme: Schröder 2000). Nichtsdestotrotz ist aber genau dies, die vergleichende Untersuchung der Unterrichts- und Erziehungspraxis, der Bildungstheorien und religionsdidaktischen Konzepte in verschiedenen Religionen, eine unerlässliche Aufgabe, um »interreligiöses Lernen« mit den erforderlichen historischen, komparativen und transnationalen Kenntnissen zu unterlegen. Dies ist einerseits eine wissenschaftliche Herausforderung, andererseits auch ein praktisches Desiderat: Die Kooperation etwa zwischen christlichen Lesarten von Religionsunterricht und islamischem Religionsunterricht in der Schule setzt voraus, dass Lehrende um die Lehr-Lern-Traditionen der jeweils anderen Religionen und Strömungen (in verschiedenen Kulturräumen, aus denen Schüler wie Lehrerinnen stammen könnten), deren Konzepte und Leitbegriffe wissen – die hier behandelte Frage nach »Bildung« in Judentum, Islam und Buddhismus ist in diesem Sinne als exemplarisch zu verstehen.

Allerdings kann und soll das komparative Arbeiten keineswegs auf die Religionspädagogik beschränkt bleiben; sie bedarf – methodologisch und inhaltlich – der Einbettung in die vergleichende Religionswissenschaft (dazu Wrogemann 2020) und auch in vergleichendes Arbeiten anderer theologischer Disziplinen, etwa in der Systematischen Theologie (vgl. Barth 2008 und die sog. Komparative Theologie, hier Clooney 2010 und von Stosch 2012) oder in der historischen Bildungsforschung (vgl. Gemeinhardt 2019).

Quellen- und Literaturverzeichnis

1. Quellen

Baeck, Leo: *Die jüdische religiöse Erziehung*, in: Handbuch der Pädagogik, hg. von Herman Nohl und Ludwig Pallat, Bd. 3, Langensalza 1930, 275–288.
Baeck, Leo: *Religion und Erziehung*, in: ders.: Wege ins Judentum. Aufsätze und Reden (1933), Gütersloh 2006 (Leo Baeck Werke 3), 129–138.

Baeck, Leo: *Die Erziehung im Judentum*, in: ders.: Aus drei Jahrtausenden (1938), Gütersloh 2006 (Leo Baeck Werke 4), 27–399.

Bhikschu, Subhadra: *Buddhistischer Katechismus zur Einführung in die Lehre des Buddha Gótama*, (Leipzig 1888) 12. -14. A. durchges. von Karl Seidenstücker, Leipzig 1921.

Buber, Martin: *Schriften zu Jugend, Erziehung und Bildung*, hg. von Juliane Jacobi (Martin Buber Werkausgabe 8), Gütersloh 2005.

Dhammika, Bhante S.: *Was Sie schon immer über Buddhismus wissen wollten*, (engl. Orig. 2006) München ²2013.

Hirsch, Samson Raphael: *Jüdisches Schulwesen*, in: ders.: Gesammelte Schriften, hg. von Naphtali Hirsch, 6 Bde., Frankfurt a. M. 1902–1912, Bd. 1, 261–265.

Hirsch, Samson Raphael: *Wie gewinnen wir das Leben für unsere Wissenschaft?*, in: ders.: Gesammelte Schriften, hg. von Naphtali Hirsch, 6 Bde., Frankfurt a. M. 1902–1912, Bd. 2, 416–432.

Hirsch, Samson Raphael: *Glanzlichter der Thora*: Erläuterungen zum Chumasch aus dem Kommentar von Rabbiner Samson Raphael Hirsch (Frankfurt a. M. 1867–1878), Basel 2017.

Lohmann, Uta/Lohmann, Ingrid (Hgg.): *»Lerne Vernunft!« Jüdische Erziehungsprogramme zwischen Tradition und Modernisierung*. Quellentexte aus der Zeit der Haskala, 1760–1811 (Jüdische Bildungsgeschichte in Deutschland, 6), Münster 2005.

Maybaum, Sigmund: *Praktische Theologie, zweiter Theil: Methodik des jüdischen Religionsunterrichts*, Breslau 1896.

Mendelssohn, Moses: *Jerusalem oder über religiöse Macht und Judentum* (1783), hier nach: Moses Mendelssohn. Ausgewählte Werke. Studienausgabe, hgg. von Christoph Schulte u. a., 2 Bde., Darmstadt 2009, Bd. 2, 131–206.

Mendelssohn, Moses: *Über die Frage: Was heißt Aufklären?* (1784), hier nach: Moses Mendelssohn. Ausgewählte Werke. Studienausgabe, hgg. von Christoph Schulte u. a., 2 Bde., Darmstadt 2009, Bd. 2, 209–214.

Rosenzweig, Franz: *Zeit ists… (Psl. 119,126). Gedanken über das jüdische Bildungsproblem des Augenblicks* (1917), in: ders.: Kleinere Schriften, Berlin 1937, 56–78.

Rosenzweig, Franz: *Bildung und kein Ende (Pred. 12,12). Wünsche zum jüdischen Bildungsproblem des Augenblicks* (1920), in: ders.: Kleinere Schriften, Berlin 1937, 79–93.

Rosenzweig, Franz: *Neues Lernen* (1920), in: ders.: Kleinere Schriften, Berlin 1937, 94–99.

Stern, Heinemann: *Didaktik der jüdischen Schule*, Berlin 1938.

Stoll, Jakob: *Die Methodik des jüdischen Religionsunterrichts*, Frankfurt a. M. 1916.

Wessely, Naphtali Herz: *Worte des Friedens und der Wahrheit* [1782]. Dokumente einer Kontroverse über Erziehung in der europäischen Spätaufklärung, hg. von Ingrid Lohmann (Jüdische Bildungsgeschichte in Deutschland 8), Münster 2014.

2. Sekundärliteratur

AHDR 2003: United Nations Development Programme – Arab Fund for Economic and Social Development: Arab Human Development Report 2003: Building a Knowledge Society, New York 2003.

Affes 2000: Affes, Habib: L'Éducation dans l'Islam, 2 Bde., Paris 2000.

Al-Khalili 2011: Al-Khalili, Jim: Im Haus der Weisheit. Die arabischen Wissenschaften als Fundament unserer Kultur, Frankfurt a. M. 2011.

Altim 2020: Altim, Mehmed Evrim: Internationalization through Localization: Gülen Inspired Schools, online veröff. Dissertation, Düsseldorf 2020 (https:// docserv.uni-duesseldorf.de/servlets/DocumentServlet?id=53817)

Altmann 1972: Altmann, Alexander: Das Menschenbild und die Bildung des Menschen nach Moses Mendelssohn, in: ders.: Mendelssohn-Studien 1, Berlin 1972, 11–28.

Barth 2008: Barth, Hans-Martin: Dogmatik: evangelischer Glaube im Kontext der Weltreligionen, Gütersloh 2008[3].

Behr 1998: Behr, Harry Harun: Islamische Bildungslehre, Garching 1998.

Ben-Rafael u. a. 2011: Ben-Rafael, Eliezer u. a.: Jews and Jewish Education in Germany today, Leiden/Boston 2011.

Boschki 2017: Boschki, Reinhold: Art. Religiöse Erziehung im Judentum, in: Das Wissenschaftlich-Religionspädagogische Lexikon im Internet (WiReLex), Stuttgart 2017 – https://www.bibelwissenschaft.de/stichwort/100300/ (https://doi. org/10.23768/wirelex.Religioese_Erziehung_im_Judentum.100300).

Bourel 2007: Bourel, Dominique: Moses Mendelssohn. Begründer des modernen Judentums. Eine Biographie. Aus dem Französischen von Horst Brühmann, Zürich 2007.

Breuer 2007: Breuer, Mordechai: »Torah und Derech Eretz. Die Bewegung, ihre Anhänger und ihre Ideen« (Hebr. im Original: תורה עם דרך ארץ, התנועה אישיה רעיונותיה), Ramat Gan 1987.

von Brück 2007: von Brück, Michael: Einführung in den Buddhismus, Frankfurt a. M./Leipzig 2007.

Burkhardt-Riedmiller 1995: Burkhardt-Riedmiller, Regina: Franz Rosenzweigs Sprachdenken und seine Erneuerung humanistischer und jüdischer Lerntraditionen, Frankfurt 1995.

Clooney 2010: Clooney, Francis Xavier: Comparative Theology. Deep Learning across Religious Borders, Malden/Oxford 2010.

Cook 2010: Cook, Bradley J. u. a. (Hgg.): Classical foundations of Islamic Educational Thought. A Compendium of Parallel English-Arabic texts, Provo 2010.

Crenshaw 1998: Crenshaw, James: Education in Ancient Israel. Across the Deading Silence, New York 1998.

DBU 2017: Buddhismus an deutschen Schulen, hg. von der Deutschen Buddhistischen Union, München 2017[2].

Eberhard 1910: Eberhard, Otto: Palästina, Eisleben 1910.

Eberhard 1918: Eberhard, Otto: Bildungswesen und Elementarunterricht in der islamischen Welt (Friedrich Mann's Pädagogisches Magazin Heft 685), Langensalza 1918.

EJ 2007: Demsky, Aaron u. a.: Education, Jewish, in: Encyclopaedia Judaica – Second edition, ed. by Fred Skolnik/Michael Berenbaum, Bd. 6, Detroit u. a. 2007, 162–214.

Eliav 1960/2001: Eliav, Mordechai: Jüdische Erziehung in Deutschland im Zeitalter der Aufklärung und der Emanzipation (Hebr. Orig. 1960; Jüdische Bildungsgeschichte in Deutschland 2), Münster u. a. 2001.

Etkes 1984: Etkes, Emanuel (Hg.): Beiträge zur Geschichte jüdischer Erziehung in Mittelalter und Neuzeit. Eine Quellensammlung (Hebr.), Jerusalem 1984.

Failing 1975: Failing, Wolf-Eckart: Ansätze einer vergleichenden Religionspädagogik, in: EvErz 27 (1975), 386–398.

Feiner 2007: Feiner, Shmuel: Haskala – Jüdische Aufklärung. Geschichte einer kulturellen Revolution, Hildesheim u. a. 2007.

Feiner 2009: Feiner, Shmuel: Moses Mendelssohn. Ein jüdischer Denker in der Zeit der Aufklärung, Göttingen 2009.

Gemeinhardt 2019: Gemeinhardt, Peter: Was ist Bildung in der Vormoderne? (SERAPHIM 4), Tübingen 2019.

Günther 2016: Günther, Sebastian: Bildung und Ethik, in: Rainer Brunner (Hg.): Der Islam – Einheit und Vielfalt einer Weltreligion, Stuttgart 2016, 210–236.

Günther 2017: Günther, Sebastian: Education, general (up to 1500), in: Encyclopaedia of Islam, Third Edition, hg. von Kate Fleet u. a. (Online-Edition), o.S.

Günther 2018: Günther, Sebastian: »Nur Wissen, das durch Lehre lebendig wird, sichert den Eingang ins Paradies«. Die Madrasa als höhere Bildungseinrichtung im mittelalterlichen Islam, in: »Das Paradies ist ein Hörsaal für die Seelen«. Religiöse Bildung in historischer Perspektive, hgg. von Peter Gemeinhardt und Ilinca Tanaseanu-Döbler (SERAPHIM 1), Tübingen 2018, 237–270.

Günther 2020: Günther, Sebastian: Islamic Education. Its Culture, Content and Methods: An Introduction, in: ders. (Hg.): Knowledge and Education in Classical Islam: Religious Learning between Continuity and Change, 2 Bde., Leiden 2020, vol. 1, 1–39.

Hezser 2001: Hezser, Catherine: Jewish Literacy in Roman Palestine (TSAJ 81), Tübingen 2001.

Hinske 1981: Hinske, Norbert: Mendelssohns Beantwortung der Frage: Was ist Aufklärung? [...], in: ders. (Hg.): Ich handle mit Vernunft. Moses Mendelssohn und die europäische Aufklärung, Hamburg 1981, 86–117.

Hirshman 2009: Hirshman, Marc: The Stabilization of Rabbinic Culture, 100–350 C. E. Texts on Education and Their Late Antique Context, New York 2009.

Hourani 1992/2016: Hourani, Albert Habib: Die Geschichte der arabischen Völker [1992], weitererzählt bis zum Arabischen Frühling von Malise Ruthven, Frankfurt a. M. 2016.

Jensen 2011: Jensen, Uffa: Art. Bildung, in: Enzyklopädie jüdischer Geschichte und Kultur, hg. von Dan Diner, 7 Bde., Stuttgart 2011–2017, hier Bd. 1, 2011, 342–346.

JRP 2020: Altmeyer, Stefan u. a. (Hgg.): Jahrbuch der Religionspädagogik 35: Judentum und Islam unterrichten, Göttingen 2020.

Kamcili-Yildiz 2017: Kamcili-Yildiz, Naciye: Art. Religiöse Erziehung, Islam, in: Das Wissenschaftlich-Religionspädagogische Lexikon im Internet (WiReLex), Stuttgart 2017 – https://www.bibelwissenschaft.de/stichwort/100299/ (https://doi.org/10.23768/wirelex.Religioese_Erziehung_Islam.100299).

Kanarfogel 2008: Kanarfogel, Ephraim: Jewish Education and Society in the High Middle Ages, Detroit 2008.

Keuffer 1991: Keuffer, Josef: Buddhismus und Erziehung: eine interkulturelle Studie zu Tibet aus erziehungswissenschaftlicher Sicht, Münster u. a. 1991.

Kurzweil 1987: Kurzweil, Zwi Erich: Hauptströmungen jüdischer Pädagogik in

Deutschland: von der Aufklärung bis zum Nationalsozialismus, Frankfurt a. M. 1987.

Lewkowitz 1934: Die Hauptrichtungen der Pädagogik der Neuzeit in ihrer Bedeutung für die Neugestaltung des jüdischen Unterrichtswesens, Breslau 1934.

Moran 1987: Moran, Gabriel: Religious Education, in: The Encyclopedia of Religion, hg. von Mircea Eliade, 16 Bde., New York/London 1987, hier Bd. 12, 318–323.

Morgenstern 1995: Morgenstern, Matthias: Von Frankfurt nach Jerusalem: Isaac Breuer und die Geschichte des »Austrittsstreits« in der deutsch-jüdischen Orthodoxie, Tübingen 1995.

Ourghi 2017: Ourghi, Abdel-Hakim: Einführung in die Islamische Religionspädagogik, Ostfildern 2017.

Rohe 2018: Rohe, Mathias: Der Islam in Deutschland: eine Bestandsaufnahme, München 2018[2].

Rosenthal 1970/2007: Rosenthal, Franz: Knowledge Triumphant – the Concept of Knowledge in Medieval Islam, Leiden (1970) 2007.

Rosenthal/Homolka 2014: Rosenthal, Gilbert S./Homolka, Walter: Das Judentum hat viele Gesichter: eine Einführung in die religiösen Strömungen der Gegenwart, akt. Neuausgabe Berlin 2014.

Schröder 2000: Schröder, Bernd: Jüdische Erziehung im modernen Israel. Eine Studie zur Grundlegung vergleichender Religionspädagogik (APrTh 18), Leipzig 2000.

Schröder 2007: Schröder, Bernd: Jüdischer und Islamischer Religionsunterricht in Deutschland – ein Längsschnitt, in: Geschichte des evangelischen Religionsunterrichts in Deutschland. Ein Studienbuch, hgg. von Rainer Lachmann und Bernd Schröder, Neukirchen-Vluyn 2007, 365–395.

Schröder 2012: Schröder, Bernd: Religionspädagogik, Tübingen (2012) 2., überarb. und erw. A. 2021.

Schröder 2017: Schröder, Bernd: Art. Religionspädagogik, komparative, in: Das Wissenschaftlich-Religionspädagogische Lexikon im Internet (WiReLex), Stuttgart 2017 – https://www.bibelwissenschaft.de/stichwort/200200 (https://doi.org/10.23768/wirelex.Religionspädagogik_komparative.200200)

Schröder 2018: Schröder, Bernd: Göttinger Religionspädagogik. Eine Studie zur institutionellen Genese und programmatischen Entfaltung von Katechetik und Religionspädagogik am Beispiel Göttingen (PThGG 25), Tübingen 2018.

Schulte 2002: Schulte, Christoph: Die jüdische Aufklärung: Philosophie, Religion, Geschichte, München 2002.

Ulfat/Ghandour 2020: Ulfat, Fahimah/Ghandour, Ali (Hgg.): Islamische Bildungsarbeit in der Schule. Theologische und didaktische Überlegungen zum Umgang mit verschiedenen Themen im Islamischen Religionsunterricht, Wiesbaden 2020.

Von Stosch 2012: Von Stosch, Klaus: Komparative Theologie als Wegweiser in der Welt der Religionen, Paderborn 2012.

Wermke 2016: Wermke, Michael: Die Konfessionalität der Volksschullehrerbildung in Preußen, Leipzig 2016.

Wissenschaftsrat 2010: Wissenschaftsrat: Empfehlungen zur Weiterentwicklung von Theologien und religionsbezogenen Wissenschaften an deutschen Hochschulen (Drs. 9678-10), Berlin 2010.

Wrogemann 2020: Wrogemann, Henning: Religionswissenschaft und Interkulturelle Theologie (Lehrwerk Evangelische Theologie 10), Leipzig 2020.
Zotz 2000: Zotz, Volker: Auf den glückseligen Inseln. Buddhismus in der deutschen Kultur, Berlin 2000.

3. Literaturhinweise zum vertiefenden Studium

Günther, Sebastian: Education, general (up to 1500), in: Encyclopaedia of Islam, Third Edition, hg. von Kate Fleet u. a. (Online-Edition), o.S.
Köster, Fritz: Religiöse Erziehung in den Weltreligionen: Hinduismus, Buddhismus, Islam, Darmstadt 1986.
Kurzweil, Zwi Erich: Hauptströmungen jüdischer Pädagogik in Deutschland: von der Aufklärung bis zum Nationalsozialismus, Frankfurt 1987.
Schröder, Bernd: Religionspädagogik, Tübingen (2012) 2., überarb. und erw. A. 2021.
Yust, Karen Marie u. a. (Hgg.), Nurturing Child and Adolescent Spirituality. Perspectives from the World's Religious Traditions, Oxford 2006.

Zusammenschau

Bernd Schröder

Bildung – unverzichtbar für die Entfaltung des Menschseins wie für die Explikation von (christlicher) Religion

Die Vielfalt der sprachlichen Ausdrucksformen, der Verständnisse, der geschichtlichen Kontexte und Realisierungsversuche von Bildung steht nach der Lektüre der Beiträge dieses Bandes unübersehbar vor Augen. Nicht eine Synthese soll deshalb hier versucht werden, sondern die Pointierung dessen, was in den verschiedenen Reflexionsperspektiven und in den von ihnen in den Blick genommenen realgeschichtlichen und geistigen Räumen als Merkmale von Bildung in Erscheinung tritt.

1. Keine /Bildung/ und keine »Bildung«, wohl aber theologische Wertschätzung von Lehren und Lernen – alttestamentliche Perspektiven

Die Sichtung der alttestamentlichen Überlieferung markiert in aller Deutlichkeit zunächst die Übersetzungsproblematik. Wer nach Bildung fragt, stößt auf ein Spektrum hebräischer Wortwurzeln, die für ein eben solches Spektrum lernend-lehrender Aktivitäten stehen: vom Belehren über das Einüben bis zum Verstehen. Von ihnen lassen sich Brücken schlagen zu verschiedenen Lehr-Lern-Begriffen der deutschen Sprache bzw. der pädagogischen Fachsprache: Instruieren, Memorieren, Trainieren, Zum-Handeln-Befähigen, Kompetenz aufbauen. Doch keiner der im Hebräischen des Tenach oder der im Griechischen der Septuaginta gebrauchten Begriffe vermittelt für sich genommen, was etwa die programmatisch aufgeladenen Bildungsbegriffe der deutschen Aufklärung zu unterstreichen suchen, und so findet sich weder eine sachliche noch eine sprachliche Entsprechung zum deutschen Terminus »Bildung« – auch nicht in der Passage des

Buches Genesis, an der sich die deutschsprachige Begriffstradition entzündet hat: Gen 1,26 f.

Eine Übersetzungsproblematik besteht jedoch nicht nur im Blick auf die Suche nach wörtlichen Entsprechungen zwischen hebräischer und deutscher Sprache und im Blick auf den Gehalt der Lehr-Lern-Prozesse, sondern auch im Blick auf die Komplexität des Überlieferungsprozesses: Erzählte Zeit und Erzählzeit klaffen z. T. Jahrhunderte auseinander; einzelne Bücher, Teile des Kanons der Hebräischen Bibel und dieser selbst entstanden über lange Zeiträume und wurden ihrerseits (wenn auch in einem noch fluiden Stadium) ins Griechische übertragen – die Septuaginta legt davon Zeugnis ab. Sie findet nun gerade für die Lehr-Lern-Thematik Worte, die den Deutehorizont der griechisch-hellenistischen Kultur aufrufen. Man kommt somit nicht umhin zu sagen, dass in den Textwelten, die das sog. Alte Testament präsentiert und birgt, verschiedene Lehr-Lern-Vorstellungen bewahrt sind – allerdings keine, die eine systematisch geordnete Lehr-Lern-Theorie oder gar ein Bildungskonzept entwerfen würden.

Unbeschadet dessen vermag der Durchgang durch ausgewählte »Lernszenarien« (Beate Ego), die von biblischen Texten zu Gehör gebracht werden, zu zeigen: Lernen (bzw. Lehren) dient im Wesentlichen der Aneignung der »Gabe der Tora am Sinai [...], in der sich die göttliche Zuwendung zu seinem Volk manifestiert« (Ego, 29) – und zwar im Modus der Erinnerung, des Sich-Zurückversetzens in die »Ursprungssituation der Vermittlung der Tora am Sinai« (Ego, 33). Die »Bildung«, die hier als Ideal vor Augen tritt, – wenn man denn diesen Begriff hier eintragen will – ist somit nicht auf Innovation und Individualisierung aus, sondern auf Empfang, Bewahrung und Gemeinschaftsbildung (sic!). Lernen bedeutet geradezu, erinnern zu üben: Es »ermöglicht es dem lernenden Subjekt, zum Ursprung seiner Gottesbeziehung zurückzukehren« (Ego, 33) – in solchen Formulierungen klingt das In-Gott-eingebildet-werden an, das Meister Eckhart in Gen 1,26 f. als Auftrag des Menschen wahrnahm. Die Lern-Vorstellungen des Alten Testament sind somit theologisch grundiert und rituell-ethisch eingebettet. Und schließlich gilt es in Erinnerung zu rufen: Lernen vollzog sich in aller Regel informell oder non-formal, vermutlich nur für eine sehr kleine Elite in formalen Settings, also in einer Art Schule.

Modern mutet an diesem Bild von Lehr-Lern-Prozessen vor allem deren anthropologische Ambivalenz an: Den Autoren der hebräisch-biblischen Texte gelten Menschen augenscheinlich einerseits als lernfähig, andererseits als nicht lernbereit – erst am Ende der Tage und mit Hilfe Gottes wird es deshalb zu einer »Neuerschließung der göttlichen Wirklichkeit« (Ego, 35) kommen.

2. Gebildet *und* bildungskritisch sein – ein theologisch induziertes, im Blick auf Bildung ambivalentes Rollenmodell für Christen in den Textwelten des Neuen Testament

Der Blick auf das Neue Testament ist von der Unterscheidung zwischen Textwelt und Leserwelt bestimmt. In den Textwelten, die von den Evangelien und dem Ersten Korintherbrief, in den deuteropaulinischen Briefen sowie im Hebräerbrief und im Kindheitsevangelium des Thomas entworfen werden, ist häufiger, systematischer und unterschiedlicher von Lehr-Lernprozessen die Rede als gemeinhin (und auch in der Forschungsgeschichte) angenommen: Ein cantus firmus dieser Textwelten besteht darin, dass Jesus, Paulus oder andere jeweilige Protagonisten dieser Texte sowohl als gebildet im Sinne ihrer (zumeist antik-biblischen bzw. jüdischen) Tradition als auch als bildungskritisch, d.h. als von dieser Tradition abweichend, dargestellt werden – Jesus ist mit synagogaler Bildung vertraut und bietet zugleich eine besondere Lesart (exemplarisch Lk 4,18; Vegge, 52 f.), Paulus ist mit menschlicher Weisheit vertraut und weiß sich zugleich der Weisheit Gottes verpflichtet (exemplarisch 1 Kor 3,6–9; Vegge, 58), die weitere Briefliteratur mahnt zur Einhaltung konventioneller Erziehungstugenden, aber zugleich zum Respekt vor der Erziehung des Herrn (Hebr 12,5 f.; Vegge, 59 f.).

Ein weiterer Grundzug der Textwelten besteht darin, dass sie immer wieder den Bildungsprozess durchblitzen lassen, den die Protagonisten – sei es Jesus, sei es Paulus, seien es die Jünger oder Andere – durchlaufen haben. Dies ist deshalb so bedeutsam, weil diese Hinweise als »Signale an die Leser« zu dechiffrieren sind; mit anderen Worten: Sie zeigen, »wohin der [jeweilige] Text sie [sc. die Leser] in Bezug auf Bildung gerne leiten wollte« (Vegge, 45). Mit den Jüngern als »Schülern« des »Lehrers« Jesus prägen die Evangelien eine entscheidende Metapher und zugleich ein Rollenmodell für die Lesenden bzw. Hörenden und damit – über den Horizont der Autoren hinausweisend – für Christinnen und Christen der folgenden Generationen und Jahrhunderte. Dieses Rollenmodell weist insofern eine besondere Qualität (und ein im Vergleich zu anderen Bildungsdiskursen außergewöhnliches

Moment) auf, als es das *Scheitern* der Schüler und das Versäumen des
»fruchtbaren Moments im Bildungsprozess« (Friedrich Copei) nicht
verschweigt, sondern als Normalfall präsentiert (Vegge, 49–51).

In den Textwelten werden, um von Bildung zu sprechen, verschiedene griechische Termini verwendet, darunter lehren (*didáskein*) und
fragen (*erōtein*), Lehrer (*didáskalos*) und Jünger (*mathetēs*), Weisheit
(*sophia*) und Erziehung / Zucht (*paideía*). Weder also dominiert in den
Texten *ein* Begriff – und sei es derjenige, der landläufig am ehesten als
»Bildung« übersetzt wird (*paideía*) – noch korrespondieren die Begriffe »den neuzeitlichen Bildungsvorstellungen« (Vegge, 43).

Mühsam ist es, hinter den Textwelten Spuren dessen zu finden, welche Bildung die realgeschichtlichen Personen, von denen in den Texten
die Rede ist, tatsächlich erfahren haben – am ehesten möglich ist dies
im Falle des Paulus. Nochmals mühsamer ist es, Rückschlüsse auf den
Stellenwert und die Praxis von Bildung im Leben der antiken Leser
und Hörer des Neuen Testaments zu ziehen – nur wenige der frühen
Christen werden formal gebildet gewesen sein (Vegge, 42 f.), doch alle
wurden in ihren gottesdienstlichen Versammlungen regelmäßig durch
Lesungen und Predigten – zu ergänzen wären: Hymnen und Gebets-
formulierungen – an einem non-formalen Bildungsprozess beteiligt;
um von der Taufvorbereitung als einem Prozess der lernenden Aneignung des christlichen Glaubens und seiner lebensgestaltenden Praxen
(wie auch immer diese in den ersten Jahrhunderten vorzustellen ist)
ganz zu schweigen.

3. Kirche als Lerngemeinschaft – ein früh formuliertes, sukzessive realisiertes theologisches Leitbild im Spiegel der Christentumsgeschichte

Während in biblischen Texten ein Ideal des Lehrens und Lernens (und
damit eine Reflexion auf diese Prozesse) nur mühsam unterscheidbar
ist von dem, was tatsächlich an Lehr-Lern-Prozessen stattgefunden
haben mag, treten diese beiden Ebenen im Laufe der Christentumsgeschichte immer deutlicher auseinander: Schon in der Zeit der Alten Kirche sind Praxis und Theorie unterscheidbar – und sie werden
auch von den zeitgenössischen Autoren selbst unterschieden und zwar
so, dass die theoretischen Reflexionen als Bearbeitung von Mängeln,
Missständen und Missverständnissen in der Praxis des Lehrens oder

Lernens konzipiert und durchschaubar werden. Am Ende der Frühen Neuzeit lassen sich Katechese und Katechetik, in der Moderne dann Religionsunterricht und Religionspädagogik als verschiedene sachliche Ebenen auch begrifflich unterscheiden.

Im Blick auf die Unterscheidung von Praxis und Theorie der Bildung ist also über die Jahrhunderte zwischen Alter Kirche und Früher Neuzeit hinweg eine klare Entwicklung zu Differenzierung und Komplexitätsgewinn erkennbar.

Materialiter ist kein solch *linearer* Verlauf zu beobachten, vielmehr eine wechselvolle Entwicklung: Was die *Praxis* der Bildung angeht, lassen sich Hochphasen wie die Blüte des altkirchlichen Katechumenats, die karolingische Bildungsreform, die reformatorische Bildungsbewegung und die katholische Reform, der Ausbau des staatlichen Schulwesens und der Schulpflicht im 18. Jahrhundert erkennen, allerdings auch Phasen des Niedergangs wie die Zeit des Zusammenbruchs des weströmischen (und später des byzantinischen) Reiches, der Beginn des 16. Jahrhunderts oder der Dreißigjährige Krieg. Was die *Theorie* der Bildung angeht, so bleibt es bemerkenswert lange eine überschaubare Zahl von – selbstverständlich gebildeten – Christen, die Bildung ihrerseits zum Thema machen: Anhand der Frage, wie man sich zur klassischen, pagan geprägten Bildung zu verhalten habe, diskutierten sie Identität und Erkennbarkeit des Christlichen in der Welt. Für die Einen, etwa Tertullian, Antonius oder Benedikt von Nursia, erforderten Identität und Erkennbarkeit die Ablehnung klassischer Bildung, für Andere, z. B. Hieronymus oder Kyrill von Jerusalem, einen eigenen Kanon christlich imprägnierter Bildung, und für wieder Andere, darunter Basilius und Augustin, verlangte gebildetes Christsein die Zurkenntnisnahme, die Auswahl und Indienstnahme klassischer paganer Bildung für Bibelauslegung, Predigtkunst, Verstehen des Glaubens und seiner Bedeutung. Dieses ›Modell‹ der *Chresis* bzw. des *usus iustus* setzt sich am Ausgang der Antike als maßgeblich durch und bleibt auch im sog. Mittelalter dominant – es ermöglicht, antikes Wissen einschließlich der Philosophie v. a. des Aristoteles in Klöstern und Domschulen, später an den Universitäten als den damaligen Zentren der Gelehrsamkeit zu bewahren und zu tradieren, wenn auch unter der Ägide der Theologie bzw. der jeweiligen Orthodoxie.

Unbeschadet dessen wird ab dem 11. Jahrhundert immer wieder unübersehbar, dass sich Weltwissen und theologische Sätze nicht immer harmonisieren lassen – »die Frage, [...] wieweit die dem Geschöpf durch den Schöpfer mitgegebene *ratio* in theologischen Fragen maßgeblich war, [...] sollte zur Kernfrage der Theologie im Mittelalter (und weit darüber hinaus) werden« (Gemeinhardt, 76 f.).

Ob und in welchem Maße die Mehrzahl der Getauften zu bilden sei, die unter altkirchlichen und mittelalterlichen Lebensbedingungen nicht in den Genuss von Schulbildung kamen und auch kaum einmal ordentlichen Taufunterrichts teilhaftig wurden, wurde bei alldem selten Gegenstand theologischer Reflexion (Gemeinhardt, 70–72 und 78 f.) – bis die Reformation, sei es lutherisch-melanchthonianischer, sei es reformierter Prägung, genau hier ansetzte, theologische Gründe für den Erwerb von Glaubenswissen wie Weltwissen durch jedermann – genauer gesagt: durch jeden und sogar jede Getaufte(n) – anführte und Medien bzw. Institutionen schuf, um diesen Wissenserwerb zu ermöglichen. Als Medien spielen Katechismus, Lied und deutschsprachige Bibel eine entscheidende Rolle, als Lernorte rücken Familie, Gottesdienst (in der Sprache des Volkes) und Schule in den Blick. Was in theologischen Texten aus altkirchlicher Zeit bereits gelegentlich anklingt – »Christus ist es, der lehrt; [...] seine Schule ist sein Leib«, die Kirche (Augustin, *De disciplina christiana* 15; hier zit. nach Gemeinhardt, 70 f.) –, wird in Kirche und Theologie reformatorischer Prägung aufgegriffen und sukzessive in die Tat umgesetzt: Kirche gilt als ein »coetus scholasticus« (Melanchthon, *Loci communes* 481; hier zit. nach Gemeinhardt, 84), als eine Lerngemeinschaft. Bemerkenswerterweise finden diese Entwicklungen z. T. auch Eingang in die römisch-katholische sowie die orthodoxen Kirchen – dies gilt insbesondere für die Idee, den Getauften im Medium eines Katechismus Glaubenswissen zu erschließen.

Auch wenn der Begriff »Bildung« als Ausdruck der deutschen Sprache der mittelalterlichen Mystik entspringt, spielt er bis gegen Ende des 18. Jahrhunderts keine maßgebliche Rolle. In der Theologie wird das, was man rückblickend Bildungsdiskurs nennen könnte, vielmehr unter Zuhilfenahme funktionaler Begriffe thematisiert: *catechismus*, Unterricht/*disciplina*, Lehre/*doctrina*, Wissenschaften/*literae*, Schule/*schola*, bisweilen auch *eruditio* und *didactica* finden sich. Man kann diese sprachliche und sachliche Beobachtung zugespitzt so deuten: Über Jahrhunderte stießen Lernen, Unterricht und Erziehung nur als funktionale Prozesse der generationenübergreifenden Weitergabe von Wissen, Fertigkeiten und Normen auf Interesse, gerade nicht als Facetten eines Bildungsprozesses, aus dem ein unerlässlich individuelles Verarbeiten religiöser Gehalte und theologischer Lehre entspringt: ein Mehrwert, ein kritisches Moment, eine Haltung.

4. Bildung als Entfaltung des Humanum im Horizont religiöser Gewissheit – eine systematisch-theologische Antwort auf die Verselbständigung aufklärerisch inspirierter Bildungstheorie wie auf die Abständigkeit heilsgeschichtlich entworfener Dogmatik

Während reformatorische Theologie im Wesentlichen davon ausgeht, dass Wissen und Bildung dem Glauben einerseits *vorbereitend* zu Gute kommen und den Glaubenden andererseits helfen, das Geglaubte *rückblickend* zu verstehen und lebensgestaltend wirksam werden zu lassen, rückt mit der Aufklärung das Konfliktpotential zwischen vernunftgeleiteter Bildung, die genau diesen Begriff programmatisch für die angestrebte Entfaltung des Individuums und die gedankliche Durchdringung der Welt in Anspruch nimmt, und Glauben(swissen) immer stärker ins Bewusstsein – zunächst ins Bewusstsein der formal hoch gebildeten Zeitgenossen.

Dieser aufbrechenden Diastase gegenüber kommt Friedrich Schleiermachers Theologie und Pädagogik – von ihm (kongenial mit Friedrich Herbart) erstmals als eigenständiger Theoriekomplex gefasst – wegweisendes Gewicht zu: Er entfaltet »Bildung« als »Bildung zum Menschen«, deren jeder Mensch bedürftig und fähig ist, die keinen Zwecken außerhalb ihrer selbst verpflichtet ist und die möglichst allseitig sein sollte. Die Befassung mit »religiöse[r] Selbst- und Weltdeutung« ist im Vorgang der Bildung sachnotwendig eingeschlossen, insofern jedes Individuum das Gegebensein des eigenen Daseins präreflexiv wahrnimmt bzw. sich seiner selbst »als schlechthin abhängig, oder, was dasselbe sagen will, als in Beziehung mit Gott bewusst« wird (Schleiermacher, Der christliche Glaube, Leitsatz von § 4, zit. nach Schlenke, 117). Der »kategoriale« Rekurs auf Bildung und Religion ermöglicht es sowohl, beides als für den Menschen wesentlich und als aufeinander bezogen auszuweisen – »*Bildung* als Entfaltung des Humanum im Horizont religiöser Gewissheit« (Schlenke, 119) –, als auch, beides kritisch-konstruktiv in Beziehung zu setzen zu tatsächlich stattfindender Erziehung und vorfindlicher Kirche. Nicht zufällig also ›erfindet‹ Schleiermacher die Pädagogik als *Theorie der Praxis* der Erziehung und die Praktische Theologie als *Theorie der Praxis* der Kirchenleitung.

Mit Schleiermacher »erhält [sc. zudem – erstmals und weichenstellend für die gesamte folgende evangelische Theologiegeschichte deutscher Sprache –] die Dogmatik *bildungstheoretischen Sinn*; ihre überkommene heilsgeschichtliche Konzeption wird ›umgebildet‹ zur reflexiven Beschreibung des Glaubensgeschehens als dem fundamentalen Bildungsvorgang« des Sich-Verstehens des Menschen (Schlenke, 124) – Wolfhart Pannenberg, Eilert Herms, Reiner Preul, Dietrich Korsch und Jörg Lauster nennt Dorothee Schlenke als exemplarische Weiterdenker dieser Schleiermacherschen Weichenstellung. Bildung wird in dessen theologischem Programm somit als »das genuine Thema protestantischer Theologie« erkennbar – auch wenn sie sich keineswegs durchweg als »einschlägiger Topos systematischer Theologie« etablieren konnte (Schlenke, 105).

5. Bildung als Raum für die Inanspruchnahme von Freiheit – pädagogische Sachwalterschaft für Freiheit und Bildung aller Menschen

In pädagogischer Perspektive ist der Zeitraum von den biblischen Texten des Alten Testaments bis in die Gegenwart erneut abzuschreiten – nun freilich nicht anhand der Frage, welchen Beitrag die (evangelische) Theologie zur Ingebrauchnahme und Interpretation der Rede von Bildung geleistet hat, sondern mit einem spezifisch pädagogischen Interesse, nämlich demjenigen, unter Geltungsanspruch formulierte Antworten auf die Frage des Menschen nach dem Umgang mit seiner Freiheit zu identifizieren und zu prüfen (Ladenthin, 145 f.). Denn eben diese Frage sucht der Bildungsbegriff zu beantworten – jedenfalls dann, wenn Pädagogik im Sinne einer geisteswissenschaftlichen Theorie der Bildung konzipiert wird, nicht im Sinne einer soziologisch oder psychologisch ausgerichteten Erziehungswissenschaft oder einer empirischen Bildungswissenschaft.

»Im historischen Rückblick wird deutlich, dass eine Theorie der Bildung kulturübergreifend formuliert wurde – und wesentliche Grundelemente gerade nicht in der deutschen, sondern in der jüdischen (altorientalischen) und griechisch-römischen (alteuropäischen) Tradition entwickelt und europaweit diskutiert wurden. Der Grund liegt darin, dass die Aufgaben, die mit dem Bildungsbegriff gelöst werden sollen, universell sind: Da alle Menschen frei gegenüber Natur und Gesellschaft handeln können, müssen auch alle lernen, mit dieser Freiheit umzugehen. Dieser intentionale Umgang bedarf immer der Inhalte und der Angabe von Zielen; er hat gesellschaftliche Folgen und Funktionen und bedarf der Verfahren, um sich realisieren zu können« (Ladenthin, 161 f.).

Der Begriff Bildung allerdings bleibt einer der deutschen Sprache und wird über Jahrhunderte hinweg immer wieder als pädagogischer Begriff in Anspruch genommen: in der mittelalterlichen deutschen Mystik und vor allem in bzw. seit der Aufklärung (Ladenthin, 141 f. und 148–150). In der Vielzahl der Bildungstheorien begegnet dabei eine endliche Zahl von Problemstellungen – die zu einem guten Teil bereits von den Philosophen des antiken Griechenland identifiziert wurden (Ladenthin, 144 f.) – und eine ebenso endliche Zahl von Gesichtspunkten, auf die Bildungstheorien ordnend und begründend Bezug nehmen, nämlich die Aspekte der Inhalte, Ziele, Funktionen und Verfahren (Ladenthin, 155 und 155–161). Sie begegnen durchaus bereits vor Entstehung der Pädagogik als Wissenschaft – etwa bei einem pädagogisch interessierten Theologen nicht-deutscher Sprache wie Jan Amos Comenius.

Volker Ladenthin sieht zudem einen materialen Konsens in der Fülle der Bildungstheorien: Sie entwerfen »Bildung immer [als] Aufforderung zur Selbsttätigkeit unter dem Aspekt des gelingenden Lebens. Das Bildungsziel, liegt darin, den zu Bildenden zu befähigen, seine Freiheit im Verhältnis zur Geschichte und Natur, zu den Mitmenschen und zu sich selbst so zu gebrauchen, dass sein Leben wie das Leben aller gelingt: Die regulative Idee ist die hypothetische Konstruktion eines Allgemein[en], die Humanität«; die tatsächliche Wahrnehmung und Ausgestaltung der Freiheit »bleibt [sc. der Bildungstheorie und] dem Bildungsbemühen unzugänglich und ist Leistung des Willens des zu Bildenden« (Ladenthin, 162).

Dieser Pointe und vielen der sachlichen Überlegungen des Pädagogen wird eine theologische Bildungstheorie zustimmen. Umso schärfer sticht ins Auge, dass eine pädagogische Bildungstheorie wie diese ohne Grundlegung in Begriff und Phänomen der Religion und auch ohne eine gründliche Befassung mit Schleiermachers Bildungstheorie, die der Autorin des systematisch-theologischen Beitrags als schlechterdings unhintergehbar und epochemachend galt, auskommt. Im Blick auf Jan Amos Comenius als den einzigen neuzeitlichen pädagogisch aufgeschlossenen Theologen, der ausführlich zur Sprache kommt, heißt es lediglich, dass »dessen theologische Implikation die Rezeption [sc. seiner Bildungstheorie] in säkularen Gesellschaftssystemen erschwert« (Ladenthin, 155).

Insofern unterstreicht dieser pädagogische Beitrag gerade in seiner – angesichts der sonstigen Landschaft gegenwärtiger Bildungswissenschaft *ungewöhnlichen* bzw. *seltenen* – Offenheit für fundamentalanthropologische und theologische Gesichtspunkte die Frage, worin das sachliche Proprium theologischer Bildungsreflexion besteht – wenn nicht lediglich in einer anders, nämlich theologisch perspektivierten Ausarbeitung dessen, was auch eine pädagogische Bildungstheorie zu sagen weiß.

6. Bildung als Medium der Verwirklichung christlicher Existenz, als Handlungsfeld neuzeitlichen Christentums, als Basis jedweder professioneller Kommunikation des Evangeliums und als Gegenstand einer ihrer Reflexion gewidmeten theologischen Disziplin

Der praktisch-theologische bzw. religionspädagogische Beitrag nimmt die Ergebnisse der anderen theologischen Disziplinen sowohl sachlich als auch wissenschaftslogisch auf: Denn in der Moderne wird Lehren und Lernen unter Inanspruchnahme des Christlichen, das sich in den Texten des antik-biblischen Israel verwurzelt und auf die Lerngemeinschaft Jesu mit seinen Jüngern zurückgehen sieht und, einsetzend mit der Reformation, in *einer* konfessionellen Lesart des Christentums, im Protestantismus, zu einem »neuzeitlichen Bildungsprogramm« (Trutz Rendtorff) umgebildet. Lehren und Lernen wird als unerlässliche Dimension christlichen Glaubens, Innovation durch individuelle Aneignung als Grundmotiv des Theologietreibens und Bildung als eigenständiger Gegenstand wissenschaftlicher Reflexion entdeckt.

Im Zuge dessen bilden sich innerhalb der Theologie Disziplinen heraus, die sich auf die Theoriebildung zur Praxis des Lehrens und Lernens spezialisieren: Dabei richtet die *Katechetik* als Teilgebiet der Praktischen Theologie ihr Augenmerk auf kirchlichen Unterricht und Erziehung, die *Religionspädagogik* wendet sich vor allem dem schulischen Religionsunterricht zu und rezipiert dabei die im 19. Jahrhundert neu entstehenden Disziplinen der Pädagogik, der Psychologie und der Soziologie (Volkskunde). In beiden neuen Disziplinen wird handlungsorientierend-didaktisch und empirisch, aber wiederkehrend auch historisch, systematisch und vergleichend (und damit in engem Verbund mit Kirchengeschichte, Systematischer Theologie und Religionswissenschaft) geforscht.

Aus dem weiten Feld der Themen und Forschungssettings werden Exempla ausgewählt, die einerseits anschlussfähig sind an Einsichten anderer Disziplinen und andererseits die elementare Rolle unterstreichen, die Bildung in Christentum und Gesellschaft spielt. So wird »Bildung als Voraussetzung und Medium theologisch imprägnierter Berufe« und »als eines der konstitutiven Handlungsfelder neuzeitlichen Christentums« ausgewiesen (Schröder, 167–171). Indem Bildung auf diesen beiden Feldern seit der Reformation realisiert und Gegenstand von theologisch-pädagogischem Nachdenken wurde, erschloss sich die regulative Funktion von Bildung für alles Handeln unter Inanspruchnahme des Christlichen. Mit anderen Worten: Dieses Handeln zielt durch alle konkreten Ziele und Lerngegenstände hindurch auf Bildung der Einzelnen, und christliche Religion versteht sich dazu, diese Bildung zu fördern.

Praktische Theologie insgesamt bringt diese regulative Idee zur Geltung etwa bei der Reflexion auf Gottesdienst und Seelsorge, Religionspädagogik konzentriert sich auf die explizit bildenden Handlungsfelder und nimmt diese u. a. empirisch und didaktisch in den Blick.

Doch Bildung als Handlungsfeld und Regulativ einer Religionsgemeinschaft in Anspruch zu nehmen, heißt nicht, sie auf religiöse Bildung engzuführen oder ›wahre‹ Bildung exklusiv für eine Religionsgemeinschaft in Anspruch zu nehmen. Vielmehr setzt diese religiöse Wertschätzung von Bildung gerade Argumente und Achtsamkeit für »Bildung als Menschenrecht« und »Bildung als Prozess« aller Menschen (gleich ob innerhalb oder außerhalb der je eigenen Religionsgemeinschaft) frei. In beidem, in der Wertschätzung von Bildung ›nach innen‹ wie ›nach außen‹, erweist sich das Christentum als »gebildete Religion«.

7. /Bildung/ und »Bildung« in anderen Religionen und ihren Sprachen – Gleichsinnigkeit in der Wertschätzung von Bildung, Differenz in deren Gehalt und Gestalt

Die Inanspruchnahme des Bildungsbegriffs ist nicht auf das evangelische und römisch-katholische Christentum bzw. deren Theologien beschränkt; auch *andere Religionen*, die in Deutschland bzw. im deutschen Sprachraum verbreitet sind, haben den Bildungsbegriff (in seiner aufklärerischen Prägung) aufgenommen oder sind im Begriff es tun.

Am deutlichsten und fruchtbarsten geschieht dies im Judentum, das seit seiner Entstehung in der Antike eine elaborierte Lehr-Lern-Kultur und ein Ideal des *Talmud Tora*, des gebildeten Judentums entwickelt und in bemerkenswerter Breite und Tiefe (unter z. T. widrigsten Umständen) verwirklicht hat. Wie das Christentum beginnt es im 18. Jahrhundert den Begriff /Bildung/ in Gebrauch zu nehmen; im Lichte dessen entsteht eine Bildungsbewegung, die *Haskala*, deren Spuren in allen modernen Strömungen des Judentums nachklingen. Unter – gegenüber den Zeiten rabbinischen Judentums – veränderten Vorzeichen entstanden und entstehen somit in den neuzeitlichen Strömungen des Judentums mannigfaltige Ideale und Praktiken gebildeten Judentums. Man wird sogar sagen können: Über alle halachischen, kulturell-kontextuellen und theologisch-positionellen Differenzen innerhalb des Judentums hinweg gilt die Wertschätzung des Lernens und das Selbstverständnis des Judentums als Lerngemeinschaft als formales und materiales Bindeelement, als gemeinsame Referenz, als Identitätsmerkmal.

Seit etwa einem Vierteljahrhundert nimmt auch der deutschsprachige Islam die Rede und das Konzept von Bildung auf – jedenfalls vereinzelt und zumeist noch in einem deskriptiven Sinne. Auch der Islam zehrt von der reichhaltigen Lehr-Lern-Kultur, die er bereits in seiner klassischen Periode etabliert hatte. Allerdings steht die im klassischen Islam postulierte Konsonanz zwischen den Prinzipien islamisch-orthodoxen Bekennens und der Bildung, die für den guten Muslim als erstrebenswert und legitim gilt, in Spannung zum europäisch-aufklärerischen Bildungsideal des 18. Jahrunderts und dessen Rezeption im Raum islamischer Theologie. Diese Spannung ist wohl der sachliche Grund für die zögerliche Ingebrauchnahme des deutschsprachigen Begriffs der »Bildung« in islamischer Religionspädagogik und Theologie.

Im Buddhismus begegnet demgegenüber eine ›Religion‹, die traditionell lediglich von Mönchen Wissen und Verstehen, ja, Gelehrsamkeit erwartet. Doch solche Gelehrsamkeit hat im Wesentlichen lediglich eine instrumentelle Funktion, keinen Wert an sich. Entscheidend – und zwar für jede Person, die den Buddhismus für die eigene Lebensführung und -deutung in Anspruch nimmt – ist vielmehr das Hellblick-Wissen, das Durchschauen aller Daseinsphänomene als vergänglich, leidvoll und unpersönlich. Nur dieses Wissen verhilft zu Erleuchtung und Vollkommenheit auf dem Weg zum Nirvana. Insofern steht dieses buddhistische Lehr-Lern-Konzept in scharfem Kontrast sowohl zu religiöser Bildung als Erwerb materialen theologischen Wissens und Verstehens, als auch zu religiöser Bildung als Subjektwerdung. Folgerichtig spielt die Etablierung eines Unterrichts- und

Erziehungswesens, die Ermöglichung religiöser Bildung für Kinder und Jugendliche im Buddhismus traditionell und gegenwärtig kaum eine Rolle.

8. Christentum – aus evangelischer Sicht eine Bildungsreligion

Die Ernte, die ein Gang durch die theologischen Disziplinen, zudem durch Pädagogik und die Wissenschaften zur Erforschung verschiedener Religionen und ihrer Religionskulturen (die *nicht* unter den Begriff der »Religionswissenschaft« subsummiert werden wollen und können), auf der Suche nach Begriff, Sache und Konzepten von Bildung einfahren kann, ist groß. Bildung – und in einem deskriptiven Sinne sind hier eingeschlossen: Unterricht und Erziehung, Schule und Hochschule als Ort der Qualifikation von Multiplikatoren – *ist* ein Thema der christlichen Theologie (evangelischer Prägung), auch wenn es bislang nicht von allen Disziplinen ›entdeckt‹ oder gar kontinuierlich bearbeitet wurde und wird.

Der deutschsprachige Bildungsbegriff führt seit seiner ersten Blütezeit im 18. Jahrhundert – so hieß es bereits in der Einleitung zu diesem Band – insbesondere fünf inhaltliche Akzente mit: *die Vorstellung der Bildsamkeit und Bildungsbedürftigkeit aller Menschen, die Betonung des Prozesses intrinsisch motivierter, selbsttätiger Entfaltung der Person (Subjektwerdung), das Moment der kritischen Auseinandersetzung mit Tradiertem und mit exogenen Impulsen im Interesse der Verbesserung aller Dinge, das Ausgerichtetsein auf das Ziel der freien Verantwortungsübernahme durch jeden Einzelnen, die Idee, dass Bildung der eigenen Lebensführung und -deutung Gestalt verleiht.* Bildung geht somit keineswegs im Aufbau von Wissen oder in der Schulung kognitiver Fähigkeiten auf, sie wird allerdings nirgends ohne reflexives Moment konzeptualisiert: Vielmehr ist *Reflexivität* ihr Medium – sich Sachverhalte, Prozesse, Herausforderungen, Fähigkeiten bewusst machen, in Gedanken zu etwas oder zu jemandem auf Abstand gehen, etwas (oder jemanden) verstehen, gedanklich zu eigen machen, antezipieren oder in Zusammenhänge einzeichnen sind elementare Vollzüge von Bildung, die – unvertretbar – von jeder und jedem Einzelnen zu realisieren sind.

Diese fünf Akzente lassen sich aus christlich-theologischen Überlegungen heraus bejahen und begründen – und ihre Entdeckung verdankt sich nicht zuletzt der Verwurzelung des Begriffs in der mittelalterlichen Mystik und ihrer theologischen Bildungsreflexion. Mit anderen Worten: Christliche Religion ist bildungsfreundlich, sie befürwortet, fördert und fordert Bildung als Entfaltung des Humanum. Das zu sein und zu tun ist nicht selbstverständlich für eine Religion; es ist weiten Teilen des Christentums möglich, weil und soweit es eine *gebildete, sich selbst theologisch reflektierende Religion* geworden ist – ein Satz, mit dem eingeräumt wird, dass es in der Vergangenheit wie in der Gegenwart nicht durchweg als bildungsfreundliche und gebildete Religion auftrat und auftritt.

Als bildungsfreundliche Religion will, kann und muss christliche Religion lernen von dem, was Bildungswissenschaft und anderen Wissenschaften über »Bildung« zu sagen wissen; sie kann und muss diesen gegenüber allerdings auch kritisch auftreten – und zwar u. a. mit der Frage, ob und inwiefern theologische Bildungsreflexion und ihr Hinweis auf den »Horizont religiöser Gewissheit« als Grund und Grenze menschlicher Bildung dort bedacht wird.

Die Bildungsfreundlichkeit des Christentums, die in der theologischen und religionspädagogischen Theorie erkannt, formuliert und zur Geltung gebracht wird, ist zudem auch ein Korrektiv gegenüber der tatsächlichen Gestalt von Bildungsarbeit in kirchlicher oder evangelischer (bzw. katholischer) Verantwortung und gegenüber theologischer Anthropologie – in diesem Sinne ist Bildung als Regulativ aller Handlungen unter Inanspruchnahme des Christlichen zu verstehen.

Kurzum: Christentum (in evangelischer Lesart) bejaht Bildung. Oder, anders formuliert: *Aus evangelischer Perspektive stellt sich das Christentum als Bildungsreligion dar* – ein Satz, der nicht exklusivistisch, sondern als Einladung zum Diskurs über andere Perspektiven, andere Religionen und andere Charakterisken des Christentums verstanden sein will. Es kann als Bildungsreligion gelten insofern, als Bildung unerlässlich ist, um Glauben (als Geschenk) in Lebensführung und -deutung (als Gestaltungsaufgabe) fruchtbar werden zu lassen. Es kann als Bildungsreligion gelten insofern, als Bildung nicht im Widerspruch zu Gestalt und Gehalt christlicher Religion steht (bzw. geraten muss), sondern sie erschließt, in ihrer Komplexität und Tiefe zum Leuchten bringt, transformiert. Es kann als Bildungsreligion gelten insofern, als christliche Religion Bildung von Christinnen und Christen wie, darüber hinaus, möglichst aller Menschen fördert: Bildung als Medium, in dem eine Person Subjekt wird, und als Medium, in dem Glaube individuell Gestalt gewinnt.

Mit all dem wird zwar behauptet, dass das Christentum zur Religion auch für formal hoch Gebildete taugt, nicht aber, dass das Christentum eine Religion allein formal hoch Gebildeter ist – denn weder ist Bildung mit formaler, geschweige denn mit formal hoher Bildung gleichzusetzen noch ist sie bestimmten Personengruppen vorbehalten.

Ob und in welchem Maße der hier umrissene Bildungsbegriff auch für andere Religionen eine regulative Rolle spielt (oder spielen soll), müssen diese in ihren religionsgemeinschaftlichen und ›theologischen‹ Diskursen selbst aushandeln; das einschlägige Kapitel versteht sich lediglich als Hinweis auf andere Religionen als Resonanzräume von Bildung und Einladung zu vergleichender Forschung wie Diskurs über das Verhältnis von Bildung und (bestimmter) Religion.

Unabhängig vom Ergebnis dieser Aushandlungsprozesse lässt sich festhalten: Zumindest im (west-)europäischen, von der Aufklärung geprägten Raum brauchen Religionen Bildung, um ihre Gehalte angemessen vertreten und überprüfen, plausibilisieren und umbilden zu können. Bildung braucht umgekehrt auch Religion(en), um die Allseitigkeit der Selbstentfaltung von Menschen zu realisieren, um sich der eigenen Wurzeln bewusst zu werden und die Nicht-Vollendbarkeit, die Dialektik, die Fallibilität von Bildung denken und in Begriffe kleiden zu können. Es bleibt eine offene Frage, ob in anderen Kultur- und Religionsräumen andere Begriffe und Konzepte diese Doppelthese »Bildung bedarf (bestimmter) Religion, (christliche) Religion bedarf der Bildung« einholen (können), oder von dieser Doppelthese abgesehen werden kann.

Autorinnen und Autoren

Beate Ego, geb. 1958, ist Professorin für Exegese und Theologie des Alten Testaments an der Evangelisch-Theologischen Fakultät der Ruhr-Universität Bochum.

Peter Gemeinhardt, geb. 1970, ist Professor für Kirchengeschichte an der Theologischen Fakultät der Georg-August-Universität Göttingen.

Volker Ladenthin, geb. 1953, war Professor für Allgemeine und historische Erziehungswissenschaft an der Rheinischen Friedrich-Wilhelm-Universität Bonn.

Dorothee Schlenke, geb. 1961, ist Professorin für Evangelische Theologie/Religionspädagogik mit Schwerpunkt Systematische Theologie an der Pädagogischen Hochschule Freiburg (im Breisgau).

Bernd Schröder, geb. 1965, ist Professor für Praktische Theologie mit Schwerpunkt Religionspädagogik an der Theologischen Fakultät der Georg-August-Universität Göttingen.

Tor Vegge, geb. 1956, ist Professor für Neues Testament an der Universität Agder, Kristiansand (Norwegen).

Der Bandherausgeber dankt den Autorinnen und Autoren für ihre Beiträge und ihre Langmut auf dem Weg zur Veröffentlichung sowie Herrn Tobias Stäbler im Mohr Siebeck Verlag für die sorgfältige Lektorierung und Betreuung dieses Bandes.

Göttingen, Februar 2021   Bernd Schröder

Personenregister

In diesem Register haben die Literaturhinweise keine Berücksichtigung gefunden.

Sachregister

In diesem Register haben das Inhaltsverzeichnis sowie die Literaturhinweise keine Berücksichtigung gefunden.